# 経済学

日本経済がわかる

菊本義治
宮本順介
本田豊
間宮賢一
安田俊一
伊藤国彦
阿部太郎
著

桜井書店

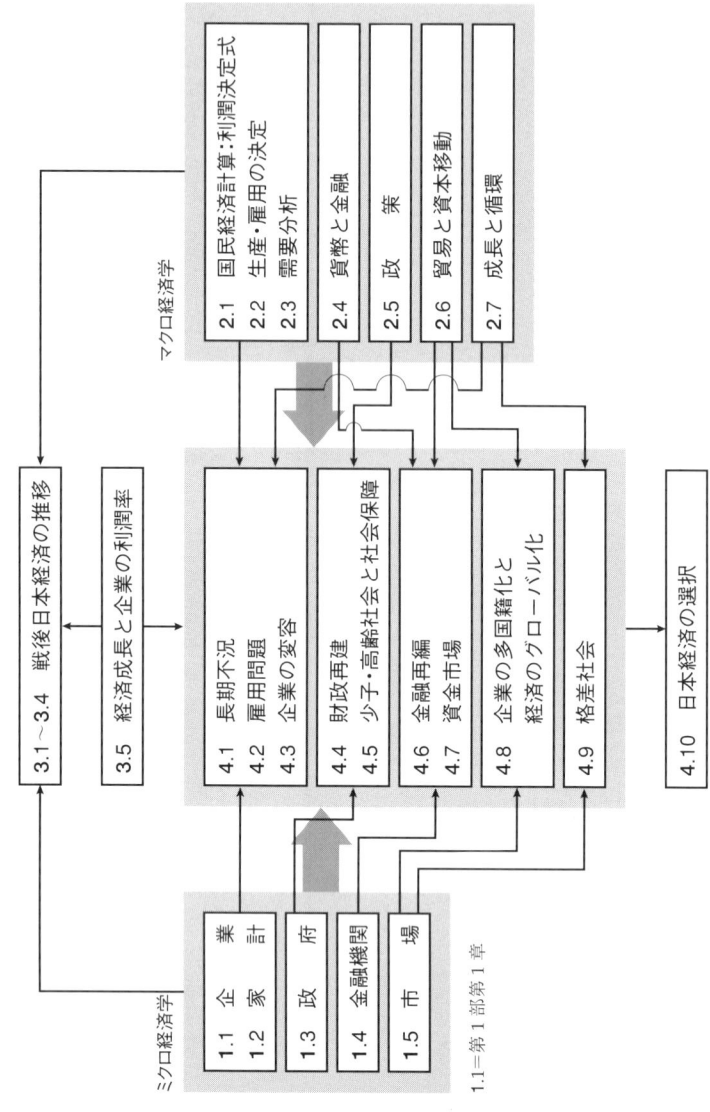

本書の構成と関連図

## まえがき

1　学生から,「経済学は役に立ちますか」とよく聞かれる。その意味が「お金をもうける」ということであれば,経済学は必ずしも役に立たない。しかし,現実経済の理解と問題解決についてであれば,「役に立つ」と答えることにしている。

そのように答えながら,いつもなにか違和感をもたざるをえない。ミクロ経済学やマクロ経済学を教えていて,はたして現実と切り結んでいるだろうかと不安になる。むしろ無力さを感じることがある。

部分的な現象の羅列では科学とはいえない。経済学,ミクロ経済学とマクロ経済学は現実経済を理論的に理解できるための基礎概念と分析方法の体系でなくてはならない。私たちが暮らしている経済社会について理論的・体系的に説明できなくてはならない。現在の経済理論は数学的に洗練され,精緻な魅力的な体系になっている。しかしながら,経済学は現実経済の理解と問題解決にどれだけ役立っているだろうか。

ミクロ経済学は経済主体者の合理性の体系化であることから,各経済主体者の主観的願望を述べる部分・主体均衡である。経済現象は人間行動によって生じたものであるから人間行動の合理性を追求することはだいじであるが,人間行動は合理性だけでは説明できない側面をもっている。また,個人の主観的願望だけではなく,集団としての,組織としての行動を分析しなければ,経済主体者の行動分析にはならないことが多々ある。

現在のマクロ経済学はミクロファンデーションを重視するあまり応用ミクロ経済学になっている。マクロ経済学は個々の人間行動の足し算ではない。主観的な願望や意図を超えて客観的に成立する現象が分析対象である。

アカデミズムとしての経済学や経済学界においては,それ独自の課題があり,一見「現実離れしたパズル遊び」も行わなければならないが,それも現実とまったくかけ離れた問題を取り扱っているわけではない。必ず現実のある側面を取り扱っているのである。ましてや,職業として経済学を学ぶのではない

人々にとっては，経済学は現実の経済を理解するためのものであり，それを指針として実社会を生きていくのであるから，現実とのかかわりが強く求められるのである。

2　経済学とはなにか。古来，いろいろな答えがある。ある人は「経世（国）済民」だという。それは，国の富を増やし国民生活をよくすることである。Economy とは語源的にはギリシャ語の Oikonomia であり，Oiko とは house だが，それは単に住宅ではなく生活環境（Environment, Ecology の Eco にも通じる）である。Nomia は manage（管理する）である。つまり自然の摂理を理解し，生活環境をうまくコントロールして，自分たちにとって良い状況をつくること，人々の幸せを実現することである。また，Economy とは節約，すなわち目的を最小限の費用で実現するための効率性の追求だという意見もある。これも単なる費用・効果論ではなく，効率的な生産活動によって人間の物質的・精神的な豊かさを実現する条件をつくることだと解釈できる。

このように経済学のどの定義から見ても人間の幸せと関係している。これをもっとも表している言葉が福祉である。福祉とは Welfare であり，幸せという意味である。幸福追求である。経済学は幸せをどうすれば実現できるか，逆に言えば，なぜ幸せになれないのかを明らかにすることである。

これまで，経済学者たちは国民の幸福のために一国の富と分配に関して研究してきた。現在では，一国だけでは不十分であり，世界的な観点，人類の観点がだいじであるが，幸せに暮らしていける条件を研究することが経済学の課題といえよう。現実経済との切り結び，国民生活の安定と向上ための政策提言が求められているのである。

3　本書の問題意識は，現実の日本経済を理解するうえで現在の経済理論はどれだけ有効性を持っているかを明らかにすることである。この課題を達成するためには，執筆者がどれだけ経済学に習熟しているかが鍵となる。自分たちの理解力不足を経済学の責任にするわけにはいかない。この点の評価は読者にゆだねるほかない。

本書では日本経済を理解するうえで必要と思われるミクロ経済学とマクロ経

済学の理論を第1部と第2部で述べている。学問的には面白いけれども，日本経済の理解には必ずしも必要ないと思われる点については思い切って捨象した。そして，第3部で第2次世界大戦後の日本経済の推移を述べている。その際，現在の日本経済が資本主義経済であること，資本主義経済は利潤獲得を目的としていることから，利潤がどのような要因によって決められるかを分析の基本視点とし，第5章などで詳しく述べている。

第4部においては，現在問われている重要問題を取り上げた。そこでの課題は，第1部から第3部で学んだ知識を用いて日本経済をどれだけ科学的・理論的に理解できるかである。私たちは経済学が現実理解に有益である，という見解をもっている。第4部が理論的に説明できているかどうかが本書の生命線といえよう。

第4部と第1部～第3部とはすべて関連があるが，特に深い関連があるものを厳選して関連図をつくった。参照されたい。


4　日本経済を理解するための経済学と銘打つかぎり，本来は日本経済を分析し，そこから現実経済理解に必要な概念の体系化と分析方法が述べられなければならないであろう。しかし，本書ではそのような独創的な仕事は行われていない。経済学が現実経済の理解に有益であるという観点から，ミクロ経済学とマクロ経済学によって，現在，日本経済が直面している諸問題を説明し解決のための処方箋を提出するという方法をとっている。

本書には日本経済の重要課題のいくつかが抜けている。たとえば環境・資源問題，産業構造の問題である。人類の存続はまさに環境問題にかかっている。ものづくりは産業においてなされる。これらの点の解明が急がれる。


5　多数の執筆者で一冊の書物を世に問うことは，一人の知識ではなく多数の知識を利用できるという利点，相互の批判検討による刺激というメリットがある半面，多数であるがゆえに主張点がばらばらで，時には矛盾する主張によって読者を混乱させる危険性がある。しかし，本書の執筆者は毎年2回ほど研究会を行っており，またつね日頃，意思疎通をはかっている。本書執筆に際しても何度も何度も論議を尽くした。ばらばらな主張になり読者を惑わすこと

はないと確信している。それでも思わざる相違点がないとはいえないだろう。表現の違いもあろう。それは執筆者のオリジナリティと思い，寛容願いたい。

　本書のアイデアを思いついて1年有余，まだまだ練り上げられていないところもあるが，案外早くできた。多忙のなか，効率よく編集出版していただいた桜井香さんのおかげと感謝している。また，データ作成や編集事務を手助けしていただいた兵庫県立大学客員研究員の山口雅生さん，草案を読み意見を述べていただいた名古屋学院大学経済学部の阿部ゼミのみなさんにお礼を申し上げたい。

執筆者一同

# 目　次

本書の構成と関連図　2

まえがき　3

　経済学の基礎知識

## 第1部　ミクロ経済学

### 第1章　企　業 ………………………………………………15
　1　企業のしくみ ……………………………………15
　2　企業の諸決定 ……………………………………18
　3　企業の目的 ………………………………………21
　4　コーポレート・ガバナンス ……………………23
　5　社会関係としての企業 …………………………25

### 第2章　家　計 ………………………………………………27
　1　家計の概念 ………………………………………27
　2　家計の所得と消費 ………………………………28
　3　家計の貯蓄 ………………………………………30
　4　生　活 ……………………………………………33

### 第3章　政　府 ………………………………………………38
　1　政府の組織 ………………………………………38
　2　政府の規模 ………………………………………39
　3　政府の役割 ………………………………………41
　4　政府の財源 ………………………………………43

### 第4章　金融機関 ……………………………………………46
　1　金融のしくみ ……………………………………46
　2　金融機関 …………………………………………48
　3　銀行の目的と機能 ………………………………52

### 第5章　市　場 ………………………………………………56
　1　市場原理 …………………………………………56

2　市場メカニズムの限界 …………………………………………… 59
　　3　市場原理の成果 ………………………………………………… 61
　　4　市場原理主義 …………………………………………………… 63

## 第2部　マクロ経済学

### 第1章　国民経済計算：利潤決定式 ……………………………… 69
　　1　生産活動の量的測定 …………………………………………… 69
　　2　GDPの限界 …………………………………………………… 75

### 第2章　生産・雇用の決定 ………………………………………… 77
　　1　新古典派の雇用理論 …………………………………………… 77
　　2　ケインズの雇用理論 …………………………………………… 80
　　3　2つの理論の統合 ……………………………………………… 83

### 第3章　需要分析 …………………………………………………… 84
　　1　さまざまな需要 ………………………………………………… 84
　　2　乗　数 …………………………………………………………… 89

### 第4章　貨幣と金融 ………………………………………………… 92
　　1　貨幣とはなにか ………………………………………………… 92
　　2　貨幣量 …………………………………………………………… 92
　　3　貨幣の供給 ……………………………………………………… 94
　　4　貨幣の需要 ……………………………………………………… 97
　　5　金利の決定 ……………………………………………………… 99

### 第5章　政　策 ……………………………………………………… 100
　　1　経済政策の手段 ………………………………………………… 100
　　2　経済政策の効果と限界 ………………………………………… 103
　　3　平成不況における経済政策 …………………………………… 105

### 第6章　貿易と資本移動 …………………………………………… 109
　　1　国際収支 ………………………………………………………… 109
　　2　貿　易 …………………………………………………………… 111
　　3　資本収支 ………………………………………………………… 112

|    | 4   為替レートの決定 ································································ 113
|    | 5   多国籍企業 ································································ 117

## 第7章　成長と循環 ································································ 119
|    | 1   経済動態と投資 ································································ 119
|    | 2   景気循環 ································································ 123
|    | 3   経済成長 ································································ 124

### 日本経済

## 第3部　戦後日本経済の推移

## 第1章　戦後復興期（1945年～1955年） ································································ 129
|    | 1   戦前の日本経済 ································································ 129
|    | 2   傾斜生産方式 ································································ 129
|    | 3   経済民主化政策 ································································ 130
|    | 4   高度成長への道 ································································ 131

## 第2章　高度成長期（1956年～1973年） ································································ 133
|    | 1   高度成長期における経済成長率と寄与度 ································································ 133
|    | 2   高度成長実現の要因 ································································ 134
|    | 3   民間設備投資拡大と期待成長率の高まり ································································ 136
|    | 4   旺盛な公共投資 ································································ 140
|    | 5   「国際収支の天井」の克服 ································································ 141
|    | 6   高度成長の矛盾と破綻 ································································ 142

## 第3章　高度成長破綻後の調整期（1974年～1991年） ································································ 145
|    | 1   「調整期」における経済成長の特徴 ································································ 145
|    | 2   「調整期」における経済動向の推移 ································································ 146

## 第4章　長期不況期（1992年～現在） ································································ 150
|    | 1   長期不況期の経済実態 ································································ 150
|    | 2   小泉「構造改革」とその矛盾 ································································ 152

## 第5章　経済成長と企業の利潤率 ································································ 153
|    | 1   企業の利潤率維持の意義 ································································ 153

2　利潤率の決定 …………………………………………………… 154
　　3　戦後日本経済の利潤率の動向 ………………………………… 156

## 第4部　現在の諸問題

### 第1章　長期不況 ……………………………………………………… 167
　　1　長期不況と企業行動 …………………………………………… 167
　　2　経済成長と日本経済 …………………………………………… 172

### 第2章　雇用問題 ……………………………………………………… 177
　　1　大競争時代と雇用の流動化 …………………………………… 178
　　2　雇用環境とマクロ経済 ………………………………………… 183

### 第3章　企業の変容 …………………………………………………… 189
　　1　日本型企業 ……………………………………………………… 189
　　2　日本型企業の特徴 ……………………………………………… 192
　　3　日本型企業の変容 ……………………………………………… 194

### 第4章　財政再建 ……………………………………………………… 198
　　1　財政危機の現状と財政再建の重要性 ………………………… 198
　　2　中長期財政試算の分析フレームワーク ……………………… 201
　　3　政府の財政再建政策の基本戦略 ……………………………… 203
　　4　財政再建に関する政策シミュレーション …………………… 205

### 第5章　少子・高齢社会と社会保障 ………………………………… 211
　　1　日本の将来人口の見通しと社会保障の課題 ………………… 211
　　2　老後生活保障の根幹としての公的年金制度設計に向けて … 212
　　3　財政バランス優先の医療・介護制度からの脱却と
　　　　公費負担の重要性 ……………………………………………… 216
　　4　少子化対策の切り札としての福祉優先の
　　　　社会経済システム構築 ………………………………………… 223

### 第6章　金融再編 ……………………………………………………… 226
　　1　日本型の金融システム ………………………………………… 226
　　2　金融再編の第1段階 …………………………………………… 227
　　3　日本版ビッグバン ……………………………………………… 229

4 不良債権処理から金融機関再編へ ················································232
第7章 資金市場 ·······················································································238
   1 1500兆円の家計金融資産 ··································································238
   2 部門別資金過不足の推移 ··································································241
   3 資金フローの金融仲介ルート ····························································242
   4 証券（株式）市場 ···········································································244
   5 金融派生商品市場 ···········································································245
   6 国際的な資金の流れ ········································································246

第8章 企業の多国籍化と経済のグローバル化 ·······································250
   1 日本企業の多国籍化 ········································································250
   2 経済のグローバル化 ········································································254
   3 グローバリズムの問題点 ··································································257

第9章 格差社会 ·······················································································260
   1 格差拡大の実情 ··············································································260
   2 人口構成の変化と格差拡大 ·······························································263
   3 格差社会の根本原因 ········································································265
   4 格差社会肯定論 ··············································································267

第10章 日本経済の選択 ············································································269
   1 日本経済の現局面 ···········································································269
   2 マネーゲームか，ものづくりか ·························································271
   3 高貯蓄型経済か，国民生活重視型経済か ·············································272

参考文献　275

索　　引　277

経済学の基礎知識

# 第1部 ミクロ経済学

# 第1章 企　　業

　現代社会においては，企業が提供してくれる財やサービスがないと私たち消費者はたちまち生活困難に陥るだろう。また，企業は多くの労働者を雇って働く場を与え，賃金を支払う。投資家にとっては資産の運用先となる。企業は現代社会のなかで重要な役割を果たしている。企業，とりわけ大企業のしくみや行動について学ぶことは，現代経済を理解する鍵となる。

## 1　企業のしくみ

　企業とは，ある目的を達成するために計画的・継続的に事業を行う主体である。企業はその目的が自身の利益である営利企業と，そうでない非営利企業[1]とに分類できる。この章では，営利企業について説明する。

### 1.1　企業の形態
　営利企業は事業を始めるための資本金を出資して設立され，さまざまな形態で営まれる。
#### （1）個人企業と共同企業
　個人企業は，個人が単独で出資して自ら経営する企業であり，小さな町工場・商店・飲食店などでよく見かける形態である。個人企業は事業主と企業が一体なので，企業に生じた権利や義務はすべて事業主個人に帰属する。これに対して，複数の人々が集団で出資して共同で事業を営む共同企業があり，「会社」という形態をとる。2006年5月から施行された新会社法では，合名会社，合資会社，合同会社，株式会社の4つの形態で会社を設立できるが，株式会社を中心に据えている。新会社法の施行によって，共同企業のほとんどが株式会社の形態になった[2]。歴史的にも，自営の個人企業から始まり，事業規模を大きくするために合名会社や合資会社が出現し，さらに巨額の資本金を集められる株式会社へと発展してきた。

---

　1)　非営利企業には，協同組合，相互会社やNPO法人などがある。

## （2）株式会社

株式会社は，資本金を均一で小口の株式に分割して発行し，それを複数の出資者に資力に応じて購入してもらうことによって設立された会社[3]である。

株式の購入者を株主といい，株主には株主総会における議決権や会社の利益から配当を受け取る自益権などが与えられる。換言すれば，株式とは分割された会社の持ち分権のことであり，株主は発行株式数のうちの保有割合だけの部分的なオーナーになる。たとえば，資本金5000万円を1株50円の株式に分割して出資を募るとすると，100万枚の株式が発行される。ある人がこの株式を5万枚購入したとすれば，その株式会社の5％の持ち分を有するオーナーとなる。もうひとつの特徴は，株主の責任が出資額に限られる有限責任という制度である。個人企業や合名会社の場合は，企業が借金の返済ができなくなったとき，出資者は個人の財産を提供してでも返済しなければならない無限責任を負う。株式会社では，会社が借金を抱えたまま倒産しても，株主は保有する株式が無価値になるという損失を負担するだけで，株主個人の財産を会社の借金の返済に提供する義務はない。

### 1.2　会社のしくみ

株式会社が公開会社[4]になると，資本金集めが容易になると同時に出資者が不特定で多数になるので，会社の経営にかかわる諸決定や業務執行をいかに円滑に行うかという問題が生じる。株式会社はどのようにその問題に対処しているのか。それを理解するために，株式を公開している大会社のしくみの代表例を概観してみよう。

図1.1-1のように，株式会社は株主総会，取締役会，監査役会の3つの機関から構成される。株主総会は，株式会社における最高意志決定機関であり，1株につき1票の多数決で定款・人事・運営・管理に関する重要事項を決議する。

---

2) 新会社法の施行以前には有限会社という形態があり，全会社数の約6割を占めていたが，新会社法では有限会社は廃止され株式会社に転換することになった。ただし，商号には有限会社を用いることができ，特殊有限会社と呼ばれる。
3) 新会社法では，会社設立を容易にするために，発起人は1人でもよく，資本金も1円で株式会社を設立できるようになっている。
4) 株式会社が株式を証券市場に公開して自由に売買（譲渡）される会社である。

図1.1-1　株式会社のしくみ

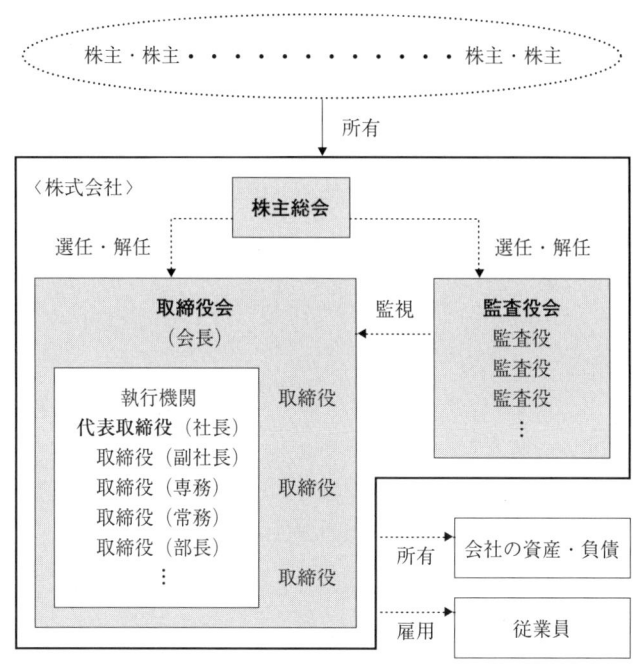

出所：佐久間信夫編著『現代経営基礎シリーズ2　現代企業論の基礎』（学文社，2006年）の45ページなどを参考に筆者作成。

しかし，株主が多数であると日常の運営や業務執行に株主全員がたずさわるのは非効率であるし，株主がかならずしも経営能力に優れているわけでもない。そこで，株主総会で取締役を選任し，すべての取締役をメンバーとする取締役会に経営に関する意志決定を委任するのである。取締役会は取締役のなかから代表取締役を選び，業務執行権限を与えて実際の業務運営に当たらせる。通常は，代表取締役が社長という肩書きで会社の執行機関の長となり，対外的に会社組織を代表する。同時に，取締役会は代表取締役を含めて取締役の職務を監督する立場にあり，代表取締役を解任することもできる。取締役会だけでは業務の決定者・執行者とその監督者とが同一であって，チェック機能が働かない恐れがある。それゆえ，株主総会で監査役も選任する。監査役は，取締役の業務執行を監視し，会計を監査する役割を担う。取締役と監査役が会社の役員で

ある。株主総会・取締役会・監査役会の関係は，国の国会・内閣・裁判所の関係に似ており，代表取締役はさしずめ内閣総理大臣といった地位である。

　日本の日常的な常識では，従業員も「社員」であって，株式会社の一員のように思われている。しかし，会社法上の「社員」は株主だけのことを指す。従業員とは，会社と労働者との間で雇用契約が成立してその会社で働いている人である。経営状態が悪くなれば，会社側から従業員を解雇することができる。

## 2　企業の諸決定

### 2.1　所有と決定

　所有するとは，所有物をどうするかに関して，他人にとやかく言われる筋合いのない排他的決定権をもつことにほかならない。たとえば，リンゴが私の所有物なら，そのまま食べてしまおうが捨ててしまおうが，私の勝手である。このように所有と決定とは密接不可分の関係にある。

　個人や集団が自己資金で機械設備などの生産手段，原材料および労働力を購入し，生産を行い，商品として販売して利益を得る。そのとき，どのような生産手段を用いて，どのような商品を生産し販売するかなどの決定が必要になる。多くの個人企業や中小企業は，自分の資金で生産手段を購入し，自ら生産して販売する。生産手段や商品の所有者と生産に関する決定者が同一であるから，所有と決定との関係はリンゴの例と変わりはない。

　ところが，企業が株式会社の形態をとると，両者の関係はそれほど単純ではなくなる。図1.1-1 に示したように，会社は法的には株主が所有しているが実際の諸決定は委任した経営者に任せるという所有者と決定者の分離が起こる。加えて，法律によって，あたかも人のごとく権利の行使や義務の遂行ができるという法人格が会社に与えられることからも，所有と決定の関係が複雑になる。株式会社においては，株主が会社という組織を所有するが，会社資産は法人である会社が所有する。したがって，株主といえども会社の生産手段や商品を勝手に処分することはできない。

　では，会社の実質的所有者つまり支配者は誰なのか。それは，その会社の決定権を掌握している人物である。実際には，いくつかのケースがある。

**株主のケース**　株式会社になっても株主自身が決定権をもつならば，株主が会社の支配者である。株主らが自ら執行役員になり，経営の諸決定をくだす場合である。規模の小さい株式会社や同族で株式の過半数を保有して親族から会社役員を選任するような会社にみられる。

**経営者のケース**　株主から委任された代表取締役社長を中心とする執行役員たちが経営の諸決定を掌握する場合である。公開会社であると株式数も多く，小口で譲渡可能であるから，株主は少数の大株主と大多数の小株主で構成される。多くの株主の関心は，直接に経営に関与することよりも配当や株価値上がり益に移る。かつ，経営者はそうした経営に関心のない株主から総会での委任状を集めて，自分たちが作成した議案を議決できる。だから，経営者が事実上の支配権をもつ。日本の株式会社ではこのケースが多い。

**債権者のケース**　会社の自己資金に対して借入額の割合が多かったり，会社が経営危機に陥って銀行に救済を申し入れたりした場合に，銀行などの債権者が決定に関与するケースもある。法律上は債権者には経営に参加する権限はないが，債権者の意向を無視しては会社の存続が危ぶまれる状態では，銀行からの役員派遣や提示された再建計画を受け入れざるをえない。

**取引先企業のケース**　取引先企業に事実上の決定権を握られることがある。たとえば，生産や販売に不可欠な原料・商品・技術を提供している企業などが経営に口を出し，聞き入れざるをえない場合である。

**親会社のケース**　会社が会社を所有して決定権を握るという持株会社[5]あるいは株式の持ち合い形態である。親会社から子会社に代表取締役社長が送り込まれ，親会社の意向にそって諸決定がくだされる。

**従業員(労働者)のケース**　最後に，従業員である労働者が企業の諸決定に関与する労働者管理企業の例を紹介しておこう。ドイツの会社における監査役は日本と異なり，取締役を選ぶという強大な権限をもつ。株主はその監査役の半数しか選任できず，残りの半数は従業員が選ぶというしくみになっている。日本の株式会社に比べると，労働者が経営に関する決定に参加する道が開かれて

---

[5]　持株会社は戦前に財閥と呼ばれた企業グループでみられたが，戦後に財閥は解体され，独占禁止法で禁止されてきた。しかし，1997年12月から持株会社の設立が解禁され，名実ともに会社による会社の所有が可能となった。

いる。ドイツのように制度的な整備がなくても，経営危機に陥った会社を従業員の自主管理で再建するといったケースもみられる。

## 2.2　諸決定の内容

　企業の諸決定の内容は，財やサービスの供給にかかわる一切の事項である。そのなかでの主要な内容に次の事項がある。

　**経常的決定**　機械設備や工場などの生産手段（資本ストック）と生産技術は短期間のうちに変更することはできない。保有している既存の資本ストックとその性能を与えられたものとして，どのような商品をどれだけ生産するか。そのために生産設備をどれだけ稼働し，労働者を何人雇用するか。原材料などをどれだけ購入するか。生産した商品をいくらで，どのように販売するか。どの程度の在庫を置いておくか。さらに，雇用の決定をとってみても，既存の従業員の残業ですますのか，新規に正社員として雇い入れるのか，パートや派遣労働者にするのかといった多岐にわたる選択肢がある。

　**中長期的決定**　過去や現状の業績や将来の予想（期待）から判断して，次期以降に資本ストックを増やすのか減らすのかを決定しなければならない。資本ストックの変更は投資の決定といいかえることができる。この決定の内容は，ただ単に設備の量を増減することだけではない。どのような新技術を兼ね備えた設備を導入するのか。新工場であれば，どこに立地するのがよいか。あるいは他社を合併したり，他社の工場を買収したりすることもできる。投資資金をどのような条件でどのような方法で調達するか。設備を減らす場合にも，それを廃棄してしまうのか，他企業に売却するのかなどの選択肢がある。

## 2.3　投資決定の社会への影響

　投資の決定は個々の企業だけでなく社会全体にも影響を与えるが，投資のやり方によって社会に与える経済効果は異なったものとなる。

　**資本蓄積**　企業が新たに工場を建設して生産設備を増強するといった資本ストックを増やすことを資本蓄積という。それは，生産財を生産する諸企業の需要となり，国の生産能力を増強し，雇用の拡大につながる。現代では，海外に工場をつくるというようなケースもあるので，その場合には生産力や雇用の海外への移転ということになる。企業は生産能力を増強するための投資に加えて，新製品の開発や生産工程の改良のような研究開発にも巨額の資金を投じている。

こうした投資のことを R&D 投資という。

**資本集積** 会社を大きくするには，他会社の事業部門あるいは会社全体を買収・合併するという方法もある。合併と買収の英語での頭文字をとって M&A と呼ばれる。ある株式会社を合併するには当該会社の発行済み株式の50％超を買い集めればよい。そうできれば，株主総会で過半数の得票権を得て被買収会社の方針を決定し，取締役などの役員を送り込むことができる。買収する側の会社は，自社の生産能力を増強するとか事業範囲を拡大するという目的以外に，買収した企業を転売することで儲けることもある。このような資本集積を社会的観点から見ると，資本蓄積と異なって単に生産手段の所有者が代わるだけで，需要創出，生産力増加および雇用創出にただちに寄与するわけではない。

## 3　企業の目的

営利企業が諸決定をくだすにあたって，企業の目的はなにかということも不可欠である。目的（選択基準）があってこそ，企業は最善の結果が得られると予想（期待）する選択肢を選ぶことができる。

### 3.1　利潤追求

資本制経済において，営利企業の目的は利潤の追求である。日常的には利潤は儲けとか利益といわれ，収益から費用や損失を引いた額である。ところで，会社が利益計算のために作成する損益計算書には，いくつかの種類の利益がある（表 1.1-1）。

**営業利益** 第1に営業利益であり，売上高（1000）から営業費用（800）を引いた金額（200）である。営業費用は，原材料などの仕入代金・加工費・販売費・一般管理費[6]からなる。営業利益は会社の本業から得られる利潤を表している。

**経常利益** 営業利益に会社が本来の営業活動以外に行っている財務活動からの損益を加えた利益（210）である。会社は法人として資産を保有し負債を負うことができるので，会社による資金運用や資金調達といった財務活動をとも

---

6) 従業員への賃金（給料・賞与）は，加工費・販売費などのなかに含まれている。

表 1.1-1　損益計算書(P/L)の仮設例

| 経常損益の部 | | |
|---|---|---|
| 営業損益の部 | | |
| 　売上高 | ＋ | 1,000 |
| 　営業費用 | － | 800 |
| **営業利益** | | **200** |
| 営業外損益の部 | | |
| 　営業外収益 | ＋ | 30 |
| 　営業外費用 | － | 20 |
| **経常利益** | | **210** |
| 特別損益の部 | | |
| 　特別利益 | ＋ | 40 |
| 　特別損失 | － | 15 |
| **税引前当期利益** | | **235** |
| 　法人税等 | － | 85 |
| **当期利益** | | **150** |

なう。営業外収益は，保有する預金や証券から受け取る利子や配当金などの収入である。営業外費用は会社の借入金や発行済み社債に対する利子の支払いなどである。

**当期利益**　ここまでの利益は日々の経常的な企業活動から生じたものであった。それに対して，特別損益は一時的あるいは臨時に発生する利益と損失である。特別利益は，会社が所有する固定資産[7]や会社相互の持合株式・関連会社の株式など証券の売却によって生じた利益である。特別損失は，火災や自然災害によって発生した損失や保有する土地・株式の値下がりによる含み損などが計上される。経常利益に特別損益 (25) を含めて，税引前当期利益 (235) となる。税引前当期利益を対象として課税される法人税などの税金[8]を控除して，当期利益 (150) が得られる。一般に「会社の利益」というときには当期利益のことを指しており，この利益が会社の最終的な成果である。そして，当期利益から株主に配当金が支払われ，役員に賞与[9]が与えられる。ただし，当期利益の全額が株主と役員に配分されるのではなく，その一部は準備金や積立金として会社の内部に留保される。内部留保は，先々での損失処理や投資資金に使用するために，預金や証券などの資産で運用される。

当期利益を企業の利潤とみなすと，利潤は次式のようになる。

$$\text{利潤}=(\text{売上げ}-\text{費用})+(\text{利子・配当の受取}-\text{利子・元本の返済}) \\ +(\text{資産売却益}-\text{資産評価損})-\text{租税} \tag{1.1-1}$$

---

7)　土地・建物・機械設備・営業権・特許権などである。
8)　会社に対してさまざまな種類の税が課せられているが，会社に課税される税金には法人税のほかに住民税や事業税がある。支払先は，法人税が国，住民税が都道府県と市町村，事業税が都道府県である。
9)　役員の給料である役員報酬の部分は，費用として扱われて営業費用に分類される。したがって，当期利益からの役員賞与は役員へのいわゆるボーナス部分である。

企業の利潤追求は，上式右辺のプラスの項目を大きく，マイナスの項目を小さくして，利潤が最大になるように行動することである。

### 3.2 企業の「社会的責任」論

　企業とりわけ大企業の行動が社会に与える影響は増大している。企業活動のグローバル化が進み，ときには世界的な規模に及ぶ影響すら与えることがある。そこで，企業（巨大株式会社）が現代社会のなかで存続・発展していくために，企業の目的は「社会的責任」を果たすことであるいう主張がなされるようになった。具体的には，法令の遵守（コンプライアンス），企業倫理の向上，財・サービスの安全性確保，人権の擁護，環境への配慮，社会貢献事業の推進などである。しかしながら，会社や業界団体が企業の社会的責任を強調し，さまざまな取り組みを実施するのは，公害などによる環境破壊，欠陥商品の販売，不正行為や不祥事の発覚，男女・障害者・人種の差別，安全管理の不備などの大問題が起きたあとのことである。それらの問題への世論の関心が薄れるにつれて，再び同様の問題が起こる。したがって，企業が自ら社会的責任論を持ち出すのは，もっぱら失われた信頼回復のためやイメージ・アップのためである。結局，利潤を生み出すためのひとつの方策であって，社会的責任そのものが目的ではない。とはいえ，人々の環境問題への関心や人権意識の持続的な高まりがあるからこそ，企業は社会的責任に配慮せざるをえなくなってきたのである。

## 4　コーポレート・ガバナンス

　株式会社のしくみが国の三権分立制度に似ていることから，コーポレート・ガバナンス（企業統治）は国の統治と対比される。この議論では，国の主権が国民にあり，内閣などの機関は国民の利益にかなうように行動すべきである，といった図式を株式会社に当てはめて，会社の主権者やあるべき姿を論じるのである。

### 4.1　株主重視主義

　アメリカ流のコーポレート・ガバナンス論では，株式会社は株主のものである。日本の会社法にもそう規定されている。そうならば当然，経営陣は株主の利益を最優先すべきであるということになる。具体的には，株主にできるだけ

多く配当金を分配し，株主のもつ資産価値を高めるために株価を最大化することである。そして，企業統治で議論すべきは，経営者の決定や行動が株主の利益にかなっているかどうかをチェックする方法ということになる。たとえば，株主総会で「社外」から取締役や監査役を選任して内部の役員を監視させる，経営陣に自社株を取得させて株主と利害を一致させるなどである。このような主張を「株主重視主義」という。

こうした議論の背景には，経営者による会社支配を揺るがす時代の変化がある。第1に，個人投資家に代わって，投資ファンドや年金基金のような多額の資金を集めて運用する機関投資家が台頭してきたことである。機関投資家は大口の株式売買を行うので，リスクをともなう株式の売買を繰り返して稼ぐよりも，大量に株式を取得した会社の大株主として株主重視の経営に向かわせるのが得策と考えるようになってきた。いわゆる「もの言う株主」の出現である。第2に，M&Aの流行である。M&Aは単なる株式の売買でなく，それを通じた会社の売買である。株価が割安になっていれば，お買い得な会社としてM&Aのターゲットにされる。したがって，M&Aの脅威も株価最大化や高配当を経営陣の責務とさせる市場規律として作用する。

### 4.2 企業価値論

株主重視主義やM&Aの流行は，必然的に会社の値段はいくらかを算定する手法を開発させる。それが「企業価値」論である。企業価値とは会社の値段ということである。株式会社の値段は，発行株式数にそのときの株価を掛けて求められる額（時価総額）である。

$$企業価値 = 時価総額 = 株価 \times 株式数 \qquad (1.1\text{-}2)$$

株価にはその会社が将来生み出すであろう利潤の予想まで織り込まれる。株価を最大にすることは企業価値を最大にすることと同じである。株価最大化行動は利潤最大化行動と矛盾しないが，今期の利潤だけでなく，投資家に将来の利潤や会社の成長性に対する期待をいだかせることが重要になる。

### 4.3 会社は株主のものか？

株主重視主義には多くの異論がある。グローバル化した現代経済における経営は，高度な専門知識と卓越した判断力をもつ経営者でなければ諸決定の判断をくだせないから，経営者支配は必然である，とする論者がいる。資本に労働

を結合してはじめて価値が生み出され，従業員は現場の状況を最もよく知る立場にある。したがって，従業員が主権者である，という見解もある。

意見が分かれる理由は，会社が単なるモノではなく，さまざまな人々がかかわりあって成り立つ組織体であるからである。企業は株主（資金の提供者）・経営者・従業員（労働者）のどれを欠いても成立しない。結局，会社は誰のものかということよりも，どのような関係が望ましいかということが本質的な問題である。

## 5 社会関係としての企業

企業を社会関係の産物として捉えると，現代株式会社がかかえる問題点が浮かび上がってくる。

### 5.1 企業の存在意義

人間が存続していくには生産と消費の繰り返しが不可欠であることは誰でも知っている。個々人がバラバラに生産するよりも協働して生産することによって生産力が高まることを，人間はかなり古い時代に会得した。社会全体として生産力を増大できれば，人々は物的に豊かな暮らしができるようになる。あわせて，技術進歩を通じて生産性を高めれば，同じ生産量をより少ない労働時間で達成できて，残りの時間を各人が思うように楽しむことができる。そこで人類は，これまでの歴史の過程でさまざまな生産をめぐる人と人とのかかわりあい（生産関係）をもつ組織をつくりあげてきた。そのひとつが現在の資本制のもとでの株式会社であり，巨額の資金を要するが生産力を飛躍的に増大させる重化学工業を発展させる原動力となった。そのおかげで，いくつかの国においては労働時間が短縮され，生活は豊富な財・サービスで満たされている。つまり，企業の存在意義は，効率よく生産力を向上させ，多くの人々が豊かな生活を享受できるようにすることにある。株式会社形態をとる企業が，その存在意義に合致しなくなり，一握りの金持ちや会社自体の富の蓄積にしかつながらないとすれば，社会的には企業形態としての合理性を失うことになる。

一例をあげておこう。(1.1-1)式からただちに理解できるように，会社が儲けるには「ものづくり」といった本業からである必要はない。企業は金融取引

や会社資産の売却によっても利潤をあげることができる。一部のIT企業など，本業からよりもM&Aを活用した株取引からの収益が大きい会社さえある。そうなると，マネーゲームやギャンブルと変わるところがない。ものづくりならば企業の究極的目的に寄与するが，ギャンブルは勝者と敗者との間で富の持ち手を交換するだけである。

## 5.2　社会的存在としての企業

　最後に，企業を現代の社会関係のなかで捉え直してみよう。まず，企業は公共財[10]である社会資本の利用者である。生産・販売活動を行うにあたって，原材料や商品を輸送しなければならない。出張など役員や従業員の移動も必要である。企業も利用する道路・鉄道・港湾・空港などの産業インフラの整備は，資金の一部が国民の税金によってまかなわれている。電気・ガス・上下水道，情報通信網の利用においても，個人や家庭が利用する以上に企業が使用している。これらのインフラ整備も，完全に受益者負担によるのでなく，公的な資金がつぎ込まれている。いまや環境は貴重な公共財であるが，企業の生産活動は必然的に環境に大気汚染，水質汚濁，産業廃棄物などの負荷をかける。

　現代においては，政府が多額の公共事業を民間企業に発注する。つまり，受注した企業は公的需要による利潤獲得機会を得ている。現代の巨大株式会社のように企業規模が大きくなればなるほど，ますますその傾向が強くなる。したがって，企業は社会と強いかかわりあいをもっているのである。それゆえ，企業は社会的存在にならざるをえないのである。法令遵守など「社会的責任」論であげられる項目の多くは，企業の目的ではなく義務なのである。また，企業が法人税などの租税を納めるのも当然のことである。自由化・規制緩和や法人税などの減税は私的な利潤追求者としての企業と社会的存在としての企業との矛盾をますます大きくしていくことにほかならない。

（伊藤国彦）

---

10)　第1部第3章を参照。

# 第2章 家　　計

　前章で学んだ企業は生産要素を市場で購入し，生産活動を行い，生産された財・サービスを販売する。そうして得られた利潤を元に新たな生産を行うことが経済活動のサイクルになっている。このサイクルのなかで企業が購入する主要な生産要素である「労働」「資本」は主として家計によって提供されている。家計は労働力を企業に販売し，その対価として賃金を受け取り，貯蓄を通じて利子を受け取る。そうして得られた所得は財・サービスの購入のために支出されることになる。

　この章では，経済活動のなかで重要な役割を果たしている家計について学ぶ。

## 1　家計の概念

　「家計」は英語では「household」と呼ばれる。社会を構成する基礎的な単位は家庭であり，それを維持するための経済活動がhouseholdの経済活動なのである。家庭の維持には，収入を得ている本人だけでなく，配偶者，子供，引退した親などの生計をもまかなうことが必要である。そこで，家計としては，主として「2人以上の世帯」が考えられてきた。つまり一般的な意味での「家庭（house）」が基礎単位とされてきたのである。統計的には1994年までは「2人以上の世帯」を「家計」と見なしていたが，1995年からは「単身世帯」も家計の統計に含まれるようになった[1]。経済学的な考え方からいえば，家計とは，労働や資本を生産主体（企業）に提供することから得られる収入で維持される主体である。自営業者なども生産主体である側面をもっているものの，その目的は主として世帯の維持にある場合が多く，やはり家計と見なされる。

　こうしてみると，家計という概念は基本的に「消費者」であり，得た所得を世帯の維持のために支出する主体であるということができる。

---

1)　1995年から「単身世帯」が，2000年から「農林漁家世帯」が総務省統計局の「家計調査」に含まれるようになった。

図 1.2-1　家計所得対前年伸び率

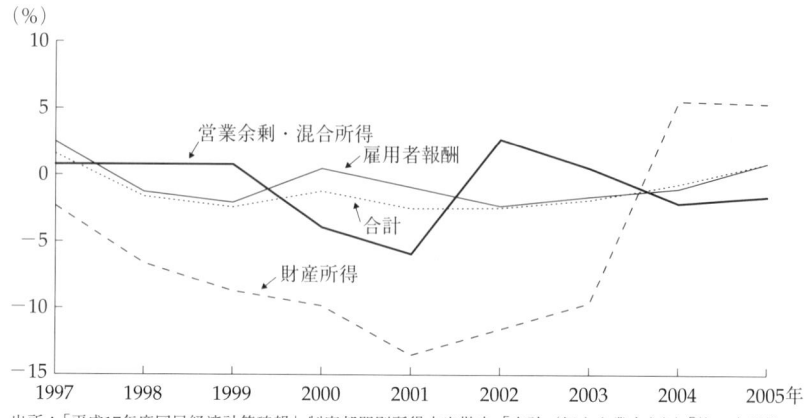

出所：「平成17年度国民経済計算確報」制度部門別所得支出勘定「家計（個人企業含む）」「第１次所得の配分勘定」による。

## 2　家計の所得と消費

　国民経済における家計の主要な所得は，企業に労働を提供することによって得られる「雇用者報酬（賃金など）」，資本を提供することから得られる「財産所得（利子・配当など）」，および個人事業主の所得である「営業余剰・混合所得」[2]からなる。

　家計の所得のなかで最も大きな割合を占めるのが雇用者報酬である。2005年の家計所得は約328兆円で，このうち約259兆円，約80％を雇用者報酬が占めている。つづいて，混合所得がおおよそ14％，財産所得が7％弱である。こうした構成比率についてはこの10年で若干の変動がみられる。1996年には，構成比率はそれぞれ，75％，14％，11％であった。財産所得の構成比が低下しているのは，近年の低金利が影響を及ぼしているものと考えられる。

　図 1.2-1は，構成別にみた家計所得の伸び率である。全体では若干の減少傾

---

[2]　個人事業主の場合，生産主体としての報酬（営業余剰）と自分の企業に労働を提供して得られる報酬があるため，その所得は「混合所得」と呼ばれる。

向にあったが，なかでも財産所得については2004年に増加に転じるものの，それまでの減少率は最も大きい。

以上の数値は国民経済計算のものであり，マクロでみた家計所得の状態である。一方，1世帯当たりのミクロな家計の収支については「家計調査」が詳しいので，そちらを参照しよう[3]。

表 1.2-1　勤労者世帯の可処分所得（1世帯1ヵ月平均）

| 年次 | 実数（円） | | 実質伸び率（％） | |
|---|---|---|---|---|
| | 実収入 | 可処分所得 | 実収入 | 可処分所得 |
| 2000 | 508,984 | 429,338 | | |
| 2001 | 496,983 | 419,505 | −1.5 | −1.4 |
| 2002 | 488,115 | 409,619 | −0.7 | −1.3 |
| 2003 | 478,096 | 401,787 | −1.8 | −1.6 |
| 2004 | 482,490 | 405,591 | 0.9 | 0.9 |
| 2005 | 473,260 | 398,856 | −1.5 | −1.3 |
| 2006 | 476,159 | 400,137 | 0.3 | 0.0 |

データ出所：『家計調査年報』平成18年度（総務省統計局）。

ところで，家計においては収入のすべてを自由に使えるわけではない。勤労によって得た収入（実収入）から税金や社会保険料など，必ず支払わなければならない支出を差し引いた額を「可処分所得」と呼び，これが実際に支出できる額である。表1.2-1は勤労者世帯の可処分所得とその実質伸び率を示したものである。近年の不況を反映して所得は減少傾向がつづいていたが，2006年には下げ止まった。

可処分所得は世帯を維持するために使われるが，その使われ方（支出）は「消費支出」と「貯蓄」に分けられる。

消費支出は現在の生活を維持するための，衣食住などの「生活費」であり，貯蓄は将来の生活や不測の事態への備えとして蓄えておくものである。

表1.2-2に消費支出の実額とその構成要素を示す。

消費支出の最も大きな要素は生活の基本である衣食住であり，35～36％を占める。つづいて「その他」の消費支出が22～24％。このなかには「交際費」が含まれている。時系列でみると，構成に大きな変動はみられないものの，「医療費」と「教育費」については若干増加傾向にあることがみてとれる。

表1.2-2には支出のなかに占める食料費の割合を示す「エンゲル係数」を示

---

[3] 『家計調査年報』平成18年度（総務省統計局）を主として利用する。家計調査は「1世帯の1ヵ月平均」額が発表されるので国民経済計算と異なっている点に注意が必要である。

表 1.2-2　消費支出とその構成の変化（勤労者世帯）

| 年次 | 消費支出実額（円） | 消費支出に占める構成比（％） | | | | | | エンゲル係数(%) |
|---|---|---|---|---|---|---|---|---|
| | | 衣食住* | 保健医療 | 交通・通信 | 教育 | 教養娯楽 | その他 | |
| 2000 | 307,317 | 36.2 | 3.0 | 13.2 | 4.5 | 10.7 | 24.7 | 22.3 |
| 2001 | 298,733 | 36.1 | 3.0 | 13.2 | 4.4 | 10.7 | 24.7 | 22.2 |
| 2002 | 296,037 | 36.3 | 2.9 | 13.6 | 4.4 | 10.6 | 24.2 | 22.5 |
| 2003 | 292,217 | 35.8 | 3.3 | 14.0 | 4.6 | 10.4 | 23.5 | 22.0 |
| 2004 | 296,725 | 35.5 | 3.3 | 14.4 | 4.9 | 10.8 | 23.2 | 22.0 |
| 2005 | 296,790 | 35.1 | 3.5 | 14.6 | 4.7 | 10.6 | 23.6 | 21.7 |
| 2006 | 285,057 | 35.9 | 3.4 | 14.5 | 4.9 | 10.5 | 22.9 | 21.9 |

注：＊「食料」「住居」「水光熱費」「衣服・履き物」を合算。
データ出所：『家計調査年報』平成18年度（総務省統計局）。

している。これは22％程度から近年若干の減少傾向がみられる。

　こうした家計の消費は財に対する需要となって企業の生産を支えている。勤労者世帯以外も含めた家計全体の2006年の実質家計最終消費支出は約297兆円で，国内需要の56％を占めており[4]，国内総支出（GDE）を構成する項目のなかで最も大きな役割を果たしている。

## 3　家計の貯蓄

　可処分所得から消費支出を差し引いた額が貯蓄であり，可処分所得のなかに貯蓄が占める割合を「家計貯蓄率」と呼ぶ[5]。

　図1.2-2に1985年からの勤労者世帯の貯蓄率推移を示す。貯蓄率は1998年をピークに若干低下傾向にあったが，近年再び増加しつつある。

　家計が貯蓄を行う動機はさまざまであろうが，基本的には「将来の不確実性に対する備え」と「現在の消費を我慢することで将来の消費を増やす」ことである。

　前者については将来予想の問題が主としてかかわっている。家計のほとんど

---

4）　内閣府「SNA需要項目別GDP速報（連鎖方式）」。
5）　「家計調査」では「黒字率」と呼ばれる。

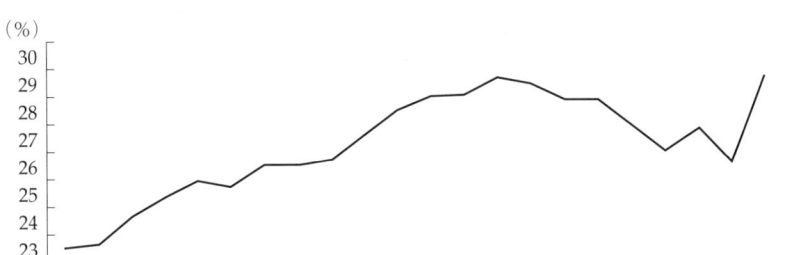

図1.2-2 **貯蓄率の推移**（勤労者世帯）

出所：2003年までのデータは「家計調査 平成15年付表5 長期主要家計指標」から，それ以降は同平成18年年報から作成。

は雇用されることから得られる所得に生活を依存している。しかし現実経済では企業の倒産やリストラ，賃金切下げなどのリスクがつねに存在しているといってよい。そうしたリスクの一部は失業保険などでカバーされているが，家計は貯蓄を行うことで個別に対処を行うのである。また，老後に対する備えも貯蓄の大きな理由である。高齢化の進行，年金に対する不安などから，将来生活を保障するために労働している期間に貯蓄を行う[6]。

貯蓄のもうひとつの役割は所得を「現在の消費」と「将来消費」とに配分することである。この点を「労働して所得を得る現在」と「引退して所得を得ない将来」の2期間に分けて考えよう。

消費を「現在消費 $C_1$」と「将来消費 $C_2$」にまとめよう。

将来消費量 $C_2$ は，所得がある現在にどの程度貯蓄を行うかによって決まってくる。ここで重要なのは，現在の消費をあきらめて将来の財を増やすために貯蓄をすれば，利子がついて，より多くの消費が可能になることである。

所得を $Y$，貯蓄を $S$ とすると，貯蓄は所得から現在消費を差し引いたものなので，

---

[6] 低所得者層の雇用不安，若年層の年金不安，高齢者の介護不安が1990年代以降の貯蓄率を高めた原因になっているとの研究がある。中川忍「90年代入り後も日本の家計貯蓄率はなぜ高いのか？」（『日本銀行調査月報』1999年4月号）。

### 図 1.2-3 無差別曲線による貯蓄の決定

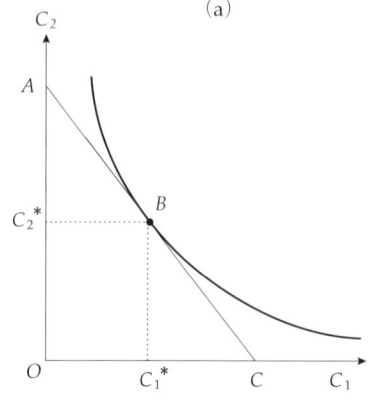
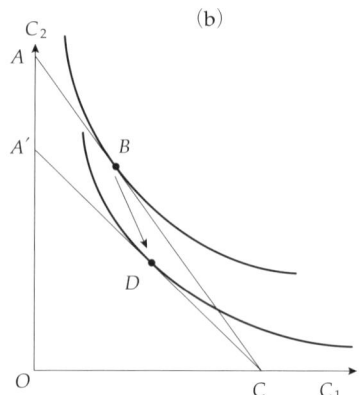

$$S = Y - C_1 \tag{1.2-1}$$

将来消費 $C_2$ は貯蓄に利子がついた額になるから，利子率を $i$ とすると，

$$C_2 = (1+i)S \tag{1.2-2}$$

(1.2-2)式から $S$ を求めて(1.2-1)式に代入すると，

$$C_1 + C_2/(1+i) = Y \tag{1.2-3}$$

を得る。

さて，貯蓄の決定は，(1.2-3)式で示される予算制約のなかで，効用を最大にするように「現在消費という財」と「将来消費という財」の組み合わせを決定することであるので，補論に示すように，$(C_1, C_2)$ 平面に無差別曲線と予算制約線を描くことで最適貯蓄量を決定することができる（図 1.2-3(a)）。

現在消費をごくわずかあきらめたときに家計の効用を一定に保つために増加しなければならない将来消費の大きさである限界代替率は「時間選好率」とも呼ばれる。これは貯蓄をすることの限界的なデメリットである。この値が1よりも大きければ現在消費を将来消費よりもより評価しており，1と同じならばこれらは無差別，1よりも小ならば将来消費のほうをより評価していることを意味する。

図 1.2-3 において，$C$ 点はまったく貯蓄をせずに所得をすべて現在で消費してしまうことを意味しており，$OC$ は $Y$ である。逆に $A$ 点は所得をすべて貯

蓄することを意味しており，$OA$ は $(1+i)Y$ になっている。したがって，予算制約線の傾きは $-(1+i)$ である。これは貯蓄をすることの限界的なメリットである。

補注で示すように，このときの最適な消費は，現在消費 $C_1^*$，将来消費 $C_2^*$ であり，貯蓄は所得 $Y(OC)$ から現在消費量を差し引いた額であるから $(C-C_1^*)$ の量となる。つまり時間選好率（貯蓄の限界的なデメリット，無差別曲線の接線の傾き）と利子率（貯蓄の限界的なメリット，予算制約線の傾き）が均衡する点が最適点となっている。

予算制約線の傾きがかわると最適点は移動するので，最適な現在消費と貯蓄の額も変化する。図 1.2-3(b) は，予算制約線の傾きが小さくなった場合（利子率が低下した場合）に最適点が $B$ 点から $D$ 点に移動し，貯蓄が減少し，現在消費が増加するケースを描いている[7]。

さて，貯蓄にはそれが投資の源泉になるという重要な役割がある。家計の貯蓄と投資のバランスシートはつねに貯蓄のほうが多く，家計は黒字主体であるといわれる。この黒字によって企業はバランスシート上の赤字をファイナンスしている。家計の資産合計は約1500兆円であるが，そのうちの半分近くは預金であり，これらの預金が銀行を介して企業へ貸し出されていることになる[8]。

## 4 生　活

企業の経済活動の目的が利潤獲得であるのに対して，家計の経済活動の目的は，家庭の維持，「生活」である。それは生物的な意味で，自分や血縁者の生存を保障することを意味するだけでなく，近代的な人間として「健康で文化的な」生活水準を維持・向上することを意味している。

家計の生活は一家計だけで独立して考えることはむずかしく，社会的な問題に直接深くかかわっている。家計のほとんどは所得を主として賃金に依存して

---

[7] 無差別曲線の形状によって，予算制約線の傾きの変化がもたらす結果は異なる。補注参照。
[8] 日本銀行の「資金循環統計」によると，2006年度末の家計資産合計は1536兆円で，そのうち約47％が預金である。

いるから，賃金水準がどれだけ低いものであろうと労働供給をやめるわけにはいかない。一方，企業の労働需要はもっぱら業績によって左右されるため，解雇に関する規制や失業保険などの社会保障がなければ家計の維持は困難であろう。また，老後の生活を支えるためには年金制度が不可欠であるし，そうした制度は社会的に整備されていなければさまざまな問題を生む。

この点が家計の経済行動が，企業のそれと異なり，単純な主体均衡だけでは解決できない問題をはらむ原因になっている。家計の経済活動が国民経済のなかで果たす役割の大きさから考えれば，生活の維持は根本的な問題であり，生活を取り巻くさまざまな課題について社会的な解決方法を模索していかねばならないであろう。

### 補注 無差別曲線と予算制約線

本章で学んだ家計の行動は，消費者の「選択」理論として分析することができる。

私たちは日常での決定を行うさいに，さまざまな選択に直面している。たとえば，私たちは財やサービスを購入するさいに，自分の欲しいだけ無限に購入することはできない。経済学では「制約のなかで最も望ましい財・サービスの組み合わせ」を考えるさいに，「無差別曲線」と「予算制約線」を用いて考える。

無差別曲線とは，2つの財・サービスが同じ程度に望ましい（無差別である）組み合わせを描いた曲線である。

いま，財1と財2の数量をそれぞれ横軸 $X_1$ と縦軸 $X_2$ にとった平面を考えよう。平面上の任意の点は2つの財の消費量を示すことになる。異なった財の組み合わせは異なった効用を与える。たとえば，一般的に（財1の数量 $X_1$，財2の数量 $X_2$）の組み合わせが(20単位，30単位)であるよりも，(30単位，40単位）の組み合わせのほうがより高い効用を与えるだろう。したがって，無差別曲線は右上方に向かうほど効用が高い。図1.2-4(a) の $U_1, U_2, U_3$ で表されているのが無差別曲線である。$U_3$ よりも $U_1$ の組み合わせのほうが効用は大きく $U_1$ よりも $U_2$ のほうが効用は大きい。

さて，(20単位，30単位）を消費するのと同じ効用を与える組み合わせを考

図1.2-4 無差別曲線と予算制約線

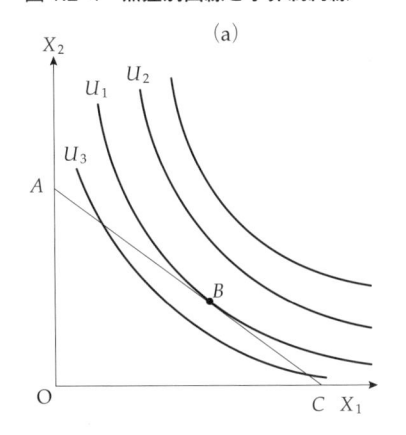

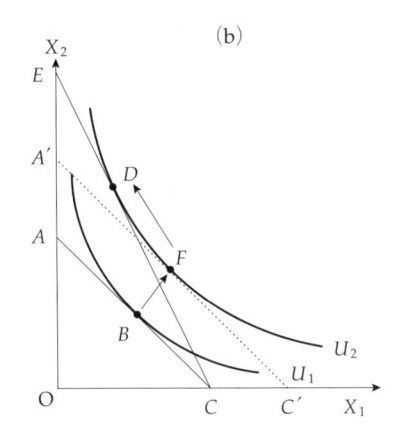

えてみよう。財1を少々減らして18単位としたとき、同じ効用を得るためには財2をもう少し増やさねばならないだろう。その事情は財2を減らしたときでも同じなので、無差別曲線は右下がりに傾いている。

さらに、財1が極端に少ない状態を考えよう。その状態からさらに財1を減らす場合、効用を同程度に維持するための財2の増加量は大きなものにならなければならないだろう。誰しも自分の手持ちが少ない財については、それを手放すさいには大きな代償を要求するものだからである。したがって、どちらかの財が少なくなっている部分（縦軸・横軸の近く）では、一方の財1単位の減少に対して同じ効用を維持するための他方の財の増加は大きくなる。したがって、無差別曲線は原点に対して凸である。

こうした無差別曲線群のなかから、われわれは消費する財の組み合わせを選ぶのであるが、所得は無限に大きいわけではないので、どこまでも右上の曲線を選択することはできない。

財1の価格が2で、財2の価格が3であるとしよう。ある人の所得が120であり、それをこの2つの財にすべて使ってもよいとしたら、財1だけを購入する（財1を60単位、図1.2-4(a)のC点）ケースと、財2だけを購入する（財2を40単位、同図中A点）ケースを両極端として、さまざまな組み合わせの購入プランを立てることができる。このプランは無差別曲線を描いた平面上でC

点 (60, 0) から A 点 (0, 40) を結ぶ直線で表すことができる。これが予算制約線である。この直線よりも原点に向かった領域は，財の購入が可能な領域であり，その外側では予算が足りないので購入が不可能な領域である。したがって，無差別曲線 $U_2$ 上の組み合わせやそれよりも右上の組み合わせは実現できない。

さて，消費者の最も望ましい状態は，できるだけ右上方にある無差別曲線上の組み合わせを選択することである。これまでの説明から，そのためには予算制約線と無差別曲線が接する点が最も望ましい組み合わせであるということができる。図 1.2-4(a) では，それは B 点にあたる。$U_1$ 上での他の組み合わせは予算制約線の外側にあって実現できない。他方，$U_3$ 上で予算制約線より内側にある組み合わせは実現可能であるが，$U_3$ よりも $U_1$ のほうが効用は大きい。したがって，消費者にとって，B 点が最適な組み合わせになる。

B 点では無差別曲線と予算制約線が接している。無差別曲線の接線の傾きは「一方の財を限界的に減少した場合に，効用水準を維持するための他方の財の増分」を示しており，これは「限界代替率」と呼ばれる。一方，予算制約線の傾きは財 1 と財 2 との相対価格であるため最適点では「相対価格＝限界代替率」の関係が成立している。

したがって，財 1，2 の相対価格が変化すれば，予算制約線が変化するため最適点も変化する。

図 1.2-4(b) は財 2 の価格が低下した場合を示している。財 2 の価格の低下は同じ所得でより多くの財 2 を消費できるため，予算制約線は，AC から EC へ変化する。これによって，新しい予算制約線は新しい無差別曲線 $U_2$ と D 点で接するようになる。$U_2$ は $U_1$ よりも右上方にあるから，財 2 の価格低下によって，消費者はより高い効用水準を得ることができる。

このとき，B 点から D 点への移動は，「所得効果」と「代替効果」の合成とみることができる。まず，財の価格低下は，実質的な所得増と同じ効果をもたらすので，予算制約線 AC が，より大きな所得を示す予算制約線 $A'C'$ へ移動したと考えることができる。これは「所得効果」と呼ばれ，B 点から F 点への変化として示されている。つぎに，同じ効用を維持しながら（同じ無差別曲線上で），相対価格の変化によって財の組み合わせが変化する効果である。これは「代替効果」と呼ばれ，図では F 点から D 点への変化として示されている。

相対的に価格が上昇した財 1 の数量は減少し，相対的に価格が下がった財 2 の数量が増加する。

これは，図 1.2-3(b) で示した「利子率低下による貯蓄の減少」とちょうど逆のケースで，利子率が上昇（「将来消費」の相対価格低下）することで貯蓄が増加する場合を示している。

もっとも，相対価格の低下が，かならずしもその財の消費量を増加させるとはいえない。無差別曲線の形状によっては，相対価格が低下した財の最適消費量が減少する場合もありうる。図 1.2-5 は財 2 の価格が低下した結果，予算制約線が $AC$ から $EC$ へ変化している。その結果，最適点は $B$ 点から $D$ 点に移動しているが，そこでは財 2 の数量は減少している。

図 1.2-5　相対価格低下か，消費量を減少させるケース

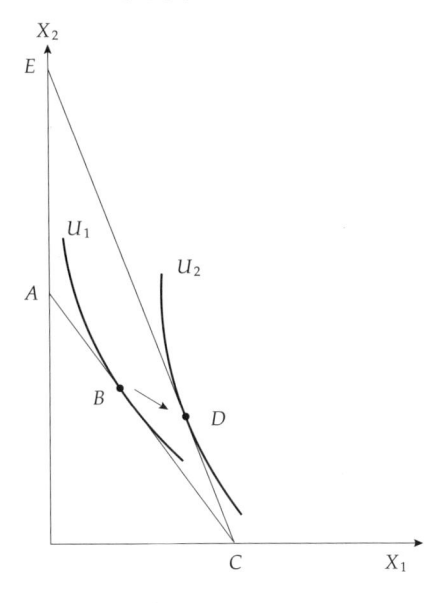

以上で示した分析の枠組みは 2 つの財の内容と予算制約線の設定により，本文に示したように貯蓄の決定に応用できるほか，横軸（$X_1$）に余暇（24 時間から労働時間を差し引いた時間），縦軸（$X_2$）に消費量をとり，予算制約線として，賃金総額（労働時間×賃金率）＝消費額（消費財価格×消費量）をとることにより，労働供給の決定についても同様の分析を行うことができる。

（安田俊一）

# 第3章　政　　府

　テレビや新聞のニュースでは毎日のように政府高官の発言や政府機関の決定が報道される。政府の行動は国民の生活に直接・間接に大きな影響を及ぼすので，総理大臣をはじめとする政府高官の発言や，各省庁がどのような考えをもっているのか，どのように行動しているのかは，人々の大きな関心を呼ぶのである。
　経済活動において，政府は重要な経済主体のひとつである。この章ではその政府について考えよう。

## 1　政府の組織

　政府は一般に「中央政府」と「地方政府」とに区別される。新聞報道などで「政府」という場合は「中央政府」を意味し，「地方政府」は「地方自治体」あるいは「地方公共団体」とも呼ばれる。このほかに政府は目的に応じて法人をつくることができ，それらは「特殊法人」と呼ばれている。特殊法人は国から補助金を得て活動し，その活動は政府によってコントロールされる。政府は政策を実行する手段として特殊法人を設立する。
　中央政府は最も大きな権限をもっており，議院内閣制度のもとで，国会の多数党によって選出される内閣がその中心である。内閣は各省庁の長を任命することを通じて政策を実現させていく。
　中央政府がもつ最も大きな権限は予算の決定である。予算がどのように編成されているかは政府がどのような政策を実現させようとしているかを表すものであり，時の政権の特徴が最も明確に現実化される部分である。予算は「政府支出」として実行され，その額自体がマクロ経済に影響を与えるとともに，「補助金をどこに与えるか」「公共投資をどの分野に行うか」によって経済の構造自体が大きく変わることもありうる。地方政府も独自の予算をもつが，地方政府の予算の一定部分は国の予算に依存しているため，中央政府と比較すれば権限はそれほど強くない。

特殊法人は，民間の企業では実行することがむずかしいが，公共性が高く，国民生活上必要であるような事業を実行するためにつくられる。かつては「道路公団」「日本電信電話公社」など多くの特殊法人が存在したが，時代の移り変わりとともに，業務の効率性や人事の不透明さ（いわゆる公務員の「天下り」）などが問題とされ，次第に「独立法人化」や「特殊会社化」などによって，民間企業の形態に近づく方向にある。

　政府でもなく特殊法人でもないが，経済にとって重要な組織が中央銀行である。中央銀行は「唯一の発券銀行」「政府の銀行」「銀行の銀行」として特殊な地位を占める。日本の場合は日本銀行（日銀）がこれにあたる。日銀は民間と政府との共同出資による銀行であるが，日銀の政策は経済に大きな影響を及ぼすため，政策決定を行う正・副総裁と審議委員は内閣が任命することになっている。また，審議委員会には政府から大臣が出席するなど政府との関連が深い。ただし，あくまで政府からは独立した組織となっており，政策決定の場では政府の利害と対立することもしばしばありうる。

## 2　政府の規模

　現実の経済のなかで政府がどのような規模であるべきかについては，さまざまな議論があり，「大きな政府 vs. 小さな政府」論争として知られている。

　「大きな政府」が望ましいとする論者は，政府が行う経済政策は経済成長に寄与し，経済・社会の安定をもたらすとの基本的な考え方をもっており，自由競争の結果生じるさまざまな「格差」は政府の規制によって解消するべきであるし，政府は積極的に社会保障を整備するべきだ，などの主張を行っている。一方「小さな政府」が望ましいとする論者は，市場経済に政府が介入することは競争市場を歪め効率を損なうと考え，税金を少なくして民間企業の活力を引き出し，自由競争の結果は国民1人1人の「自己責任」として受け入れるべきだ，などと主張している。

　この場合，なにをもって「大きい・小さい」をはかるのかについても，さまざまな見方が可能であるが，事実として日本の政府規模について以下でみてみよう。

表1.3-1 人口千人当たりの公的部門職員数　　　　　　　　　　（単位：人）

|  | 日本 | フランス | 英国 | 米国 | ドイツ |
|---|---|---|---|---|---|
| 全体 | 33.6 | 89.7 | 78.8 | 78.4 | 57.9 |
| 中央政府（国防除く） | 2.7 | 27.8 | 7.4 | 4.1 | 2.2 |

注：日本は2005年度，英国，米国は2004年，フランス，ドイツは2003年のデータによる。
出所：財務省パンフレット「日本の財政を考える」(2006年9月)。

表1.3-2 GDPに占める一般政府の割合　　　　　　　　　（単位：％）

|  | 最終消費支出 | 年金・失業給付等 | 総支出 |
|---|---|---|---|
| 日本 | 18.0 | 11.3 | 36.4 |
| アメリカ | 15.8 | 12.0 | 36.4 |
| イギリス | 22.3 | 13.4 | 44.9 |
| ドイツ | 18.6 | 19.2 | 46.8 |
| フランス | 23.7 | 17.9 | 53.9 |
| スウェーデン | 27.3 | 17.4 | 56.8 |

注：アメリカのみ2004年，その他はすべて2005年。
出所：財務省HP http://www.mof.go.jp/jouhou/syukei/siryou/sy_new.htm

　日本の公務員は，国家公務員約61万人[1]，地方公務員約300万人[2]で，合計すると約360万人である。日本の労働力人口は2005年平均で6650万人なので[3]，比率はだいたい0.5％程度であり，この面ではそれほど大きいとはいえない。

　表1.3-1は人口千人当たりの公的部門職員数をいくつかの国と比較したものである。「小さな政府」を実現したといわれるアメリカやイギリスと比較しても日本はその約2/3程度であって，諸外国と比較してもそれほど大きいわけではない。

　つぎに経済的な側面からみた大きさを国民経済に占める財政支出の規模でみてみよう。統計的にみれば政府は「公的企業」と「一般政府」に分類され，

---

[1] 2006年度末定員。このうち28万人は，自衛官，国会議員，裁判所職員などで，一般行政職は33万人。
[2] 2006年度4月1日現在。総務省「平成18年地方公共団体定員管理調査結果の概要」(2006年12月)。
[3] 矢野恒太記念会『日本国勢図会 2006/2007年版』第6章「労働」。

「一般政府」は中央政府と地方政府のほかに「社会保障基金」に分類される。表1.3-2は一般政府の支出が国民経済（GDP：国内総生産）に占める割合である。政府の最終消費支出には政府による消費財の購入や公務員の人件費などが含まれる。この表からみれば，日本の政府の大きさはアメリカ並みであり，とくに年金・失業給付については十分に小さなものであることがわかる。

　大きな政府と小さな政府のどちらが望ましいのか，一概に答えを出すことはむずかしいが，以上の事実からみれば日本の政府の大きさは諸外国と比較してもさほど「大きい」とはいえないことがわかる。

## 3　政府の役割

　「家計」が労働を提供することで賃金を受け取り，それを消費活動にあて，「企業」が財やサービスを提供することで利潤を生み出し，それを生産活動にあてているように，政府は国民から税金を徴収し，それを使ってさまざまな行政サービスを行う。この意味で家計や企業と並んで，政府は経済主体のひとつに数えられる。

　この側面からいえば政府も他の経済主体と変わるところはないが，ほかの2つの経済主体と異なり，政府は「権力」をもっているところが最も特徴的である。権力とは自らの決定を他人に強制できる力であるので，政府の行動は経済全体に強い影響を及ぼす。

　この側面が最も顕著な形で現れるのが，政府がもつ「治安維持」の役割である。治安の悪化は社会生活全体を脅かす恐れがあり，そのため政府は軍隊や警察といった「暴力装置」を用いて国民に一定のルールを強制する力をもっている。

　経済的な面では「独占禁止法」やその他さまざまな「規制」を政府は行うことができる。自由で公正な競争が歪められたら経済は混乱する。とくに，ある特定の個人・企業のグループが結託して自分たちの利益のために市場をコントロールすることは，市場機能に対する人々の信頼を損ない，市場がうまく機能しない原因となるため，政府はさまざまなレベルで規制を行っている。また，逆に自由競争を規制して自国の産業を保護することもある。たとえば農産物に

ついては多くの国々で輸入規制が行われている。これにはいくつかの理由があるが、外国からの安価な輸入農作物によって国内農業が打撃を受けることを防ぐ目的もある。

こうした政府のもつ権力は、基本的には社会の安定・維持を目的として、国民によって付与されているものである（国民主権）。

この目的を経済的な側面からみれば、いわゆる「市場の失敗」を是正する行為として以下のようにまとめることができる。

**市場秩序の維持**　「完全競争が社会のパレート最適[4]を達成する」という経済理論の命題が成立するためにはさまざまな前提条件が必要であるが、それらの条件は現実には存在しない。たとえば株式取引の場においては情報の非対称性が存在するために、内部情報をもっているグループにはつねにインサイダー取引の誘因が存在する。また、比較的少数の大企業で市場が構成されている場合（寡占市場）、それらの企業には協定を結んで価格を高い水準に維持しようとする誘因が働く（価格カルテル）。

このような状況が発生すると公正な競争が維持できなくなるため、政府は独占禁止法をはじめとして、さまざまな規制を用いて自由競争を守り、市場秩序を維持しようとする。

**公共財の供給**　通常の財・サービスは対価を払ってそれを購入した人のみがそれを消費することができ、その人が消費すれば別の人は新たに購入することによってしか同じ財・サービスを消費することはできない。つまり、通常の財・サービスは対価を払わない人を消費から「排除」することができ、消費は「競合的」である。しかし国防や警察のようなサービスはそうではない。たとえば「税金を滞納しているから」などの理由で、特定の人やグループをこうしたサービスから排除することは不可能である（排除不可能性）。また、ある人が国防サービスを消費したからといって、他の人に対するサービスが低下することもない（非競合的）。同じように、道路や港湾なども、ある特定の人の利用を排除するのはまったく不可能というわけではないが（有料道路など）、か

---

[4]　パレート最適とは「誰かの厚生水準を低下させることなしに誰も厚生水準を増加させることができない」状態であり、社会的に最も望ましい状態である。

なり困難であり，ある人が道路を通ったからといってその分道路が減ってしまうわけでもない。このような財は，「非競合的」で「排除不可能」な性質をもっており，「公共財」と呼ばれる。公共財には通常の意味での市場が存在せず，民間企業によっては供給が不可能である。

こうした公共財は道路や港湾のように経済活動において基盤となる「社会資本」である場合が多い。そこで政府は財政支出を使ってこれらを供給している。

**所得分配の是正**　はじめから経済的な自由競争に参加できない人々が社会には存在する。心身に障害をもった人々や，お年寄り，幼児などは，自由競争による経済活動を通しては生活が成り立たない。また，競争は結果として貧富の格差を生み出すが，その程度があまりに大きくなると社会秩序が守られなくなる。このため政府は累進課税や社会保障，生活保護などのさまざまな方法を使って所得の再分配を行い，経済格差を社会の許容できる範囲に抑える役割を果たしている。

**経済の安定化**　資本主義経済にはつねに景気循環が存在し，好景気・不景気による経済状態の変化が起こる。この変化の程度があまりに激しいと社会は混乱する。不景気の程度が大きく，期間が長ければ，多くの企業が倒産したり，活動を縮小したりするだろう。そうなれば失業者も増加し，国民生活も悪化する。逆に景気が過熱しすぎてインフレが発生することもあるだろう。

そこで政府は，不景気のときには財政支出を増加させて需要をつくりだし，景気が過熱気味の場合は中央銀行が金利を高めに誘導して総需要を縮小させるなど，財政政策，金融政策を用いて経済を安定させる役割を果たしている。

こうした市場経済に対する政府の介入については，第2節で論じたように立場によって評価が異なる。「小さな政府」が望ましいと考える人々は，政府による市場介入に対して否定的な評価をもち，「大きな政府」を指向する人々はそれを肯定する傾向にある。この両者の意見がせめぎ合いながら，現実の政府の行動が決定されている。

## 4　政府の財源

政府が活動を行うにあたっての財源は大きく2つある。ひとつは税収であり，

表 1.3-3　歳入に占める租税と公債金の割合　　（単位：％）

| 年度 | 中央政府 | | 地方政府 | | |
|---|---|---|---|---|---|
| | 税収 | 公債金 | 税収 | 国の補助* | 地方債 |
| 1980 | 61.0 | 32.2 | 32.2 | 39.6 | 9.5 |
| 1985 | 70.7 | 22.8 | 40.6 | 34.6 | 7.8 |
| 1990 | 83.8 | 10.2 | 41.6 | 31.0 | 7.8 |
| 1995 | 64.5 | 26.4 | 33.2 | 30.7 | 16.8 |
| 2000 | 54.3 | 35.4 | 35.4 | 36.0 | 11.1 |
| 2005 | 55.1 | 35.1 | 37.4 | 31.0 | 11.2 |

注：＊地方交付税＋国庫支出金
データ出所：総務省統計局「日本統計年鑑 2007」、財務省「平成17年度決算」、総務省「平成17年度地方公共団体普通会計決算の概要」。

もうひとつは国債の発行による借金（公債金）である。日本の場合、歳入の規模は2005年度決算で、約89兆円ほどであり、そのうち税収が55.1％（所得税・法人税などの直接税43.2％、消費税などの間接税11.9％）であり、公債金による収入が35.1％となっている。歳入総額が名目 GDP に占める割合は、この四半世紀間、中央政府が16～19％、地方政府が18～20％でほぼ一定である。

表 1.3-3 は、中央政府（国）と地方政府（地方公共団体）の歳入に占める税収と借金（公債金）[5]の割合、また地方財政における中央政府からの補助の割合をまとめたものである。

歳入に占める公債金の割合は、近年若干減少する傾向にあるが、1990年、95年にはそれぞれ10.2％、26.4％であったことを考えれば、財源としての公債金は重要性を増していると考えることができる。このことは本書「財政再建」の章（第4部第4章）で述べられるように、「赤字財政」として問題にされるべきところである。

地方政府は、それぞれの地域的な事情によって税収が異なるため、その不均一を是正して全国的にある程度の水準をもった行政サービスを実施することができるように、中央政府は国税の一定割合を地方政府に移転したり（地方交付税交付金）、補助金を支出したり（国庫支出金）している。

こういった国からの補助の割合は自治体によってはかなり高い水準になって

---

5) 公債金による収入とは、国債の発行による収入のことである。国債は、社会資本の整備を目的として発行される「建設国債」と歳入の不足をおぎなうために発行される「赤字国債」とがある。赤字国債は特別に法律をつくって発行されたので、「特例国債」とも呼ばれる。

いるが，このことが地方の財政的な自立性，ひいては諸政策の独自性を損なっているとの批判も高く，近年では削減される傾向にあるが，一方で行政サービスの自治体間での格差が大きくなるとの批判も存在する。また，地方においても地方債の発行が増加する傾向があり，中央政府と同じく問題をはらんでいるといえよう。

中央と地方の財政問題に関して，2001年に発足した小泉内閣は「小さな政府」を志向する基本理念のもとに「三位一体の改革」を策定した。これは，①中央から地方への補助金の廃止・削減，②地方政府への税源移譲，③地方交付税の改革の3つを総合的に進めていこうというものである。具体的には2004年に国庫支出金，地方交付税交付金が約4兆円削減され，2006年には所得税から個人住民税への税源移譲が行われた[6]。

この改革は財政面での改革にとどまらず，「地方分権」を進める意味もあるとされているが，具体的な進め方については中央政府と地方政府の間でなお議論がつづいている。

（安田俊一）

---

6) 所得税はその年の所得に対して課税され，住民税は前年の所得に課税されるが，税制改革が同じ年に行われた結果，前年に比べて2007年に課税所得が減少した家計では，税率が上がった住民税が前年度に課税され，税率が下がった所得税が2007年度に課税されるため実質増税となるなど，混乱がみられた。

# 第4章　金融機関

　経済におけるお金の流れは，しばしば人体における血液の循環にたとえられる。人は血管が詰まるとか心不全になれば病気になり，症状によっては死に至ることさえある。同様に，お金の流れに問題が生じると経済活動に混乱を来たす。心臓がたゆまず体全体に血液を送り出しているように，経済においてお金の供給と流通を支える役割を果たしているのが金融機関である。この章では，金融のしくみと金融機関の種類を概観したうえで，民間金融機関の目的と機能について学ぶ。

## 1　金融のしくみ

### 1.1　お金の支払と融通

　金融とは，支払・決済と資金の融通のことである。貨幣はあらゆる経済取引の支払や決済に不可欠である。貨幣は支払や決済の機能を有するものであるから，現金だけでなく預金も貨幣[1]に含まれる。貨幣による支払や決済に支障が生じると，ただちに経済に悪影響が及ぶ。他方の資金の融通は大きく分けて，①資金の貸借，②出資，③保険・共済の3つの形態に分類される。

　代表的な貸借の場合を例にとろう。資金の貸し借りには必ず貸す側と借りる側との2者がいる[2]。貸し手は，収入が支出を上回っていて，当面は自分で使わないお金を貸し出すのである。貸し手のことを黒字主体ともいう。ただし，黒字主体は裕福である人にかぎらない。月10万円足らずの月収であるが爪に火をともすように暮らして2万円を残すといった人も黒字主体であって，貸し手になれる。逆に，支出が収入を上回る赤字主体であれば，不足するお金を借りなければならない。したがって，資金の借り手になる。たとえば，企業は個人に比べると多額の収入はあるが，新工場を建設するといったような投資資金は

---

1) 法律などの表現では，現金通貨・預金通貨という用語が使われる。
2) 貸し借りの関係を「債権債務関係」といい，貸し手のことを債権者，借り手のことを債務者と呼ぶ。

図 1.4-1　資金の流れる 2 つのルート

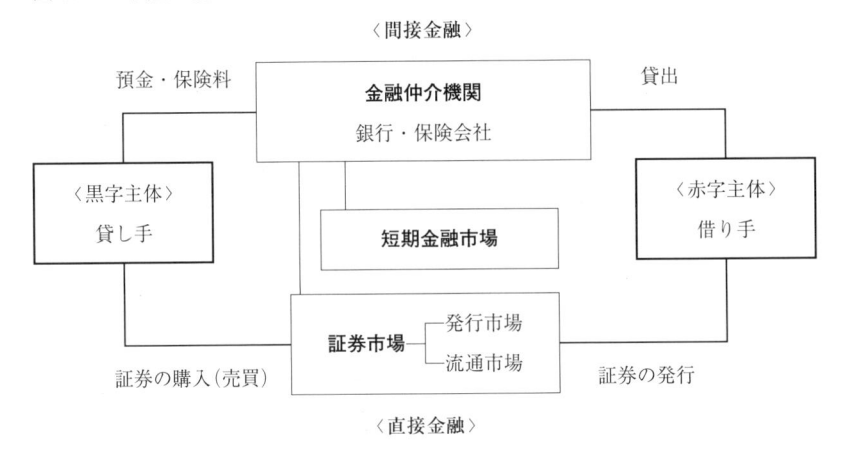

〈間接金融〉

　　預金・保険料　　　金融仲介機関　　　貸出
　　　　　　　　　　銀行・保険会社

〈黒字主体〉　　　　　短期金融市場　　　　〈赤字主体〉
　貸し手　　　　　　　　　　　　　　　　　借り手

　　　　　　　　　　証券市場 ─ 発行市場
　　　　　　　　　　　　　　 └ 流通市場

　証券の購入(売買)　　　　　　　　　　　証券の発行

〈直接金融〉

さらに巨額になって借入が必要となる。そこで，企業はしばしば資金の借り手になる。また，国や地方の政府も税収が不足して歳出額に追いつかず借り手となっている。黒字主体と赤字主体の間で貸し借りが実施されると，黒字主体にとっては資産が増加し，赤字主体は同額の負債が増加する。

## 1.2　資金の流れるルート

　今日の金融においては，金融機関が黒字主体と赤字主体との間に入って仲介したり，仲立ちしたりして資金が流れる。民間金融の最も基本的な資金の流れは，図 1.4-1 に示したような 2 つのルートである。

**間接金融**　第 1 に，銀行や保険会社が介在した資金の流れであり，間接金融という。銀行は黒字主体から預金という形で資金を集めて，企業などの赤字主体に貸し出す。日常的には預金者は銀行に「お金を預ける」と思っているが，貸借の関係では銀行が預金者からお金を借りているということになる。銀行は集めた預金を銀行の責任で企業などの借り手に貸し付ける。銀行のような間接金融を仲介する金融機関のことを「金融仲介機関」と呼ぶ。

**直接金融**　第 2 に，図 1.4-1 の下側の証券市場を通じた資金経路で，直接金融と呼ばれるルートである。証券とは株式や債券[3]などである。証券市場は，新たに発行された証券を売りさばく発行市場と既存の証券を売買（譲渡）する

流通市場から構成される。

　さきの伝統的な2つのルートのほかにも，新しい資金の流れが生まれている。ひとつは，直接金融と間接金融とを混合した市場型間接金融というルートである。たとえば，投資信託や債権証券化である。投資信託とは複数の株式や債券をパッケージにした金融商品で，証券会社や銀行の窓口で顧客に販売して資金が集められ，その資金（基金）が証券市場で運用される。債権の証券化とは，銀行が保有する貸出債権を証券化して，証券市場で投資家が売買できるようにすることである。どちらの例も，間接金融の途中に証券市場や短期金融市場などを介在させることにある。もうひとつのルートは，貿易信用・直接投資・対内外証券投資などの海外への資金流出と海外からの資金流入という経路である。経済や金融の自由化と国際化を反映して，この資金の流れが大きくなってきている。

　なお，図の中央にある短期金融市場は，銀行間など金融機関相互の間で資金の過不足を調節する場である。貸出先が見つからず一時的に資金に余剰が生じた銀行は，資金が不足している銀行にそれを貸すのである[4]。

## 2　金融機関

　商業に卸売業と小売業，さらに小売業にも百貨店・スーパー・専門店などがあるように，金融のしくみのなかでさまざまな金融機関が役割分担して活動している。ある機関は手広く総合的に金融業を営み，別の機関はある分野に特化・専門化している。公的な金融機関も含めて，日本には図1.4-2のような種々の金融機関がある。

### 2.1　銀行
　図1.4-2の預金取扱金融機関が広い意味での銀行である。信用金庫や信用組合は，銀行という名前はついていないが預金を預かるので銀行の仲間である。

---

[3]　債券は，国・地方公共団体や企業が不特定多数の人々から資金を調達するために，借用証書を定型化して券にしたものである。発行者によって，国債，地方債，社債などに分類される。

[4]　短期金融市場には日本銀行も参加しており，金融政策を実施する場でもある。

## 図1.4-2 日本の金融機関

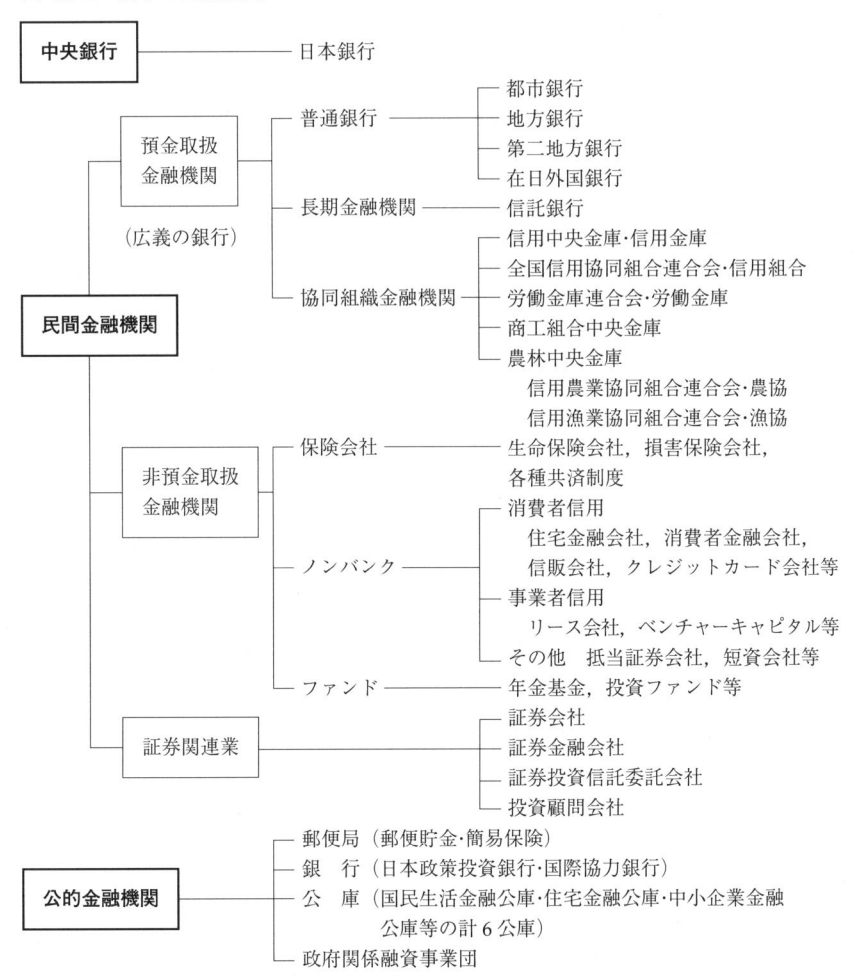

```
中央銀行 ──── 日本銀行

民間金融機関
├─ 預金取扱金融機関（広義の銀行）
│   ├─ 普通銀行 ─── 都市銀行
│   │              地方銀行
│   │              第二地方銀行
│   │              在日外国銀行
│   ├─ 長期金融機関 ── 信託銀行
│   └─ 協同組織金融機関 ── 信用中央金庫・信用金庫
│                         全国信用協同組合連合会・信用組合
│                         労働金庫連合会・労働金庫
│                         商工組合中央金庫
│                         農林中央金庫
│                             信用農業協同組合連合会・農協
│                             信用漁業協同組合連合会・漁協
├─ 非預金取扱金融機関
│   ├─ 保険会社 ── 生命保険会社，損害保険会社，
│   │              各種共済制度
│   ├─ ノンバンク ── 消費者信用
│   │                   住宅金融会社，消費者金融会社，
│   │                   信販会社，クレジットカード会社等
│   │                事業者信用
│   │                   リース会社，ベンチャーキャピタル等
│   │                その他　抵当証券会社，短資会社等
│   └─ ファンド ── 年金基金，投資ファンド等
└─ 証券関連業 ── 証券会社
                 証券金融会社
                 証券投資信託委託会社
                 投資顧問会社

公的金融機関
├─ 郵便局（郵便貯金・簡易保険）
├─ 銀　行（日本政策投資銀行・国際協力銀行）
├─ 公　庫（国民生活金融公庫・住宅金融公庫・中小企業金融
│           公庫等の計6公庫）
└─ 政府関係融資事業団
```

出所：日本銀行研究所『新版 わが国の金融制度』(1995年) の11ページを参考に作成。

　ただし，普通銀行，長期金融機関，協同組織金融機関には，それぞれに適用される法律の違い，営業活動の範囲の違いなどがある。ここでは，都市銀行や地方銀行[5]などの普通銀行を例にする。

　銀行の役割を明らかにするために，普通銀行に適用される「銀行法」をみて

みよう。銀行法の第2条[6]には，銀行の固有業務として①預金の受入，②資金の貸付および③為替取引の3つがあげられている。為替取引とは，銀行の預金口座を利用して遠隔地への送金や遠隔地間で資金の支払ないし決済を行うことである。たとえば，大阪のA企業から東京のB企業への500万円の代金支払であれば，A企業の預金口座の残高から500万円が引かれ，B企業の預金口座の残高にプラス500万円とすれば，現金を送ることなく支払が完了する。

銀行は，固有業務以外にも銀行法の第10条～第12条で許された付随業務[7]を行っている。さらに，1970年代の終わり頃から始まった金融自由化・規制緩和によって，銀行本体でも一部の証券業務を行えるようになった。1992年の金融制度改革法の成立を起点とし，98年には金融持株会社が解禁となって，子会社による他の金融分野への参入が可能になった。

民間銀行も営利企業である。それにもかかわらず，銀行が経営危機に陥ったときには，公的資金が注入されたり，一時国有化されたりというような特別扱いされる。その理由は，銀行および銀行システムが高い公共性を有するからである。個々の銀行は貨幣の一部である預金を扱い，信用秩序の一環を担っている。たった1つの銀行が破綻しても，ネットワークでつながった支払や決済システムに大混乱が起こり，借入企業も連鎖的に倒産する。銀行に対する不安が拡がると，銀行に預金を引き出す人々が殺到する取り付け騒ぎに発展しかねない。つまり，破綻銀行の直接の預金者や借入企業だけにとどまらず，多数の国民や企業に悪影響を及ぼし，国民経済に大きなダメージを与えるのである。こうした銀行のもつ公共的な性格ゆえに，特別扱いされるのである。また，銀行業を営むためには免許が必要であったり，他の企業にはない健全性を保つための規制があったり，金融庁の検査を受けたりするのである。

## 2.2 保険会社・ノンバンク・ファンド

金融仲介機関であるが預金を扱えない金融機関を非預金取扱金融機関という。

---

5) 都市銀行は東京や大阪などの大都市を営業基盤とし全国的に展開する銀行をいい，地方銀行は地方都市を営業基盤とする銀行をいう。その区分はかなり曖昧になってきている。
6) 「一 預金又は定期積金の受入れと資金の貸付又は手形の割引とを併せ行うこと。
　　二 為替取引を行うこと。」
7) 債務保証，金銭債権の取得・譲渡，公金出納事務，保護預かり，両替などの業務である。

具体的には保険会社，ノンバンク，各種ファンドである。保険会社は，保険加入者から保険料を徴収して資金をプールし，契約での条件を満たした加入者に保険金を支払う。保険会社にプールされた資金は，企業に貸し出されたり，証券を購入したりして運用される。ノンバンクは直訳すると「非銀行」ということになるが，銀行と同様に貸付を行うが預金を扱えないという意味で「非銀行」なのである。図1.4-2に示したように，消費者金融会社，信販会社，カード会社，リース会社などのことをいう。これらの会社は，自己の資本金や銀行借入を元手にして消費者や企業向けの貸付を行っている。

　もうひとつが，最近よく耳にするようになってきたファンド（基金）である。ファンドは他者から資金の管理や投資を信託され，代理で資金運用する金融機関のことである。たとえば，年金基金（の管理団体）や投資ファンドなどである。人々が支払う年金保険料を集め，管理・運用しているのが年金基金である。年金基金の管理団体は，基金を株式や債券などで運用している。投資ファンドは，富裕層の個人投資家と金融機関などの機関投資家から資金の提供を受け，さまざまな方法で資金運用を行う。投資ファンドは運用益の一部を成功報酬として受け取り，それがファンドの収益となる。投資ファンドは私募[8]の形で少数の金持ちや資金管理団体から高額の資金を集めて運用している。

## 2.3　証券会社

　証券市場において証券取引の仲立ちをするのが証券会社である。証券会社の固有業務は，①発行引受業務（企業や政府などが発行する証券を引き受け，投資家に売りさばく），②分売業務（発行引受業者の下請として協力して新規発行の証券を投資家に売りさばく），③自己売買業務（証券会社の自己資金で証券の売買を行う），④委託売買業務（取次業務ともいい，投資家に代わって投資家の売買注文を証券取引所などで実行する）の4つである。①と②の業務は発行市場での仲立ち業務であり，③と④は流通市場にかかわる業務である。

　証券会社も株式会社の形態をとり，その目的は利潤の追求である。日本の証券会社の主な収入源は，①発行引受，②分売，④委託売買の業務から得られる

---

[8]　投資を勧誘する人数が50人未満の少人数であるか，または証券投資に関する専門知識や経験を有する機関投資家を募集対象とする場合を私募という。

手数料収入[9]である。

## 3 銀行の目的と機能

### 3.1 個別銀行の目的

多くの銀行は株式会社の形態をとり，利潤の追求を目的とする。では，財を生産しない銀行はどうやってその目的を達成するのであろうか。表1.4-1と表1.4-2は銀行の簡略化した財務諸表の仮設例である。

（1）銀行の資産と負債

表1.4-1は，ある時点の銀行の資産や負債の構造を示す貸借対照表である。

**負債および資本の部の見方**　預金は預金者からの銀行の借入であるから，銀行にとっては負債になる。そして，その額は負債のなかで最も大きな割合を占める。コールマネー等というのは短期金融市場で他の金融機関から借り入れている資金である。貸倒引当金は，貸出金のうち回収できなくなって損失が生じた場合に備えてのお金である。資本の部は，株式発行によって株主から払い込まれた資本金と過去の利潤のうち内部留保された剰余金から構成される。

**資産の部の見方**　銀行は，負債と資本を元手にして資金を運用する。その資産構成が資産の部でわかる。資産のなかで貸出金が最も大きな割合を占め，つぎに国債や株式などの証券での運用となっている。コールローン等は，コールマネー等とは逆の場合である。現金・預け金の項目は預金の引出に備えて，銀行に留め置かれている現金と日本銀行に預けている預け金のことである。銀行からみれば，ともに利子を

**表1.4-1　銀行の貸借対照表**（仮設例）

（単位：兆円）

| （資産の部） | | （負債の部） | |
|---|---|---|---|
| 現金・預け金 | 7 | 預金 | 80 |
| コールローン等 | 8 | コールマネー等 | 14 |
| 有価証券 | 25 | 貸倒引当金 | 1 |
| 貸出金 | 60 | （**資本の部**） | |
| | | 資本金 | 2 |
| | | 剰余金 | 3 |
| **資産の部合計** | **100** | **負債及び資本の部合計** | **100** |

---

[9]　とりわけ，委託売買手数料への依存が強く，顧客に過度に短期的な証券売買を勧める傾向があった。

生み出さないからできるだけ最小限の金額に抑えたいが，少なすぎると預金の引出に応じられなくなってしまう。

（2）銀行の損益

さきの資産や負債の構成から，表1.4-2のような収益や費用が発生する。経常収益の大半は資金運用収益つまり貸出金，国債，コールローン等からの利子収入と保有株式からの配当金収入である。表1.4-2から，とくに貸出からの利子収入が1.2兆円と最も大きなウェイトを占めることがわかる。つぎの役務取引等利益は銀行のサービス提供による手数料収入である。具体的には，為替の受入手数料や信用保証料などである。その他業務収

表1.4-2 銀行の損益計算書（仮設例）

（単位：百億円）

| | | |
|---|---|---|
| **経常収益** | ＋ | **366** |
| 資金運用収益 | | 166 |
| 貸出金利息 | | 121 |
| 有価証券利息配当金 | | 32 |
| コールローン等利息 | | 13 |
| 役務取引等収益 | | 70 |
| その他業務収益 | | 115 |
| その他経常収益 | | 15 |
| **経常費用** | － | **274** |
| 資金調達費用 | | 50 |
| 預金利息 | | 28 |
| コールマネー等利息 | | 22 |
| 役務取引等費用 | | 8 |
| その他業務費用 | | 88 |
| その他経常費用 | | 43 |
| 営業費用 | | 85 |
| **経常利益** | | **92** |
| 特別利益 | ＋ | 10 |
| 特別損失 | － | 2 |
| **税引前当期利益** | | **100** |
| 法人税等 | － | 30 |
| **当期利益** | | **70** |

益とその他経常収益は，保有する国債や株式の売買益や売却益などである。反対に，経常費用は預金やコールマネー等に対する利払いである資金調達費用が主要な費用となる。表では預金利息が2800億円と他の費用に比べて額が小さいが，これはこの間の預金金利が非常に低いためであって，通常の預金金利の水準であればこの費用部分が大きな割合を占める。役務取引等費用は他の銀行などに支払った為替手数料である。その他業務費用とその他経常費用は，収益の場合とは逆に証券の売買などによって生じた損失額である。その他経常費用には，貸出が不良債権化したときにその損失を処理する貸倒引当金繰入額や貸出金償却が含まれる。そのほかに，行員を雇い，店舗やATMが必要なので営業費用（人件費・物件費）がかかる。

以上の経常収益と経常費用から銀行の経常利益9200億円が求められる。

$$\text{経常利益} = \text{経常収益}(366) - \text{経常費用}(274) = 92 \tag{1.4-1}$$

この経常利益から動産や不動産など実物資産を処分することなどによって発生した特別利益を加え,特別損失を引くと,税引前当期利益となる。さらに,そこから法人税などの租税支払を控除すれば,正味の銀行利潤である当期利益7000億円が得られる。

### 3.2 銀行の機能

　銀行利潤の源泉を最も単純化して表現すると,貸出金利と預金金利の差である「利ざや」ということができる。たとえば,貸出金利が7％で,預金金利が3％であるとすると,銀行は4％の利ざやを稼ぐ。このさい,貸し手と借り手のどちらかあるいは双方がその分だけ損をしていることになるのではないだろうか。

　この疑問に答えることで,銀行の機能を明らかにできる。第1に,貸借契約が成立するには,借り手と貸し手との間で貸借の条件[10]が一致しなければならない。貸し手と借り手の双方が,自分自身で自分の希望する条件と一致する相手を探すとなると膨大な費用がかかってしまう。銀行が仲介すれば,そうした取引費用が軽減・節約される。第2に,貸し手は借り手が契約を履行せず,利子の支払や元本の返済が滞って損失を被るかもしれない,という信用リスクの問題である。かりに貸し手が貸借条件の一致する相手を見つけることができたとしても,その相手が返済する能力と意志があり信用するに足りる相手であるかどうかを見極めるのは至難の業である。銀行は,事前に借り手の収入状況・経営内容・資金使途・返済能力などをよく審査して,パスした相手にだけ貸出を実行する[11]。貸出後にも借り手の状況を監視する。要するに,銀行が信用情報収集コストを負担するのである。第3に,信用リスクを誰が負うかである。十分に審査できたとしても,なんらかの事情で借り手が現実に返済不能状態に陥ってしまうことがある。貸し手と借り手との直接取引であれば,その損失は貸し手が負う。銀行が仲介していれば,貸し倒れの発生によって生じた損失は預金者ではなく銀行が被り,銀行の責任で処理する。つまり,銀行がリスクを取るのである。

---

10) 貸借の条件には,金額・貸借期間・金利・契約が履行されない場合のペナルティーなど多くのことがらがある。

11) さらに,借り手が返済不能になったときに備えて,担保や保証人も徴求する。

このような機能を銀行が果たす見返りに利ざやを得るのである。もちろん，利ざやが小さければ小さいほど，金融がより効率的で貸し手と借り手の両者にとって利益になる。

　以上のように，銀行にかぎらず金融機関の機能は，それが存在しない場合に発生する大きな金融取引のコストとそのために金融取引を断念することによる経済的損失の2つの「社会的な空費」を節約して，資金がより効率的に利用されるようにすることにある。

### 3.3　新しい金融ビジネスの出現

　金融の自由化・国際化・IT化によって，今日の大手の金融機関に新たなビジネス分野が拡がっている。たとえば，債権の証券化の手助け，資産・負債管理や金融リスク管理のアドバイス，M&Aの指南役，金融派生商品（デリバティブ）取引の仲介などである。

　金融機関がそうした現代的な顧客ニーズに対応したとしても，それが多くの国民の利益につながるわけではない。まして金融機関の基本的な機能が失われては，国民にとって大きな損失である。したがって，金融にかかわる変化や改革が誰にとって利益をもたらすのかをきちんと見極めることが大切である。

**補注　金融派生商品（デリバティブ）**

　金融派生商品とは，原資産の取引から派生して生じる価格変動リスクの交換または移転に関する契約である。原資産になるのは，通貨，貸出・借入，債券，株式などの金融取引にかぎらず，貴金属，原油，穀物・家畜，天候などまでに及ぶ。価格変動リスクは，為替レート，貸付・借入金利，債券金利，株価（株価指数）などの変動によって損失を被る危険性があるということである。代表的な金融派生商品はつぎの3つである。①先物・先渡取引（将来のある時点において，契約時に決めた価格で資産の売買を行う），②スワップ取引（将来発生するキャッシュ・フローを交換する），③オプション取引（ある資産を定められた期日までに決められた価格で買う（売る）権利を売買する）。

（伊藤国彦）

# 第5章 市　　場

　この章では市場について考える。ここでいう市場とは売り手と買い手が価格の動きにあわせて自由にかつ競争的に財・サービスの売買を行う抽象的な場所のことである。以下ではそのような意味での市場で行われる取引のしくみ，つまり市場原理とか価格メカニズムと呼ばれる市場取引のしくみと，その役割について考える。

## 1　市場原理

### 1.1　市場均衡

　財の需要者（買い手）と財の供給者（売り手）が完全競争のもとで価格の動きを見ながら財の取引を行うべきかどうかを考えている状況を想定する。ここで完全競争とは，つぎの5つの条件を満たす市場のことをいう。①非常に多数の買い手と非常に多数の売り手が存在する（プライス・テーカー）。②市場参加者は価格に影響を及ぼすことができず，市場価格を所与として行動する。③取引される財は完全に同質的である。④価格や品質といった取引に関する情報がすべての市場参加者全員に行き渡っている（完全情報）。⑤市場への参入および市場からの退出が自由である。

　市場の状況は財の価格，需要量（需要者が購入を希望する財の数量），供給量（供給者が販売したいと考える財の数量）の3つの数値によって描写される。価格と需要量（供給量）はどちらか一方が決まればそれに応じて残りが決まる相互依存の関係（これを関数関係という）にある。財の価格と需要量（供給量）のどちらを独立変数にとるかによって取引の形態が異なるが，ここでは価格を独立変数にとり，需要量と供給量を従属変数にとることにする。価格を$P$，需要量を$D$，供給量を$S$とおくと，需要関数は$D=D(P)$，供給関数は$S=S(P)$で表される。縦軸に価格，横軸に数量をとると需要関数と供給関数は図1.5-1のように描くことができる。需要曲線と供給曲線の形は，価格が安くなれば需要量が増加し，価格が高くなれば供給量が増加すると考えて，需要曲線は右下

がり，供給曲線は右上がりに描くことにする。

需要曲線と供給曲線が交わる点 $E$ を均衡，均衡に対応する価格 $P^*$ を均衡価格，均衡に対応する数量 $X^*$ を均衡取引量という。価格が自由に変動する場合には，価格，需要量，供給量は時間の経過とともに均衡点 $E$ に収斂する。

図 1.5-1

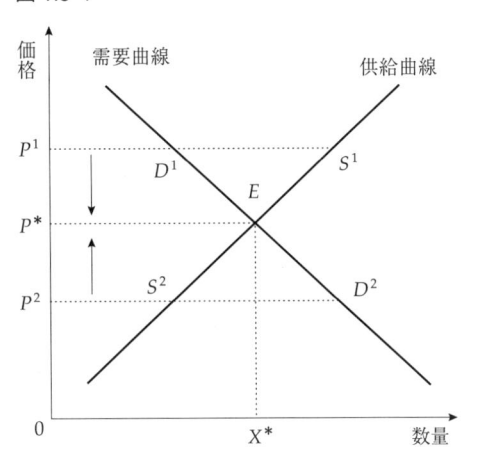

### 1.2 市場の安定性

均衡に向かうメカニズム（ワルラス的調整メカニズム）はこうである。価格が $P^1$ のときには需要量が $D^1$，供給量が $S^1$ となり，供給量が需要量を線分 $S^1D^1$ だけ超えている。これを超過供給の状態という。超過供給のもとでは売れ残りが発生しているので価格を引き下げる競争力が働き価格は下落する。また価格が $P^2$ のときには需要量が $D^2$，供給量が $S^2$ となり，需要量が供給量を線分 $D^2S^2$ だけ超えている。これを超過需要の状態という。超過需要のもとではもの不足が発生しているので価格を引き上げる競争力が働き価格は上昇する。このように価格は超過需要と超過供給に応じて上昇したり下落したりしながら，需要量と供給量が等しくなる均衡点 $E$ に到達する。いったん均衡に到達すれば価格を動かす誘因が消滅するので，均衡状態が持続する。最初の出発点がどこであれ，必ず均衡点に到達する場合，市場は安定的であるという。

### 1.3 完全競争市場の効率性

完全競争市場においては価格，需要量，供給量は価格が伸縮的であれば均衡に収束し，需要者と供給者は均衡状態のもとで取引を行う。これを市場原理にもとづく取引といい，そうした取引を成立させるしくみを価格メカニズム（市場メカニズム）という。均衡での取引はどのような意味で望ましいのであろうか。たとえば需要曲線上の $D^1$ の点でこの財を追加1単位購入したいと思って

図 1.5-2

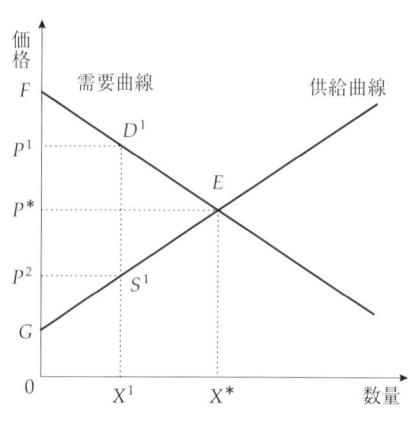

いる需要者を考えると，この需要者は実際に支払った価格 $P^*$ と支払ってもよいと考えていた価格 $P^1$ との差額だけ利得を得ているとみなすことができる（図1.5-2を参照）。このような利得を消費者余剰と呼ぶ。この財を購入したすべての需要者について同様の方法で消費者余剰を求めて足し合わせると，消費者余剰の総計は三角形 $FP^*E$ の面積に等しくなる。つぎに，供給曲線上の $S^1$ の点でこの財を追加 1 単位供給したいと考えている供給者を考えると，この供給者は $P^2$ で販売できればよいと思っているので，実際に受け取る価格 $P^*$ との差額だけ利得（粗利潤）を得ていることになる。このような利得を生産者余剰と呼ぶ。この財を供給したすべての供給者に同様の考え方を適用し生産者余剰を求め，それらを足し合わせ生産者余剰の総計を求めるとそれは三角形 $P^*GE$ の面積に等しくなる。均衡で取引が成立した場合，消費者余剰と生産者余剰の合計は三角形 $FGE$ の面積に等しい社会的余剰が生じていることになる。

価格の上限規制が導入され，取引価格が $P^2$ に制限された場合の余剰を求めてみよう。消費者余剰は台形 $FP^2S^1D^1$，生産者余剰は三角形 $P^2GS^1$ となり，社会的余剰は台形 $FGS^1D^1$ となる。競争均衡に比べて三角形 $D^1S^1E$ だけ社会的余剰が減少している。余剰の減少分を規制にともなう厚生損失という。また数量の供給制限が課せられ，供給量を $X^1$ に制限した場合についても同じだけの厚生損失が発生することが確認できる。市場の自由な取引に任せるほうが価格規制や数量規制を設けるよりも社会的厚生が大きい。競争均衡では社会的余剰が最大になる。これが市場原理が理論的に支持される理由である。

## 2 市場メカニズムの限界

価格による配分がつねに有効に機能するわけではない。ここでは市場メカニズムが有効に機能しないケースを3つ紹介する。

### 2.1 独占

第1は独占の存在である。完全競争経済のもとでは非常に多くの供給者が存在し，供給者は価格に影響を与えることができず，価格の受容者

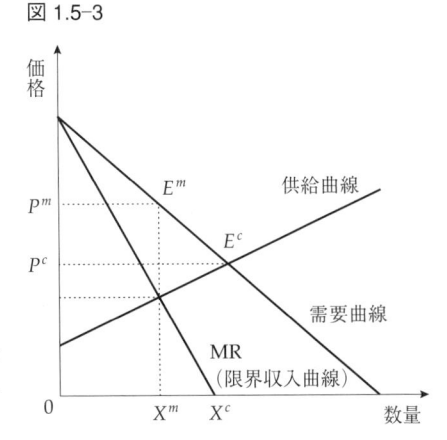

図 1.5-3

（プライス・テーカー）として行動する。完全競争の均衡は前節で説明したように需要曲線と供給曲線が交わる $E^c$ で示される（図 1.5-3 を参照）。供給者が1人，つまり供給独占の場合には需要曲線上のすべての点を1人の供給者が選ぶことができる。独占者は利潤を最大にするように供給量を選択するので，供給曲線（限界費用曲線）と限界収入曲線が交わる供給量 $X^m$ を選択する[1]。対応する価格は供給量が $X^m$ であるので需要曲線より $P^m$ となり，独占の均衡は $E^m$ となる。独占の均衡 $E^m$ は完全競争の均衡 $E^c$ に比べて供給量が少なく，価格が高くなっている。これは独占にともなう弊害である。供給独占が存在する場合には市場原理は有効に機能しない。

### 2.2 外部不経済

第2は外部不経済の問題である。外部不経済の存在とは，たとえば企業が負の価値をもつ財（これをバッズという）を市場の外部で（対価をともなわずに）一方的に供給し，それによって他の経済主体が被害を受けている場合のことをいう。図 1.5-4 で説明しよう。図の $S$ は私的限界費用曲線である。私的限界費用にはバッズの供給にともなう費用は含まれていない。企業は私的限界費用と

---

[1] 限界費用とは生産量1単位の増加によって生ずる総生産費の増加分のことであり，限界収入とは生産量1単位の増加によってもたらされる総収入の増加分のことである。補注も参照。

図 1.5-4

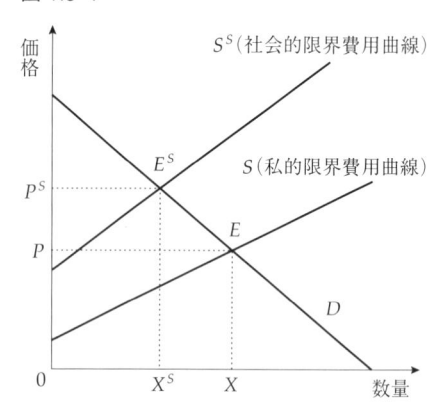

生産物価格が等しくなるように行動するので、$S$ が企業の供給曲線となる。社会的限界費用とは生産を1単位増加するのに必要な、被害を被っている経済主体の損害も含めた費用のことで、社会的限界費用曲線 $S^s$ が社会のあるべき供給曲線を表している。企業は私的限界費用曲線 $S$ にもとづいて行動するので市場均衡は $E$ となる。バッズの処理費用を考慮した均衡は $E^s$ である。2つの均衡を比べると、市場均衡では、生産物の価格が安く、取引量が多いことがわかる。外部不経済が存在する場合には市場に任せているだけでは均衡 $E^s$ に到達することはできない。

### 2.3 公共財

第3は公共財の消費である。公共財とは警察、消防、港湾、道路、公園など政府や地方自治体によって供給されるサービスのことで、非排除性と非競合性という2つの性質によって特徴づけられる。図を使いながら説明しよう。市場は2人の需要者AとBからなっているものとし、公共財の需要について需要者Aと需要者Bの需要曲線を描いたのが図1.5-5である。公共財は非排除性をもつので、AもBも $X^*$ という同じ量の公共財を消費している。需要量に対応する価格はいくらかというと、それぞれの需要曲線より、需要者Aにおいては $P^A$、需要者Bおいては $P^B$ となる。社会全体の公共財の需要曲線は2人の需要曲線を縦に足し合わせることによって得られ、それを描いたのが図1.5-6である。$D^{A+B}$ はAの需要曲線 $D^A$ とBの需要曲線 $D^B$ を縦に加えたものである。市場価格 $P^*$ はAが支払ってもよいと考える上限価格 $P^A$ とBが支払ってもよいと考える上限価格 $P^B$ を加えたものである。しかし市場に任せていては均衡点 $E$ に到達することはできない。なぜなら公共財については、自己の評価を偽って表明してもその利用から排除されないので、個別の需要曲線を正確に知ることが困難だからである。かくて市場に任せていては公共財の最適な

図 1.5-5

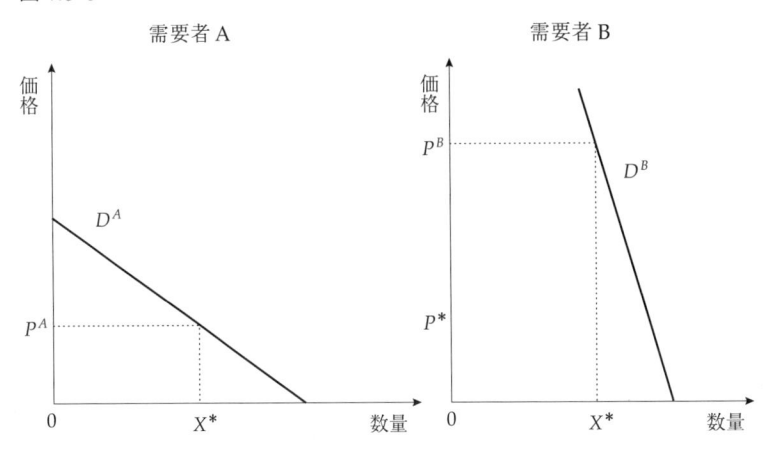

需要者 A / 需要者 B

供給量を決定することができない。

図 1.5-6

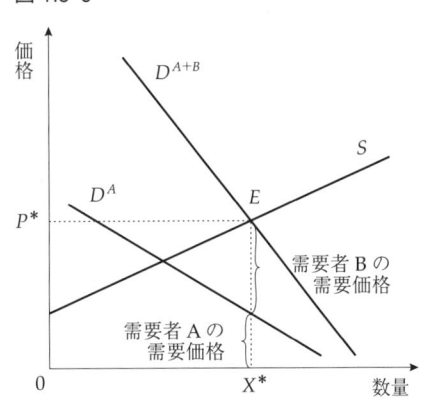

## 3　市場原理の成果

　前節では，完全競争の条件が満たされていない場合や市場の失敗が存在する場合には市場原理がうまく機能しないことをみた。では，完全競争の条件を満たし，市場の失敗が存在しない場合，市場原理による財・サービスの取引は望ましい配分原理といえるのであろうか。市場原理がもたらす成果を市場原理にもとづかない配分と比較しながら考えてみよう。

　つぎのような数値例を考える。市場には経営効率の優れたA企業と経営効率の劣るB企業が存在し，それぞれが同じ品質の商品を製造・販売しているものとする。A企業は1台50万円以上であればこの商品を1台販売し，B企業は100万円以上であればこの商品を1台販売したいと考えている。またこの社会には高所得者であるC氏と低所得者であるD氏が存在し，いずれもこの商

図 1.5-7

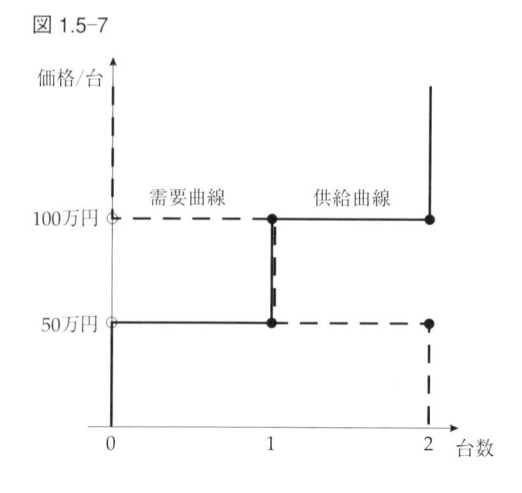

品の購入を考えている。C氏は100万円以下であればこの商品を1台買いたいと思っており，D氏は50万円以下であればこの商品を1台買いたいと思っているものとする。この関係を図示したものが図1.5-7である。この仮説例を使って財の配分問題を考えよう。

まず市場原理による配分を考える。市場原理による配分は需要量と供給量が不一致であれば，それらが一致するように価格の変化をとおして調整する配分方法であった。価格が100万円を超えると供給量（＝2台）が需要量（＝0台）より多いので，A，Bいずれの企業も商品を販売することができない，また50万円に達しない場合には需要量（＝2台）が供給量（＝0台）より多いのでどの需要者も商品を購入できない。しかし価格が100万円と50万円の間であれば，需要量と供給量が1台ずつとなり，需給が一致する。この価格帯が均衡である。たとえば1台75万円で取引が成立したとしよう。市場による配分の成果はつぎのようになる。C氏は商品1台をA企業から75万円で購入しているので，希望上限価格100万円よりも25万円安く手に入れており，25万円の余剰を得たことになる。またA企業は商品1台を希望最低価格50万円よりも25万円高くC氏に販売できたので，25万円の超過利潤を得たことになる。それに対し，B企業の商品は売れ残り，D氏は商品を手に入れることができない。

つぎに市場原理にもとづかない配分のひとつとして利他主義にもとづく配分を考えよう。それは，社会の構成員が自愛心を捨て，利他的な行動をとる場合に実行可能となる。全員が利他的な行動をとり，A企業は1台50万円でこの商品をD氏に販売し，B企業は1台100万円でこの商品をC氏に販売する。利他主義にもとづく配分の成果はつぎの2点である。すべての企業が生産活動を

しているという意味で資源の完全利用が達成されている。所得格差があってもすべての人が同じように商品を手に入れており、財の平等な配分が実現されている。ここで得られた結論は単一の市場に限定した部分均衡分析から得られたものであって、すべての市場を同時に考察する一般均衡分析からはこのような結論は出てこないという反論があるだろう。確かにそうである。しかし一般均衡の枠組みで考えるのであれば、資源の遊休化（倒産・失業）や経済弱者の切り捨て（不平等）などをともないながら価格調整が行われていくのだということを忘れてはいけない。

　ここで利他主義にもとづく配分を持ち出したのは、これが市場原理に代わりうる配分であると主張したいがためではない。利他主義的配分と比べることによって、市場原理による配分が資源を遊休化し経済弱者を切り捨てる否定的な側面をもっているということを明らかにしたかったからである。

## 4　市場原理主義

　わが国では公的部門の肥大化・非効率性が経済成長を阻害しているとして、構造改革の名のもとに、市場に任せればうまくいくという「市場原理主義」が経済政策の中心に据えられている。市場に過大な期待をかけることができるのか。この問題を考えることでこの章のまとめをしよう。

　民営化・規制緩和を推進する理論的根拠を担っているのは市場原理である。市場原理は規制緩和の理論的根拠になるのだろうか。たしかに市場均衡は資源の効率的配分を達成する。しかしそのためには市場は完全競争の5つの条件を満たす必要がある。とくに重要なのはつぎの2つの条件である。ひとつは取引に必要な情報がすべての市場参加者に行き渡っていなければならないという完全情報の条件である。この条件が満たされていないと市場の失敗が起こり、望ましい配分が達成されない。いまひとつは取引者がプライス・テイカーとして行動するという条件である。独占の分析で示したように、供給者が価格支配力をもつ場合には市場均衡は達成されず、市場均衡に比べてより高い価格でより少ない量が取引されることになる。ところで規制改革で実施されているのはさまざまな規制の撤廃である。しかし価格や数量の規制を撤廃したからといって、

さきに指摘した完全情報とプライス・テイカーという2つの条件が満たされるわけではないので，規制改革によって市場均衡に到達することはできない。市場均衡を実現するためには規制緩和だけではなく完全競争のための制度的な枠組みの構築と法律の整備が必要である。競争はルール（法律）に従って行われるべきである。規制を緩和するだけでは「弱肉強食」の世界が出現するだけである。

　完全競争の条件が整った場合には市場に任せることで経済問題はすべて解決するのであろうか。そうではない。ひとつには公共財の消費の問題がある。ふたつには私的財に限った場合であっても，市場原理は競争に敗れた経済的弱者を生み出し，放っておくと弱者は弱者のまま固定され，強者だけが市場にとどまり，競争が成立しなくなってしまうという問題がある。各種の規制が無駄や既得権益を生み出していることは事実である。しかしだからといって市場への干渉をやめ，すべてを市場に任せっきりにすればうまくいくものではない。

### 補注　新古典派の企業理論
#### 1　モデル

　生産要素（労働力，機械設備，土地など）を投入し，生産物（財・サービス）を産出する経済主体のことを企業といい，企業の目的は収入から費用を引いた利潤を最大化するものとする。

　問題は，このような企業を前提として，生産量と価格の決定を明らかにすることである。ここで，利潤を $\Pi$，生産量を $Y$，生産物価格を $P$，売上収入を $PY$，第 $i$ 生産要素の投入量を $X_i$，第 $i$ 生産要素の価格を $P_i$，費用を $C$ とおくことにすると，つぎの関係式が成立している。

$$\Pi = PY - (P_1 X_1 + P_2 X_2) \tag{1.5-1}$$

$$Y = F(X_1, X_2) \tag{1.5-2}$$

$$P = D(Y) \tag{1.5-3}$$

(1.5-1)式は利潤関数，(1.5-2)式は生産関数，(1.5-3)式は生産物の需要関数である。

#### 2　費用関数

　生産量 $Y = \bar{Y}$ を生産するために最も費用の小さい生産要素の組み合わせは費

図 1.5-8　　　　　図 1.5-9

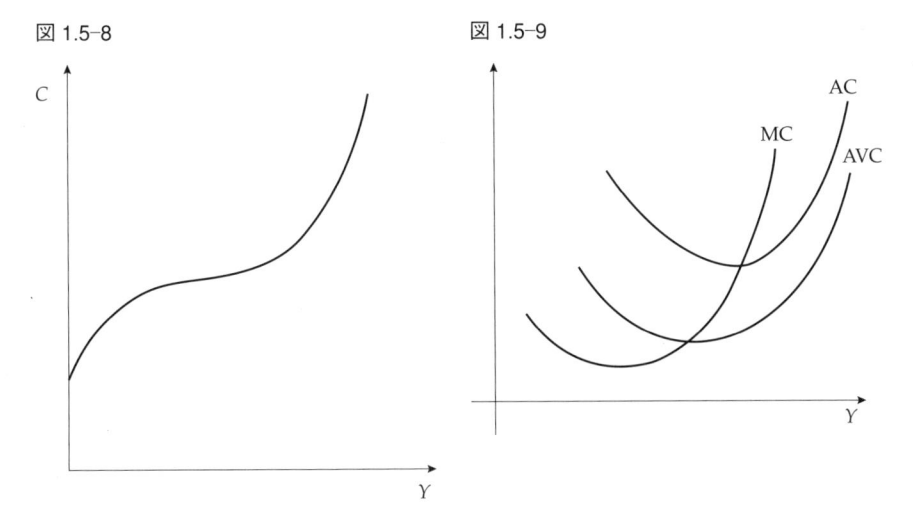

用最小化問題

$$\min P_1X_1+P_2X_2 \quad subject\ to\ F(X_1,X_2)=\bar{Y}$$

を解くことによって得られる。得られた生産要素の組み合わせを $(X_1^*, X_2^*)$ とすると，費用は $P_1X^*+P_2X_2^*$ となる。同様に，さまざまな生産量について費用最小の生産要素の組み合わせを選び，選ばれた生産要素を用いた費用と対応する生産量との関係を費用関数と定義すれば，それは $C=C(Y)$ と書くことができる。費用関数の形状は生産関数の性質によって定まるが，典型的な費用関数は図 1.5-8 のように描かれる。

## 3　生産量と価格の決定

### 3.1　独占企業

独占企業の収入は $P(Y)Y$ であるので，利潤関数は $\Pi=P(Y)Y-C(Y)$ となる。利潤を最大にする条件を求めると $\dfrac{dP(Y)Y}{dY}=\dfrac{dC}{dY}$ 。この式が利潤最大化の（必要）条件である。ここで $dP(Y)Y/dY$ は限界収入 (MR)，また $dC/dY$ は限界費用 (MC) である。独占企業は限界収入と限界費用が等しくなるように生産量を決定する。図 1.5-3 でいえば $X^m$ がそれにあたる。MR を計算すると $P(Y)+Y\dfrac{dP}{dY}$ である。ここで需要の価格弾力性を $\eta$ とおき，$\eta\equiv-\dfrac{P}{Y}\dfrac{dY}{dP}$ で

あることに留意し，さらに書き直すと $MR = P\left(1 - \dfrac{1}{\eta}\right)$ となるので，利潤最大化の条件は，$P = MC\left(1 + \dfrac{1}{\eta - 1}\right)$ と書くことができる。独占企業は限界費用に $1 + \dfrac{1}{\eta - 1}$ だけ上乗せをした価格を設定している。図1.5-3 でいえば $P^m$ がそれにあたる。

### 3.2 完全競争企業

完全競争の場合には，$\eta = \infty$ つまり需要の価格弾力性が無限大となるので，$P = MC$ が利潤最大化の条件となる。価格は市場の需要と供給によって決まり，企業は価格を与えられたものとして受容する。生産量は所与の価格と限界費用が等しくなるように決定される。企業の供給曲線は $P = MC$ より限界費用曲線によって表されることがわかる。図 1.5-9 は限界費用曲線（供給曲線），平均費用曲線（AC），平均可変費用曲線（AVC）の関係を示している。

（宮本順介）

経済学の基礎知識

# 第2部　マクロ経済学

# 第1章　国民経済計算：利潤決定式

　私たち人間は生物なので，アリや蛙と同じように，生きていくために自然を制御しなければならない。「自然の制御」という言葉を聞くと，なにか高尚で難しいことを想像してしまうかもしれないが，酸素を体内に取り入れ二酸化炭素を排出するという私たちが日々行っている呼吸もこれに含まれる。こう考えると，私たちの身の回りには生物による自然の制御活動が溢れていることに気づくことだろう。ただ，私たち人間による主要な自然の制御活動が他の生物と異なるのは，意識的に自然に働きかけ，自然を人間にとって有用なものに変化させるという点である。このような自然の制御活動を生産活動と呼ぶ。人間以外の生物は，基本的に自然を与件として生きている。したがって，生産活動とは人間による自然の制御活動のみに与えられた呼称なのである。

　生産活動の特徴としては，①意識的・計画的であること，②原材料や機械などの生産手段を活用すること，③協働，の3つをあげることができる。③によって言語が生じ，①②の基盤が生まれたことから③が根本的な特徴であるといえる。

## 1　生産活動の量的測定

### 1.1　国民経済計算の諸概念
（1）GDP（国内総生産）
　生産活動を量的に把握するために考え出されたのが，国民経済計算である。
　具体的には，フローを記録する国民所得勘定やストックを記録する国民貸借対照表があるが[1]，まず重要なフロー指標であるGDP（国内総生産）を取り上げることにする。
　GDPとはGross Domestic Productの略で，日本語では国内総生産という。言葉による定義は，「1年間に国内で新たに生産され，（原則として）市場で

---

1）　フローとはある期間にわたる値を，ストックとはある時点における値を表している。

図 2.1-1 GDP の計算

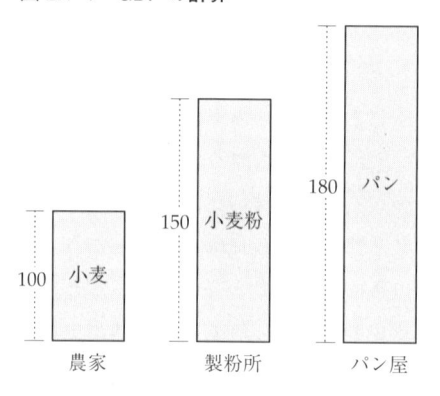

取引された付加価値の総計」であるが，より深く理解するために具体的な例をあげて考えてみよう。

まず付加価値の定義から始める。付加価値とは，生産物の産出総額から原材料費用を引いたものである。以上を理解したうえで，図 2.1-1 を見てもらいたい。

いま，図 2.1-1 のように，小麦農家と製粉業者とパン屋のみで成り立っている経済を考える。まず，小麦農家は小麦を100だけ生産し，それを製粉業者に販売する。そのさい，簡単化のために原材料費用を 0 と仮定すると，付加価値は100になる。つぎに，製粉業者は購入した小麦100を元にして，150だけ小麦粉を生産する。よって，製粉業者が新たに生み出した付加価値は50である。つぎに，パン屋は製粉業者から小麦粉150を購入し，それを元にしてパンを180だけ生産する。よって，パン屋が新たに生み出した付加価値は30である。以上の付加価値が 1 年のうちに生み出されたものであるとすると，GDP の定義から，これらの付加価値すべてを足した値である180がこの経済における GDP である。

（2）GDP 統計上の例外

GDP は原則として市場で取引された財・サービスのみを計上するが，いくつか例外が存在する。

農家による農産物の自己消費は，市場で取引された消費ではないが，市場で取引されたとしたらどのぐらいの取引額になるかを勘案して GDP のなかに組み込まれる。このような措置を「帰属計算」という。

持ち家についても帰属計算が行われる。つまり，持ち家の保有者による便益の享受が賃貸住宅の家賃にしたらいくらぐらいになるかを推計して，その分をGDP に組み入れるのである。このような仮想の家賃を「帰属家賃」という。

（3）名目と実質

GDP には名目 GDP と実質 GDP の二つの指標がある。物価と生産量の動き

を両方含んでいるのが名目 GDP であり，実質 GDP は生産量の動きのみを表す指標である．名目 GDP と実質 GDP の関係は次式のように表すことができる．

$$実質 GDP = \frac{名目 GDP}{物価指数} \qquad (2.1\text{-}1)$$

基本的に私たちの「豊かさ」を表すのは生産量であるから，実質 GDP は「豊かさ」を表す指標としては，名目 GDP よりも優れている．いま物価が上昇したとする．すると，名目 GDP は上昇するが，実質 GDP は変化しない．このような場合，私たちの「豊かさ」が向上したわけではないのである．

(4) 三面等価の原則

以上 GDP を生産面からみてきたが，生産されたものは必ず誰かが購買（＝支出）し，それによって誰かの所得として分配されると考えられる．このように生産，支出，分配，どの面から GDP をみてもそれらがすべて等しくなるというのが三面等価の原則である．GDP は国内の支出をすべて足した GDE（Gross Domestic Expenditure：国内総支出）[2]に等しいと同時に，国内の所得をすべて足した GDI（Gross Domestic Income：国内総所得）[3]とも等しいのである．

ここまで述べてきて，「いや，商品が売れ残る場合があるから，その原則は間違いではないか」と疑問に思うひとがいると思う．それはもっともな疑問である．この原則は，売れ残りを支出項目のひとつである在庫投資として処理し，取引が終了したのち「事後的に」生産と支出，分配が等しいということを示しているのである．

(5) GNP

GDP に似た概念に GNP（Gross National Product: 国民総生産）がある．GNP とは，「1 年間に居住者（国民）[4]が新たに生み出した付加価値の総計」

---

[2] 消費，投資，政府支出，輸出から輸入を引いた純輸出からなる．そして，消費，投資，政府支出を国内の支出（需要）という意味で「内需」，輸出を海外からの需要という意味で「外需」という．

[3] 雇用者所得，営業余剰，間接税，減価償却費（(6)項で述べる国民総生産と国民所得を参照）から補助金を引いたものである．

[4] ここでの「居住者」とは，1 年以上国内に居住している人々および国内にある企業の事業所のことを指しており，法律上の国籍保有者とは異なる概念である．

表 2.1-1　各経済主体の資本調達勘定

| 企　業 | | | |
|---|---|---|---|
| 国内固定資本形成 | 50 | 貯蓄 | 30 |
| 貯蓄投資差額 | −20 | | |
| 総蓄積 | 30 | 総資本調達 | 30 |
| 家　計 | | | |
| 国内固定資本形成 | 20 | 貯蓄 | 120 |
| 貯蓄投資差額 | 100 | | |
| 総蓄積 | 120 | 総資本調達 | 120 |
| 政　府 | | | |
| 国内固定資本形成 | 40 | 貯蓄 | 10 |
| 貯蓄投資差額 | −30 | | |
| 総蓄積 | 10 | 総資本調達 | 10 |

である。GDP との違いは，つぎのような例を考えるとより鮮明になる。たとえば，海外の歌手が国内でコンサートを行ったとする。このときの歌手の所得は GDP に含まれるが，GNP には含まれない。経済のグローバル化の進展とともに GDP と GNP の乖離(かいり)が大きくなってくるが，GDP のほうが GNP よりも国内の経済状態をよく反映しているので，最近はこちらのほうがよく使われている[5]。

（6）国民純生産と国民所得

前述したように GNP は 1 年のうちに居住者（国民）が生産した付加価値の総計であるが，その 1 年のうちに機械などは磨耗するだろう。この磨耗分を減価償却費と呼び，GNP から減価償却費を引いたものを国民純生産（Net National Product; NNP）という。すなわち，

　　$NNP = GNP - 減価償却費$

である。このように減価償却費を除いた指標には「純」という言葉が用いられる。一方で，減価償却費を除いていない指標には「粗（または総）」という言葉が用いられる。

この NNP から間接税を引き，補助金を足したものが国民所得（National Income; NI）である。すなわち，

　　$NI = NNP - 間接税 + 補助金$

である。

### 1.2　貯蓄・投資バランス（IS バランス）

一国の経済内では，大きく分けて企業・家計・政府という 3 つの経済主体が

---

[5] また近年は，GNP の分配面に対応する国民総所得（Gross National Income: GNI）が用いられており，GNP の出番は減っている。

活動しているが，それぞれのフローの財政状況を記しているのが資本調達勘定である。表2.1-1のような例を考えてみよう。企業部門では，30兆円の貯蓄に対して50兆円の設備投資が行われているので20兆円の資金不足になっている。

家計部門では，120兆円の貯蓄に対して20兆円の設備投資が行われているので100兆円の貯蓄超過になっている。政府部門では，10兆円の貯蓄に足して40兆円の資金不足になっている。

以上のことから，経済全体では40兆円の貯蓄超過となっている[6]。このように各部門の資本調達勘定を経済全体でまとめたものが，貯蓄・投資バランス（ISバランス）である。

それでは，ISバランスを表す恒等式を導出してみよう。まず，$Y$をGDP，$C$を消費，$T$を租税とすると，可処分所得（$Y-T$）のうち消費されない分が貯蓄$S$であるから，次式が成り立つ。

$$S = Y - C - T \tag{2.1-2}$$

つぎに，$IM$を輸入，$I$を投資，$G$を政府支出，$EX$を輸出とすると，需給均衡式はつぎのようになる。

$$Y + IM = C + I + G + EX \tag{2.1-3}$$

左辺が国内にある財の総量を表す総供給，右辺がその財に対する総需要を表している。

以上(2.1-2)(2.1-3)式より，次式を導き出すことができる。

$$(S-I) + (T-G) = (EX-IM) \tag{2.1-4}$$
$$\text{貯蓄超過} + \text{財政黒字}^{[7]} = \text{純輸出}$$

このISバランスを表す(2.1-4)式は，さまざまな議論で用いられている。たとえば，1980，90年代の日米構造協議において，貿易摩擦の原因となっている日本の貿易黒字（純輸出）が大きいのは，貯蓄超過額が大きすぎるためであり，それを解消するために内需拡大に努めなければならないという議論があった。このような議論をするときに注意しなければならないのは，この(2.1-4)式は事後的な恒等関係を表しているだけであり，因果関係を示したものではないと

---

6) 以下で示されるように，この貯蓄超過分は純輸出に等しい。
7) 税収から政府支出を引いたものが財政黒字である。

いうことである。

### 1.3 利潤率の決定式

企業が利潤獲得を目的に生産活動を行うのが資本主義経済の特徴であるから，マクロ経済学においても，利潤率がどのように決定されるのかを考えることは大変重要なことである。ここでは，利潤率の決定要因を示す式を導出する。

まず，賃金所得を $W$，賃金所得に対する租税を $T_W$，利潤所得を $\Pi$，利潤所得に対する租税を $T_\Pi$ とする。ここで，税引き賃金所得 $W-T_W$ はすべて消費され，税引き利潤所得 $\Pi-T_\Pi$ の一定割合 $1-s_\Pi$ ($s_\Pi$：利潤所得からの貯蓄率) が消費に振り向けられるとする。すると，消費需要は次式のように表すことができる。

$$C = W - T_W + (1 - s_\Pi)(\Pi - T_\Pi) \tag{2.1-5}$$

また，賃金所得 $W$ と利潤所得 $\Pi$ を足し合わせると GDP になるので[8]，

$$Y = W + \Pi \tag{2.1-6}$$

となる。また税総額 $T$ は，賃金所得に対する租税 $T_W$ と利潤所得に対する租税 $T_\Pi$ からなるので，

$$T = T_W + T_\Pi \tag{2.1-7}$$

が成り立つ。よって，以上の(2.1-5)～(2.1-7)式を(2.1-3)式に代入すると，次式が得られる。

$$s_\Pi (\Pi - T_\Pi) = I + G - T + EX - IM \tag{2.1-8}$$

ここで，(2.1-8)式の両辺を資本ストック $K$ で割り，$s_\Pi$ を右辺にもってくると，利潤率の決定式を次のように求めることができる。

$$\frac{\Pi - T_\Pi}{K} = \frac{1}{s_\Pi} \times \left( \frac{I}{K} + \frac{G-T}{K} + \frac{EX-IM}{K} \right) \tag{2.1-9}$$

すなわち，

税引き後の利潤率

$$= \frac{1}{\text{利潤所得からの貯蓄率}} \times (\text{資本蓄積率} + \text{財政赤字率} + \text{貿易黒字率})$$

$$\tag{2.1-10}$$

---

8) 三面等価の原則より，国内総所得と GDP は等しい。

である。(2.1-10)式の利潤率決定式は，第3部・第4部の日本経済に関する分析で重要な役割を果たすことになる。

## 2 GDPの限界

以上，GDPを中心とした議論を行ってきたが，GDP統計にはいくつかの限界がある。以下順々に，その限界について述べる。

### 2.1 統計に含まれない取引やサービス

まず，統計に含まれない取引やサービスについて述べる。

GDPは市場を介さない財・サービスの取引を含まない。したがって，たとえば家事労働やボランティア活動などの社会的に有用なサービスも統計に含まれないことになる。また，土地や株などのすでに存在する資産売買益（キャピタル・ゲイン）も，新たに生み出された付加価値ではないのでGDPには含まれない[9]。バブル崩壊時の1992年には，株式と土地を合わせた未実現の含み損（キャピタル・ロス）は400兆円で，これは92年の対GDP比で86.9%に達した。この例でわかるように，私たちの生活に大きな影響を与えているものがGDPには含まれていないことを忘れてはならない。

### 2.2 所得分配

GDPが大きいにもかかわらず，貧しい人が多い国の話を聞いたことがあるだろうか。たとえば米国は世界一のGDPを誇る国であるが，その一方で貧困率[10]は非常に高い。OECDの対日経済審査報告書によると，2000年の米国の貧困率は13.7%で世界一である[11]。この例でわかるように，GDPはその国の所得分配（貧富の格差）を表していない。

### 2.3 生活の質

表2.1-2を見てほしい。

モロッコとブルガリアは1人当たり所得が似通った国であるが，非識字率に

---

[9] なお，新株発行は新しい資本ストックの増加につながるので，GDPに含まれる。
[10] 貧困率とは，その国の中位所得の50%以下の所得しかない人を貧困者と定義し，その割合がどれくらいかを示したものである。
[11] ちなみに，2000年の日本の貧困率は13.5%で世界第2位である。

表 2.1-2　モロッコとブルガリア

|  | モロッコ | ブルガリア |
| --- | --- | --- |
| 1人当たり所得（米ドル） | 1,200 | 1,380 |
| 平均寿命（歳） | 男65　女69 | 男67　女75 |
| 非識字率（％） | 男40　女66 | 男1　女2 |

出所：World Bank, *World Development Report 2000/2001*, 2000.

非常に差がある。このような場合に，「GDP が同じぐらいなので両国とも同じぐらいの豊かさだ」といい切れるだろうか。

つぎのような例はどうだろうか。ある国が他国と戦争になって，軍需産業の需要が高まり GDP が増えるということがあるかもしれない。また，環境規制を撤廃したことにより企業の負担が減り，生産が増え GDP が増える一方，環境汚染が進んでしまったとする。このような場合でも「GDP が増えたので私たちの暮らしは向上した」ということができるであろうか。このように，私たちの生活の質について，GDP は限られた情報しか表していないのである。

## 2.4　新しい生活指標

これまで述べてきたように，GDP にはさまざまな限界がある。これらを克服しようと，国民純福祉（NNW），国民生活指標（NSI），グリーン GDP（EDP）等の新しい指標が考え出されている。しかし，統計の正確性，客観性などから考えて，これらの諸指標が GDP にとってかわるところまではいっていないのが現状である。このような現状のもとでは，限界を踏まえながら GDP とうまく付き合っていくことが必要なようである。

（阿部太郎）

# 第2章　生産・雇用の決定

　1990年代の日本は，景気循環をへながらも経済の活動水準が停滞するいわゆる「平成不況」を経験した。図2.2-1に示されているように，この間完全失業率[1]も一貫して増加基調にあった。このような現実に直面して，不況対策に関するさまざまな議論が巻き起こったが，底流に流れていたのは，生産と雇用の決定に関する異なる2つの見解である。以下，2つの見解についてそれぞれ述べ，最後に両者の統合を試みる。

## 1　新古典派の雇用理論

### 1.1　完全雇用論

　新古典派の雇用理論は，労働などの生産要素が完全に利用されるように生産

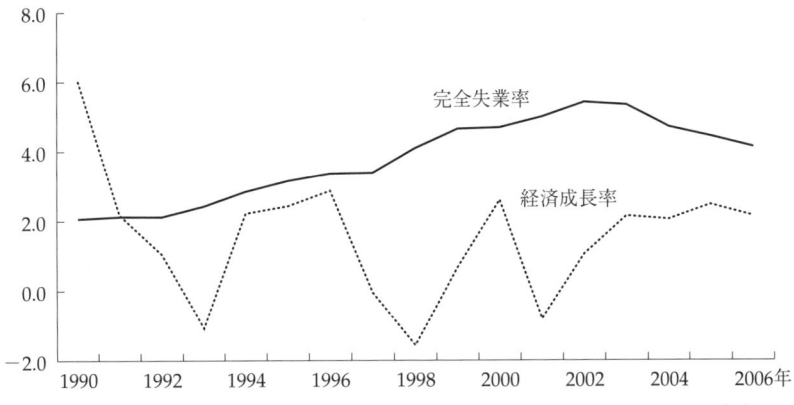

図2.2-1　1990年代以降の日本の完全失業率と経済成長率

出所：完全失業率（総務省統計局労働力調査），経済成長率（実質・年度）（内閣府統計局：1994年までは旧基準）。

---

1)　完全失業率とは，労働力人口（就業者＋完全失業者）に占める完全失業者の割合のことで，完全失業者とは，就業可能にもかかわらず職が得られない求職者のことで，統計上の概念である。

図 2.2-2　完全雇用：労働市場論

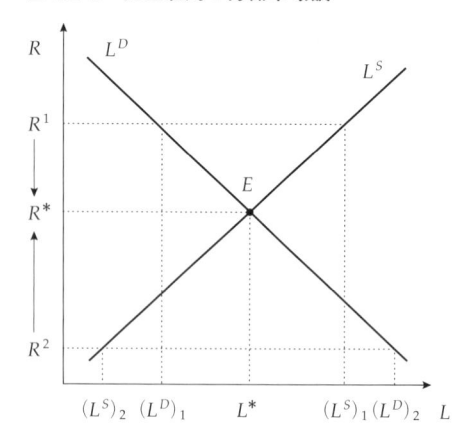

量が決まるとする考え方であり，このとき非自発的失業者[2]が存在しない完全雇用が達成されている。この考え方は，職を求める労働者と労働力を求める企業とが出会う労働市場において，実質賃金率[3]がうまく働くことによって，職を求める人すべてが雇用されるとする考え方である。生産・雇用の決定が労働市場に依存すると考えるこのような見解を，労働市場論と呼ぶことにする。

まず，縦軸を実質賃金率 $R$，横軸を労働量 $L$ とすると，労働需要曲線 $L^D$ は図 2.2-2 のように右下がりになる。これは，賃金費用の下落が企業の雇用意欲を高めることを表している。この労働需要曲線は，企業の利潤最大化行動から導き出すことができる。商品価格を $P$，労働需要量を $L^D$，収穫逓減[4]の生産関数を $Y=F(L^D)$ とすると，利潤 $\Pi$ はつぎのように表すことができる。

$$\Pi = P\{F(L^D) - RL^D\} \tag{2.2-1}$$

ここで，名目賃金率 $W$ と商品価格 $P$ を所与として利潤 $\Pi$ を最大にするように $L^D$ を決定するとすると，$R=W/P$ であるから，つぎの式が得られる。

$$F'(L^D) = R = \frac{W}{P}, \quad F'>0, \quad F''<0 \tag{2.2-2}$$

$F''<0$ であるから，(2.2-2)式より実質賃金率 $R$ が上昇すると労働需要量 $L^D$ は

---

[2]　そのときの賃金率で働くことを望んでいながら，職が見つからない人を非自発的失業者と呼ぶ。ほかに，労働移動が円滑でないために生じるような一時的なものである摩擦的失業や，自分の意思で働かないことを選択している自発的失業がある。なお，統計的には調査期間中に求職したが働いていない人は完全失業者として扱われるが，期間中に求職をせずかつ働いていない人は失業者ではなく非労働力人口に分類される。

[3]　実質賃金率とは貨幣（名目）賃金率を物価水準で割ったものであり，その貨幣賃金率でどれくらいの商品を購入することができるのかを表している。

[4]　ここでは，雇用の増大につれて労働の限界生産性がしだいに減少するような状態を指す。

減少することがわかる。

つぎに労働供給曲線 $L^S$ は、図 2.2-2 のように右上がりになる。これは、賃金の上昇につれて労働量を増やすという労働者の労働供給態度を表している。この労働供給曲線も、自らの効用を最大にするように限られた生活時間を労働と余暇に振り向けるという家計の効用最大化行動から導き出すことができる。

労働市場論によると、実質賃金率が素早く動くことによって経済はつねに均衡点 $E$ に収束する。たとえば、実質賃金率が $R^1$ のときには $(L^S)_1 > (L^D)_1$ なので、労働市場では超過供給が発生している。つまり、企業が欲する雇用量に比べて職を求める労働者が多いのである。その場合、労働力の希少性が低いので、実質賃金率は減少していく。逆に実質賃金率 $R^2$ のときには $(L^S)_2 > (L^D)_2$ なので、労働市場は超過需要になっている。このとき、労働力の希少性が高まっているので、実質賃金率は上昇していくことになる。このような経過を経て、実質賃金率と雇用量は E 点に収束していくのである。

均衡状態 $E$ では、企業が望む労働需要量と労働者が望む労働供給量が等しいので、非自発的失業は存在しない（完全雇用）。このような見解からすると、失業が生じる原因は、①実質賃金を押し上げようとする労働組合の存在であったり、②情報不足などによる労働力移動の不十分さから生じる摩擦的失業の存在である。したがって、労働市場論から帰結する主な政策は、①実質賃金率の働きを阻害するような要因の規制緩和などによる除去、②職業紹介・訓練活動の強化などの摩擦的失業に関する対策の強化ということになる。

### 1.2　新古典派の限界

この労働市場論は、当初ほとんどの経済学者に受け入れられていたが、転換を迫られる出来事が起こった。それが1929年の米国での株価大暴落に端を発した世界大恐慌である。これがいかに激烈な恐慌であったのかは、米国の失業率が1932年に全体で25％、農業を除くと36％に達し、名目 GDP が1932年には1929年の半分以下にまで落ち込んだことが如実に示している[5]。この未曾有の大恐慌に見舞われ、労働市場論を当然と思っていた人々は混乱した。たとえば、

---

5) 他の資本主義国も大きな被害を受け、日本、ドイツ、イタリアなどでは軍国主義的な動きが強まるきっかけになった。

ケンブリッジ大学の著名な経済学者ピグーの推奨する失業対策は，貨幣賃金切下げ政策であった。しかし，不景気で賃金が低下しつつあるときに，高賃金が高失業の原因であるという説は説得的ではない。また，米大統領フーヴァーは不況による財政赤字を受けて，緊縮財政をとった。この措置は，不況をより深刻にしたと考えられている。

労働市場論のなにが問題だったのだろうか。それは，生産されたものは必ず需要されると考えるセイの法則[6]という特殊な仮定を商品市場においたことにあった。労働市場論では，完全雇用状態の労働力が生み出した生産量が必ず売れる（需要される）ことを暗黙裡に仮定していたのである。この点を問題にし，労働市場論とは異なる考え方と処方箋を提示したのがケインズであった。

## 2 ケインズの雇用理論

フーヴァーのあとを受けて大統領になったルーズベルトは，ニューディール政策を行い政府による積極的な経済介入を行った。これを理論的に支持したのが，有効需要[7]によって生産や雇用が決定されるとするケインズの考え方である。この有効需要によって決定された雇用水準が職を求める全労働者数を上回るとは限らず，むしろ資本主義社会では有効需要の不足によって非自発的失業が発生してしまう不完全雇用の状態が一般的であると考えるのである。商品市場において生産・雇用が決定されると考えるため，この考え方を商品市場論と呼ぶことにする。

### 2.1 不完全雇用論：商品市場論

まず，国際部門を捨象した閉鎖経済において，有効需要とは，消費などの所得に依存する派生的需要と投資や政府支出などの所得に依存しない自立的需要の合計である。賃金所得が増えると消費は増えると考えられるので，消費 $C$ は実質賃金率 $R$ の増加関数であるとする[8]。消費以外の投資や政府支出などの自立的な（独立）需要を $A$ とおくと，総需要は $C+A$ である。この総需要に

---

6) フランスの経済学者セイ（Jean Baptiste Say, 1767-1832）の考え方に因む。
7) 有効需要とは，貨幣に裏づけられた需要，すなわち実際に購買することが可能な需要のことである。

よって生産水準が決定されるので、それを表したのが次式である。

$$Y = C(R) + A \quad (2.2\text{-}3)$$

この(2.2-3)式と生産関数 $Y=F(L^D)$ より、需給が一致し商品市場が均衡しているときの実質賃金率 $R$ と雇用量 $L^D$ の関係を表す次式が得られる。

$$L^D = D(R) \quad (2.2\text{-}4)$$

実質賃金率 $R$ の増加は、消費 $C$ の増加をもたらし、需要量 $Y$ は増大する。それによって、雇用量が増大

**図 2.2-3　商品市場論**

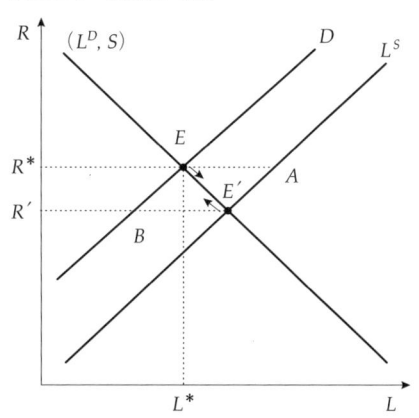

するのである。したがって、$D$ は $R$ の増加関数である。(2.2-4)式は、実質賃金率 $R$ から導き出せる有効需要に見合った生産を行うために必要な雇用量を示しているのであり、総需要曲線（商品需要曲線）を表している。

つぎに、企業の商品供給態度を示す総供給曲線（商品供給曲線）$S$ であるが、これは(2.2-2)式のことである。すなわち、企業は実質賃金率が与えられるとそのもとで望ましい雇用量を決め、それによって商品供給量が決定されるのである。商品供給曲線 $S$ と前節の労働需要曲線 $L^D$ は同じである。

したがって、総需要曲線を表す(2.2-4)式と総供給曲線を表す(2.2-2)式は図2.2-3 のように表すことができる。この2つの曲線が交わった点 $E$ が総供給と総需要が等しくなる均衡点である。なお、この均衡における雇用量 $L^*$ はかならずしも完全雇用水準であるとはかぎらない。図2.2-3 においても $EA$ だけの失業が生じている。

だから、この考え方から生じる政策的帰結は、不況時には有効需要を喚起するような政策が望ましいということになる。たとえば公共投資を増やして自立的需要 $A$ を増やすといった政策が考えられる。

---

8) 通常消費は所得の増加関数であるとされるが、ここでは簡便化のため実質賃金率の増加関数であるとしている。

図2.2-4 需要曲線のシフト

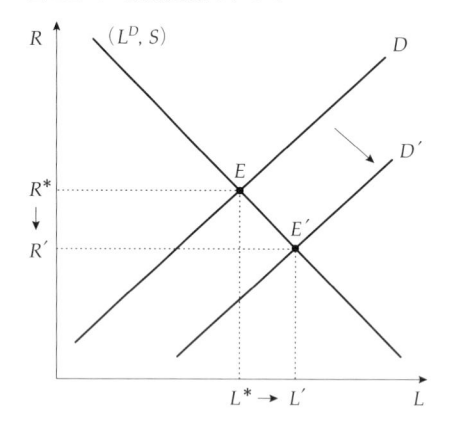

## 2.2 雇用創出策

つぎに以上の枠組みを用いて，雇用創出策について考えてみよう。雇用を増やすためには，有効需要を増大させる必要がある。そのさい，民間投資や政府支出といった自立的需要を増大させる方法と貨幣賃金率を増大させる方法の2つが考えられる。

**自立的需要増大政策** まず，民間投資や政府支出の増加を表す $A$ の増大は総需要曲線 $D$ の右へのシフトを通じて生産量を増加させ，雇用を増大させる（図2.2-4）。しかし，(2.2-2)式のような利潤最大化行動を前提とすると，実質賃金率が減少するため，この雇用増大策が労働者にもたらす利益は一部にとどまる。

**供給曲線のシフト** それでは，貨幣賃金率を増大させる方法はどうであろうか。当初，貨幣賃金率の引上げが行われると，企業は利潤最大化原理から雇用と生産を減少させる。すると商品市場で超過需要が生じるので[9]，生産価格が上昇し始め，最終的には実質賃金率が元の水準に戻ってしまう。それはつまり，雇用・生産水準も元に戻ることを意味するので，貨幣賃金率の引上げが一時的な効果しかもたないということである。以上の結果から，貨幣賃金率の引上げによる雇用増加という労働者の利益を全面的に実現させる政策が功を奏するには，企業の生産決定態度（ここでは利潤最大化）を変更させるなんらかの規制が必要であることがわかる。つまり，より高い賃金率のもとで従来の雇用・生産を行わせるような規制が必要とされるのである。そのような規制が成功すると，図2.2-5のように商品供給曲線（$L^D, S$）が右上にシフトし，実質賃金率と雇用・生産の両方が増加し，労働者の利益が十全に実現された雇用増大政策が

---

[9] 図2.2-5 の $R^*$ から $R^1$ の動きを考えればよい。この動きも結局は均衡点 $E$ に戻ってしまう。なお，$E$ 点より上の局面では，商品市場で超過需要が生じる。図2.2-5 において実質賃金率が $R^1$ のとき総需要は $R^1E'$ で，総供給は $R^1A$ である。

可能となるのである。

## 3　2つの理論の統合

ここでは，以上の2つの議論を統合する。現実経済では商品市場論のように有効需要が大きな役割を果たしているが，それと同時に労働市場論の主張にみられるような労働市場における価格メカニズムの働きを無視することはできない。ただ，労働市場論のように，

図2.2-5　供給曲線のシフト

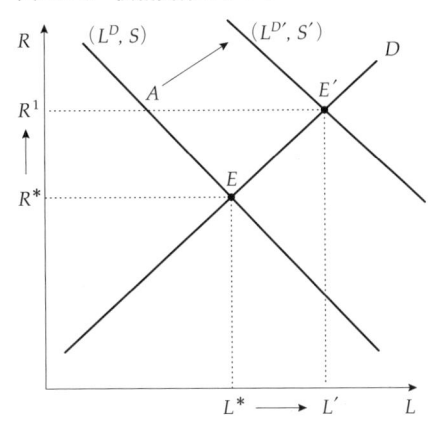

労働市場で実質賃金率が決定されると考えるのは現実的ではない。本節では，労働市場では名目賃金が，商品市場では価格が調整の役割を果たすというより現実的な仮定をおくことにする。すなわち，労働市場と商品市場の相互作用で実質賃金率と雇用・生産が決まると考えるのである。

図2.2-3をみてみよう。いま経済は $E'$ 点（新古典派均衡）にあり，労働市場において非自発的失業が存在しないとする。そのとき，商品市場では超過供給が存在しているので[10]，商品価格は下がる。すると名目賃金率が一定のもとでは，実質賃金率が上昇していくので，経済は商品市場で需給が一致する $E$ 点（ケインズ均衡）の方向に動く。一方 $E$ 点においては，労働市場で失業が存在しているから，名目賃金率が下がり，経済は $E'$ 点の方向に動く。このように経済は，新古典派均衡を表す $E'$ 点とケインズ均衡を表す $E$ 点の間に落ち着く。通常，賃金や物価の硬直性が実質賃金率の調整を阻害していることが失業が生じる原因であると考えられているが，以上の統合論は市場機構がはたらいているとしても非自発的失業が存在することを明らかにしている。

(阿部太郎)

---

[10]　ケインズ均衡の $E$ 点より下の局面では，超過供給になる。図2.2-3の $E'$ 点においては総需要が $R'B$，総供給が $R'E'$ であるから，超過供給となっている。

# 第3章　需要分析

　前章の商品市場論でふれたように，現実経済は需要の変動によって大きく動く。したがって，需要の決定要因について考えることは，現実経済の動向を知るために必要不可欠である。総需要を構成するのは，消費，投資，政府支出，純輸出であり，2005年度の国内総支出（GDE）の内訳は表2.3-1のとおりである。

　各需要項目にはそれぞれ特徴があり，それらを把握することによって，現実経済への理解がさらに深まることだろう。本章では，まずそれら個々の需要の特徴とその決定要因について順次説明し，次に独立的な需要の変動がどのくらいGDPに影響を与えるのかを表す乗数について述べる。

## 1　さまざまな需要

### 1.1　消費

　消費とは，一定期間のうちに便益やサービスを享受しつくして，あとになにも残らないような財・サービスへの需要である[1]。いうまでもなく，消費は国民生活と密接なかかわりをもっている。それと同時に，表2.3-1が示すように民間最終消費は総需要のなかで最も大きな割合を占めるため，現在の経済活動水準を規定する重要な要因である。それに加えて，消費のもうひとつの特徴は変動幅が

表2.3-1　2005年度　実質国内総支出　（単位：兆円）

| | | | |
|---|---|---|---|
| C | (56.2%) | 民間最終消費支出 | 291 |
| I | (18.9%) | 民間設備・住宅投資 | 98 |
| | | ＋民間在庫品増加 | 0 |
| G | (22.8%) | 政府最終消費支出 | 90 |
| | | ＋公的固定資本形成 | 28 |
| | | ＋公的在庫増加 | 0 |
| EX | (11.7%) | 輸出 | 61 |
| IM | ( 9.7%) | 輸入 | 50 |
| Y | | 国内総支出 | 518 |

出所：内閣府「国民経済計算」。

---

[1]　比較的長期にわたって便益をもたらしてくれる消費財を耐久消費財という。車や家電製品がこれにあたる。

図 2.3-1　民間最終消費の構成比（実質）

(%)

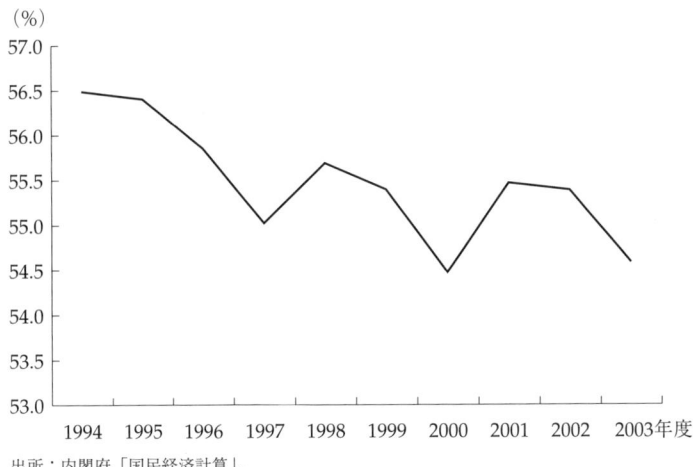

1994　1995　1996　1997　1998　1999　2000　2001　2002　2003年度

出所：内閣府「国民経済計算」。

小さいということである。それは，所得水準にかかわらず必ず支出しなければならない消費が存在するためである。たとえば，私たち人間が生存していくためには，所得水準がいくらであろうとも，食料を消費することによって，必ずある一定のエネルギーを得なければならない。消費の実際の変動幅は，（GDPに対する）民間最終消費の構成比の推移を示した図 2.3-1 で確認することができる。

この期間中，消費の構成比は傾向的に下落しているが，54％から57％という狭い範囲内で安定的に推移している。

また，経済成長を規定する貯蓄は所得から消費を引いた残りの部分であるため，消費の決定は将来の経済の行方にも影響を与える。したがって，消費の決定要因について考えることは，現在と将来両方の経済動向を知るために大切なのである。

消費の決定要因としては，①可処分所得，②将来期待，③利子率の3つをあげることができる。

まず，所得税を $T$ とすると，消費は可処分所得 $Y-T$ の増加関数であると考えられる。人々は，手取りが増えると消費を増やそうとするだろう。

つぎに，将来期待についてであるが，将来経済が好転することが予想されれ

ば，将来所得も増えると考えるであろうから，それを見込んで現在の消費を増やすと考えられる。よって，消費は将来期待 $E$ の増加関数である。平成不況期の所得税減税効果が薄かったのは，人々の将来不安が大きかったためと考えられるが，この例のように将来期待はしばしば可処分所得よりも消費に大きな影響を与える。

最後に利子率 $i$ の影響について考える。利子率の増加は貯蓄を有利にするので，現在の消費を減らすように作用するが（代替効果），第 1 部第 2 章で述べたように，利子率の増加によって将来の受取が増加するので，このことは実質的な所得の増加であり，現在の消費を増やす要因となる（所得効果）。したがって，利子率の消費への影響は一様ではない[2]。

以上のことから，消費関数 $C$ はつぎのように表すことができる[3]。

$$C = C(\overset{+}{Y-T},\ \overset{+}{E},\ \overset{\pm}{i}) \qquad (2.3\text{-}1)$$

(2.3-1)式の上に書かれている＋や±は，各要因が消費にどのような影響を与えるのかを示している。たとえば，可処分所得 $Y-T$ の上に＋と書かれているのは，可処分所得 $Y-T$ が増加したときに消費 $C$ が増加することを示している。$i$ の上の±は，利子率 $i$ の増加は消費を増やすこともあるし，減らすこともあるということを示している。以下でも同じような表記を採用することにする。

### 1.2 投資

投資は耐久性をもち，便益・サービスを将来にわたって提供しつづける財に対する需要である。企業が新しく機械を導入したり，家計が住宅を購入したりする場合がこれにあたる。投資の内訳は，設備投資，住宅投資，在庫投資の 3 種類である。

投資は，総需要に占める割合は小さいが変動幅が大きいという，消費とは対照的な特徴をもっている。GDP と民間設備投資の変動を表した図 2.3-2 を確認してほしい。民間設備投資変化率の変動は，GDP 変化率の変動よりも大

---

[2] 第 1 部第 2 章の補注を参照。
[3] 資産の増加は消費を増加させる（資産効果）。

図 2.3-2　GDP と民間設備投資変化率（実質）

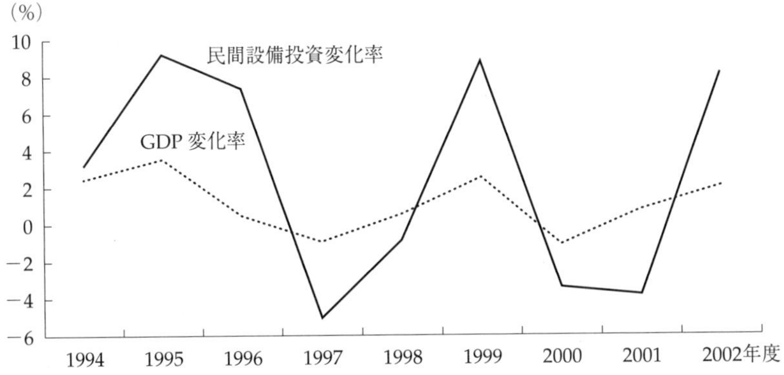

出所：内閣府「国民経済計算」。

きい。

　投資のもうひとつの特徴は，投資の増加は現時点では需要の増加であるが，設備が稼働しだすと供給の増加となるという点である。このような投資の性質を「投資の二重性」という。

　投資の決定要因としては，①利子率，②利潤率[4]，③稼働率[5]，④将来期待（アニマルスピリッツ）の4つがあげられる。

　利子率が増加すると借入が困難になるため，設備投資や住宅投資といった借入が必要な投資が減少する。したがって，投資は利子率 $i$ の減少関数である。

　利潤率の増加は企業の余裕資金を増やすので，設備投資が増加すると考えられる。したがって，投資は利潤率 $r$ の増加関数である。

　稼働率が増加しているときには，経済全体の需要が上向いているときであるから，個々の企業は他企業に需要を奪われないように設備投資を増加させる。したがって，投資は稼働率 $\delta$ の増加関数である。

　最後に将来期待についてであるが，将来経済が上向くと予想されるならば，いまのうちから投資をして生産を増やしておく必要がある。したがって，投資は将来期待 $E$ の増加関数である。平成不況期に利子率の下落にもかかわらず

---

[4]　利潤率とは，総資本ストックに占める利潤の割合のことである。
[5]　稼働率とは，現在設置されている資本設備のうち稼働している資本設備の割合を表した指標である。

投資が低迷したのは，将来に対する期待が悪化していたのが大きな原因であったと考えられる。期待は，投資の動向を知るうえで落としてはならない要因なのである。

以上を踏まえると，投資関数$I$はつぎのように表すことができる。

$$I = I(\overset{-}{i},\ \overset{+}{r},\ \overset{+}{\delta},\ \overset{+}{E}) \tag{2.3-2}$$

### 1.3　政府支出

表2.3-1にある通り，政府支出は国内総支出の約20％を占めている。政府は，民間では供給することが困難な財・サービス（公共財）を供給したり，不況時には支出を増やし，好況時には支出を抑えるといった景気安定化政策を行っている。

ところで，政府支出を行うためには当然ながら財源が必要であるが，その方法として，①徴税による調達，②国債の発行，③貨幣の発行の3つがあげられる。

租税による調達は可処分所得の減少を引き起こすため，政府支出の増加による需要創出効果が殺がれてしまう。

国債の発行は，国債価格の下落を引き起こし，国債利回り（利子率）を増加させる。それによって民間投資が減少（クラウディング・アウト）してしまい，この場合も政府支出の増大効果が弱まってしまう。

最後の貨幣発行による資金調達は，通貨膨張からインフレーション（物価上昇）をもたらすという問題点をもっている。軍事支出をまかなうための大量の貨幣発行がハイパワーインフレーションを招いたという戦時中の教訓から，貨幣発行による財源調達は財政法で禁止されている。

近年の政府支出にまつわる問題としては，平成不況期に発行した大量の国債が累積し2005年末時点で国債発行残高が537兆円となっていること，政官財の癒着から生じているむだな公共事業などの支出内容が問われていることなどがあげられる。このような現実への反応として「小さな政府」論がしばしば唱えられるが，その特徴として，①社会保障費などの福祉削減が強調されること，②軍事費（防衛費）の削減にはふれないことがあげられる。2006年度の「防衛費」は4兆8139兆円にものぼるが，一方で厚生労働省統計情報部によると2004

年には生活保護受給者が100万人を超えている。このような数字を一瞥しただけでも,「小さな政府」論にもとづく政策に危惧をいだかないわけにはいかない。ケインズは,単に穴を掘りそれを埋めるという事業を公共支出で行っただけでも経済に正の効果があると述べたが,現代の抱えるさまざまな問題に鑑みると,政府支出の内実を現在切実に求められている環境調和・平和・福祉などの目的に合致させられるかどうかという支出内容にまで踏み込んだ議論が求められている。

### 1.4 貿易

最後の項目は,貿易から生じる純輸出(輸出－輸入)である。まず輸出は海外の経済動向に大きく左右される。海外が好況であれば輸出は増えるし,不況であれば減少する。一方,輸入は国内の経済状況に左右される。国内が好況であれば輸入は増え,不況であれば減少する。また,輸出,輸入とも各国の物価水準の比である相対価格や為替レートに依存する。自国財の価格や為替レートが相対的に減価すれば,輸出は増え,輸入は減る傾向にある。ただ,その効果はただちには現れないため,現実には為替レートの減価が当初輸出額の減少(＝貿易赤字の増加)をもたらし,その後次第に輸出額が増加するという現象が生じる場合がある。これは,当初は為替レートの減価による輸出数量の増加がわずかであるため,為替レートの減価分だけ輸出額が減少してしまうためである。輸出需要額の一連の動きがアルファベットのJに似ていることから,この効果をJカーブ効果という。

## 2 乗 数

需要変動はGDPにどのような影響を与えるのだろうか。外生的な需要変動がGDPに与える影響を表しているのが乗数である。本節では乗数の導出を行う。

GDPの増分を$\Delta Y$,消費の増分を$\Delta C$,自立的需要の増分を$\Delta A$とすると,(2.2-3)式より以下の式が得られる。

$$\Delta Y = \Delta C + \Delta A \tag{2.3-3}$$

つぎに,(2.3-3)式を変形すると,次式が得られる。

$$\left(1-\frac{\Delta C}{\Delta Y}\right)\Delta Y=\Delta A \tag{2.3-4}$$

ここで $c=\dfrac{\Delta C}{\Delta Y}$ とすると，(2.3-4)式は次式のように表すことができる。

$$\Delta Y=\frac{1}{1-c}\Delta A \tag{2.3-5}$$

(2.3-5)式の右辺の $\dfrac{1}{1-c}$ を乗数と呼ぶ[6]。この式は，独立需要が $\Delta A$ だけ増大したときに，その $\dfrac{1}{1-c}$ 倍（乗数倍）だけ GDP が増加することを示している。

なお，$0<c<1$ なので $\dfrac{1}{1-c}>1$ であり，$\Delta A$ 以上の GDP の増加が生じていることが分かる[7]。また，限界消費性向 $c$[8] が大きければ大きいほど乗数は大きい。所得増加時の消費需要増加が大きければ大きいほど，乗数効果が強く働くのである。政府はこの原理を利用して，政府支出を増減させることによって経済を安定化させようとするのである。

なお，以上の議論は在庫投資を無視したものであり，このことが乗数効果を現実よりも大きくみせる働きをしている。生産を増加させるにあたり，原材料を用いる場合があるが，これは在庫投資の減少にあたる。このことを考慮に入れると，乗数効果はこれまで説明してきたものより小さくなる。平成不況期に乗数効果が小さかったのは，将来期待が悪化していたため生産増加による在庫投資減少を埋め合わせるような新たな在庫投資があまり行われなかったことによると考えられる。

**補注　乗数過程による乗数の導出**

まず，公共事業のために政府支出が $\Delta A$ だけ増えたとしよう。するとその

---

6) 増加した独立需要の種類によって，投資乗数や財政乗数とも呼ばれる。
7) この理由を考えるために，本文とは異なる乗数の導出を補注で示す。
8) 限界消費性向とは，所得が限界的に1単位増加したときに消費が増加する割合を表したものである。

事業を請け負った業者の所得が $\Delta A$ だけ増える。その所得のうち $c\Delta A$ だけコメが買われたとする。すると，コメを生産した農家の所得が $c\Delta A$ だけ増え，その所得のうち $c(c\Delta A)$ だけ衣服が購入されたとする。すると，衣服を生産した業者の所得が $c(c\Delta A)$ だけ増え，……と当初の政府支出がそれ以上の GDP 増加の効果を生むのである。以上の効果をすべて足したのが GDP の増分 $\Delta Y$ であるから，次式が成り立つ。

$$\Delta Y = \Delta A + c\Delta A + c(c\Delta A) + \cdots$$
$$= (1 + c + c^2 + c^3 + \cdots)\Delta A \tag{2.3-6}$$

ここで，(2.3-6)式の両辺に $c$ を掛けると次式が得られる。

$$c\Delta Y = (c + c^2 + c^3 + c^4 + \cdots)\Delta A \tag{2.3-7}$$

そこで，(2.3-6)式と(2.3-7)式の両辺を引くと，(2.3-5)式が得られる。

(阿部太郎)

# 第4章　貨幣と金融

## 1　貨幣とはなにか

　貨幣とは財・サービスの交換にさいしてすべての社会の構成員が喜んで受け取る財（これを一般的受容性のある財という）のことをいう。人々はなぜ貨幣を必要とするのか。物と物を直接に交換する物々交換が成立するためには多くの時間や労力が必要である。物々交換にとどまるかぎり交換の拡がりには限界がある。ここで一般的受容性のある財が存在するとしよう。このような財があれば間接的な交換を行うことができるので，財・サービスの交換は容易になり，分業を通じた経済の発展が可能となる。貨幣は間接交換のための交換手段としてなくてはならない役割を果たし，経済は交換の拡大とともに発展をしてきた。
　貨幣は間接交換の手段として考え出されたのであるから，その本来の役割は交換の仲介機能ということになる。そして貨幣が長期に安定的に交換手段としての機能を果たすようになると，現在消費しない財・サービスをひとまず貨幣に換え，将来その貨幣を使って必要な財・サービスを購入すること，つまり貨幣で貯蓄し将来に備えることが可能になる。かくて貨幣は交換機能に加え，価値の貯蔵機能もあわせもつことになる。これを貨幣の価値保蔵機能と呼ぶ。これが貨幣の第2の役割である。貨幣の第3の役割は価値尺度機能である。財・サービスの交換には交換比率の規準となる財（価値尺度財）が必要である。理論的にはなにを価値尺度財にとろうと交換の結果に影響を与えるものではない。しかし貨幣が交換手段に用いられる経済（貨幣経済）では貨幣を価値尺度に用いることが便利であり，現実の経済社会では貨幣が価値尺度に使われている。

## 2　貨幣量

　家計や企業が決済手段や価値保蔵の手段として利用することのできる現実の貨幣供給量（日本銀行はこれをマネーストックと呼び，その実績を毎月発表し

図 2.4-1　マネーストック（旧マネーサプライ）

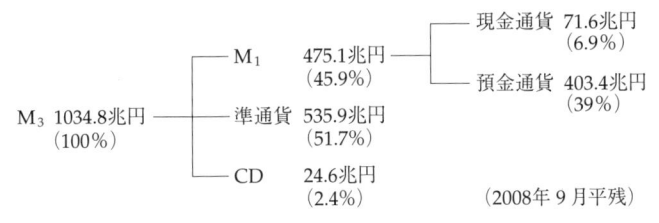

```
                ┌─ M₁   475.1兆円 ──┬─ 現金通貨 71.6兆円
                │        (45.9%)    │           (6.9%)
M₃ 1034.8兆円 ──┤                    └─ 預金通貨 403.4兆円
   (100%)       ├─ 準通貨 535.9兆円              (39%)
                │         (51.7%)
                └─ CD    24.6兆円
                          (2.4%)          （2008年9月平残）
```

出所：日本銀行ホームページによる。

ている）はどのような大きさなのだろうか。この問いに答えるためには，現実経済に即して貨幣の種類を定義する必要がある。現代の貨幣制度のもとでは貨幣は現金通貨と預金通貨とからなる。現金通貨は法律によってその使用が保証された法貨（法定貨幣）であり，これが現代貨幣の中核をなす。他方，預金通貨は民間金融機関が債務として発行する要求払預金（当座預金，普通預金など）のことである。預金通貨は振替，クレジットカード，小切手，手形などの手段を用いて預金の形態で取引の支払や借入金の返済ができるので，これを現金通貨とは区別し，貨幣のなかに含める。預金通貨の受取は現金通貨のように法律で保証されたものではなく，金融機関に対する預金者の信用，つまり銀行は債務を履行するという預金者の銀行に対する信用にその基礎をおいている。

　日本銀行は現金通貨と預金通貨を軸にマネーストック指標をつぎのように分類している。現金通貨と預金通貨を加えたものを $M_1$（エムワン），$M_1$ に準通貨（定期預金など）と CD（譲渡性預金）を加えたものを $M_3$，$M_3$ に国債，投資信託，金融債，CP などを加えたものを広義流動性と呼ぶ。このように分類したうえで，日本銀行は $M_3$ の動向を定期的に発表し，これを金融政策の目安に利用している。図 2.4-1 は最近の日本の $M_3$ を示したものである。

## 3　貨幣の供給

**現金通貨**　貨幣は現金通貨と預金通貨とからなるので，貨幣の供給ルートもこの2つに分かれる。現金通貨は日本銀行券と硬貨からなるが，現金通貨の大半は日本銀行券が占めており，ここでは銀行券についてだけ考えよう。かつて市中銀行がそれぞれ独自に銀行券を発行していた時代もあったが，現在では日本銀行が独占的に銀行券（日本銀行券）を発行している。発行の方法についていうと，日本銀行は家計や企業に直接に無償で現金通貨を供給するわけではなく，市中金融機関から手形や債券を購入したり，市中金融機関向けに貸付を行ったりすることで，市中金融機関を通じて間接的に非金融部門に貨幣を供給する。

日本銀行が発行した銀行券はマネタリーベースの基となる。マネタリーベースは発行銀行券に市中銀行が日本銀行に預けた当座預金（預け金，預金準備）を加えたものである。表2.4-1は日本銀行の貸借対照表である[1]。これをみれば，マネタリーベースの総額やマネタリーベースがどういう方法で供給されたかがわかる。表によれば，日本銀行は市中銀行から国債を購入したり，市中銀行に貸し付けたりすることで，マネタリーベースを供給していることがわかる。

表2.4-1　日本銀行勘定（2006.11.20）　（単位：億円）

| 資産 | | 負債・資本 | |
|---|---:|---|---:|
| 金地金 | 4,413 | （負債の部） | |
| 現金 | 1,869 | 発行銀行券 | 733,181 |
| 買現先勘定 | 57,019 | 当座預金 | 83,491 |
| 信託財産株式 | 175,519 | 政府預金 | 48,291 |
| 国債 | 801,565 | 売現先勘定 | 213,862 |
| 貸付金 | 200,209 | その他 | 35,156 |
| 外国為替 | 46,271 | （資本の部） | |
| その他 | 28,941 | 資本金 | 1 |
| | | 準備金 | 25,438 |
| 合計 | 1,139,420 | 合計 | 1,139,420 |

出所：日本銀行ホームページによる。

---

[1]　表中の現先取引とは，金融商品の売買当事者が，一定期間後に一定の価格で買い戻す（これを売り現先という）または売り戻す（これを買い現先という）ことをあらかじめ約束して債券（国債・社債，その他の債券）を売却または購入する，条件付の債券売買のことである。したがって現先取引とは債券を担保とした資金貸借である。

**預金通貨**　預金通貨は2つの方法で生み出される。ひとつは市中銀行が現金の形で受け取った金額に対して預金者名義の預金（現金通貨に対する請求権）を創造するという方法である。いまひとつは，市中銀行が現金通貨ではなく預金の形で，金融資産を購入したり，貸し付けたりする（信用を供与する）ことで預金を創造するという方法（信用創造）である。いずれの場合も，市中銀行は帳簿（貸借対照表）上に預金を創造し，顧客が現金通貨を引き出したり，預金のままで支払に利用したりする便宜を提供するわけであるが，貨幣（預金通貨）の新たな供給にかかわるのは後者のほうだけである。というのは，現金通貨を受け入れてそれに見合う金額の預金を創造しても，それは現金通貨が預金通貨に形を変えただけであって取引や価値貯蔵の手段として存在する貨幣量に変化はないからである。しかし後者はそうではない。貸付に話を限定して説明しよう。市中銀行は現金通貨を受け入れ，預金をつくりだしているわけだが，預かった現金通貨を使ってその範囲内で貸付を行うわけではない。貸付は現金通貨ではなく要求払預金の形で行われる。つまり普通預金や当座預金の口座に帳簿上に貸付金額を書き加えて貸付を行う。これは貸付に相当する貨幣（預金通貨）を自ら創造していることになる。すべての支払が振替，手形，小切手，クレジットカードで行われ，現金通貨がまったく用いられないとすると，市中銀行全体が足並みをそろえて預金の創造を行うならば，預金通貨の供給に制限はない。しかし現実には，市中銀行が好きなだけ貨幣をつくりだすことができるというわけではない。ひとつには，市中銀行は預金の払戻しに備えて一定額の現金通貨をつねに用意しておく必要があり，ふたつには，預金残高に応じて一定額を中央銀行に当座預金の形で預け入れることを法律で義務づけられている（これを準備預金制度という）からである。準備預金制度のもとでは，貸出額が増加，つまり預金残高が増えるとそれに合わせて準備預金のための現金通貨が必要となる。預金残高に見合う現金通貨が手元にない場合は，手形市場で手持ちの手形を売却したり，コール市場で現金通貨を借り入れたりしなければならない。このように預金（貸出）を増やすためには費用をともなうので，準備預金制度のもとでは預金通貨の創造には一定の制約が課せられる。

必要準備を $R_c$，民間非金融機関保有現金を $C$，預金量を $D$，マネーストックを $M$，マネタリーベースを $H$ とおくと，マネーストックとマネタリーベース

表 2.4-2

| 日本銀行勘定 | | | | 市中銀行勘定 | | | |
|---|---|---|---|---|---|---|---|
| 資産 | | 負債 | | 資産 | | 負債・資本 | |
| 国債 | 450 | 発行銀行券 | 420 | 現金 | 20 | 預金 | 800 |
| 貸付金 | 10 | 日銀当座預金 | 40 | 日銀当座預金 | 40 | 日銀借入金 | 10 |
| | | | | 貸出 | 790 | 資本金 | 40 |

(単位:兆円)

はそれぞれ定義より，$M=C+D$，$H=C+Rc$ と書くことができる。これら2つの式を整理すると $M=kH$ という関係式が得られる。ただし $k=\dfrac{C/D+1}{C/D+Rc/D}$ であり，$k$ を貨幣乗数とか信用乗数と呼ぶ。現金預金比率 $C/D$ および必要準備率 $Rc/D$ は1より小なので貨幣乗数 $k$ は1より大となる。

　数値例を用いてこの節の議論を整理しよう。表 2.4-2 の貸借対照表を参照してほしい。日本銀行の貸借対照表をみると、日本銀行は買いオペレーション（第2部第5章を参照）を実施し、市中銀行から国債を450兆円購入し、また市中銀行に10兆円を貸し出すことで、総額460兆円のマネタリーベースを供給し、40兆円が準備預金として日本銀行に還流していることがわかる。つぎに市中銀行の貸借対照表からは、日銀借入10兆円と資本金40兆円を加えた50兆円の現金通貨と自ら創造した預金通貨800兆円の合計850兆円を元手に、790兆円を非金融機関（個人や企業）に貸し出し、準備預金として40兆円を日銀当座預金に預け入れ、20兆円を現金通貨の引出に備えて保有していることがわかる。マネーストックの大きさについてみてみると、マネーストックは非金融機関が保有する現金通貨と預金通貨の合計であるので、この数値例では預金通貨が800兆円、非金融機関が保有する現金通貨が発行銀行券420兆円から市中銀行が保有する現金20兆円を差し引いた400兆円であるので、合計1200兆円がその大きさとなる。マネタリーベースは発行銀行券と日銀当座預金の合計であるので420兆円と40兆円の合計460兆円となる。預金準備率（預金額に対する日本銀行預け金の割合）は、市中銀行が過剰な準備預金を持たないものとすれば、日銀当座預金が40兆円で預金量が800兆円であるので5％ということになる。ついで貨幣

乗数を計算し，マネーストックとベースマネーとの関係を求めると，およそ $M=2.61H$ という関係が成立している．

## 4 貨幣の需要

### 4.1 取引動機および予備的動機にもとづく貨幣需要

所得の受取と支払との間には時間のずれが生じるので，消費や生産の活動にともなう財・サービスの受渡しをスムーズに行うためには一定額の貨幣を必ず手元に置いておく必要がある．これを貨幣の取引動機にもとづく貨幣需要と呼ぶことにする．取引動機以外にも，不意の出費に備えたり，有利な購入機会の到来に備えたり，確定している債務支払に備えたりするためにも一定額の貨幣を必ず手元に置いておく必要がある．これを貨幣の予備的動機にもとづく貨幣需要と呼ぶことにする．取引動機や予備的動機にもとづく貨幣需要に影響を与えるものとしては名目 GDP を取り上げ，名目 GDP が増加するに従って貨幣需要も増加するものと考える．つまり，取引動機と予備的動機にもとづく貨幣需要を $L_1$，名目 GDP を $Y$ とすると，貨幣需要 $L_1$ は $Y$ の増加関数 $L_1=L_1(Y)$ によって表されることになる．

### 4.2 投機的動機にもとづく貨幣需要

人は資産を貨幣，債券，株式，不動産，貴金属などさまざまな形態で所有しているので，取引動機や予備的動機にもとづいて必要とされる貨幣とは別に，資産として保有される貨幣需要も存在する．これを投機的動機にもとづく貨幣需要と呼ぶことにする．人はなぜ債券，株式，不動産，貴金属といった将来の値上がりが期待できる資産ではなく，名目価値が変化しない貨幣の形態で資産を保有する（これを流動性選好という）のだろうか．その理由を，資産が貨幣と確定利付永久債券の2つからなる経済を想定して説明しよう．確定利付永久債券とは，満期がなく，毎期一定額の利子（クーポン）を永久に受け取りつづける債券のことである．ここで毎期受け取る確定の利子を $Q$ 円，市場利子率を $i$ とすると，このような債券の価格 $P_b$ は利子を市場利子率で割り引いた値に等しく

$$P_b = \frac{Q}{(1+i)} + \frac{Q}{(1+i)^2} + \cdots + \frac{Q}{(1+i)^n} + \cdots = \frac{Q}{i}$$

という関係が成立する。この式より市場利子率が高ければ債券価格は安く，市場利子率が低くければ債券価格は高いことがわかる。

　資産を貨幣で持つかそれとも永久債で持つかの選択を考えよう。将来の債券価格を確実に知ることができるならば，いいかえると将来利子率を確実に予測できる場合には，資産の選択に悩む必要はない。将来債券価格が確実に上昇するのであれば，すべての人が資産のすべてを債券で持つであろうし，債券価格が確実に下落することがわかっていれば，債券で資産を持つ人はいない。いいかえると，債券価格が上昇するか下落するかに応じて，資産の保有形態は債券か貨幣かの両極端にはっきりと分かれる。しかし現実には，債券価格が将来上昇するか下落するかを確実に知ることはできない。このような不確実な世界のもとで人はどのように資産選択を行うのだろうか。将来債券価格が安くなると予想する場合には，いいかえると市場利子率が高くなると予想する場合には，資産を債券で持っているとキャピタル・ロス（資産の値下がり損失）を被る危険性があるので，債券を売却し貨幣に換えておくほうが有利であるし，また逆の場合にはキャピタル・ゲイン（資産の値上がり利益）を得ることができるので，貨幣を手放し，債券を購入したほうが有利となる。人は，どのような場合に利子率の上昇を予想し，どのような場合に利子率の下落を予想するのであろうか。現行の利子率が低い水準にあれば，利子率の上昇を予想する人は比較的多いであろうし，逆に利子率が高い水準にあれば，利子率の下落を予想する人が比較的多いであろう。そして市場利子率が高くなればなるほど，より多くの人々が利子率の下落（債券価格の上昇）を予想するだろうから，利子率が高くなるにつれて貨幣需要は少なくなるであろう。逆に市場利子率が低くなればなるほど，より多くの人々が利子率の上昇（債券価格の下落）を予想するだろうから，利子率が低くなるにつれて貨幣需要はより多くなるであろう。そしてすべての人が資産を貨幣で持とうとする水準まで利子率が低下すると，貨幣需要は利子率に対して完全に弾力的（貨幣需要は無限大）となる。このような状況を流動性の罠という。まとめると，投機的動機にもとづく貨幣需要を $L_2$ とおくと，$L_2$ は利子率のなめらかな減少関数 $L_2 = L_2(i)$ によって表現される（図

2.4-2 参照)。

## 5 金利の決定

　現金通貨は日本銀行の債券・手形（貨幣の借用書）の買いを通して供給され，預金通貨は銀行の貸出を通して供給される。つまり貨幣の供給は金融（貨幣の融通のことを金融という）と表裏一体の関係にあるので，

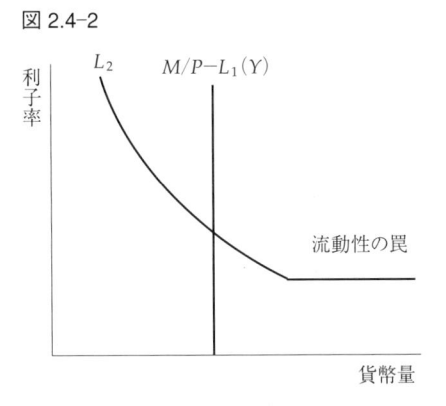

図 2.4-2

貨幣の供給を金融の側からみてみることにする。貨幣の貸借において借り手から貸し手に支払われる対価のことを利子とか金利といい，金融取引が行われる場を金融市場といい，金融取引を業務として行う主体を金融機関という。金融機関には，中央銀行（日本銀行），市中金融機関（都市銀行，証券会社，保険会社など），公的金融機関（日本郵政公社，公庫など）などがあり，それらが資金の性質に応じて金融業務をそれぞれ分業している。金融市場は，取引の形態に合わせて，相対（あいたい）取引の市場（預金市場や貸出市場）と市場取引の市場（インターバンク市場，オープン市場，債券市場，株式市場など）とに分かれる。金利は金融取引の形態に応じて，預金金利，貸出金利，コールレート，手形レートなどさまざまな金利が存在する。現実にはさまざまな金利が存在するが，それらは連動性をもっており裁定される（金利裁定）。そこで簡単化のために単一の金利しか存在しない経済を想定し，物価水準一定のもとで金利の決定のしくみを説明しよう。

　マネーストックを $M$，物価水準を $P$，取引動機，予備的動機，および投機的動機にもとづく貨幣需要をすべて合計した実質貨幣需要を $L$ とおくと，貨幣の需給均衡式は $M/P=L(Y, i)$ と表わすことができる。すなわち，貨幣需要は貨幣残高と等しくなるように利子率の変動を通じて調整され，調整の完了後には，利子率は $M/P=L(Y, i)$ を成立させるような水準に落ち着く。

（宮本順介）

# 第5章 政　策

　第1部第3章「政府」で学んだように，政府は社会の秩序維持を目的として行動している。社会が安定するための最も基礎的な条件は，国民がひととおり安定した生活を送ることであり，そのためには経済が安定的に発展していなければならない。そこで政府は「経済政策」を通じて経済発展を実現しようとする。この章では政府のこうした政策について考えよう。

## 1　経済政策の手段

　経済が発達しているほとんどの国々では自由主義経済体制をとっているため，旧社会主義国で行われていた計画経済とは異なり，政府が直接に経済を統制することはできない。政府は国民の経済活動を「誘導」することで政策を実現しようとする。
　このための手段は「財政政策」，「金融政策」および「その他の政策」に大別できる。

### 1.1　財政政策
　政府が行う「財政支出」はマクロ経済の総需要の一部を構成するため，その額をコントロールすることで経済に意図的な影響を及ぼすことができる。これが財政支出を通じた財政政策である。
　政府による財政支出は乗数効果を通じて結果的に GDP を拡大し，所得水準の向上，雇用の増大などの効果をもたらすことになる。この政策は「ケインズ政策」と呼ばれて，1960年代から1970年代にかけて世界各国で活用された。代表的な例は，1973年に田中内閣のもとで行われた「日本列島改造計画」に代表される「建設ラッシュ」である。この時期，政府は「建設国債」や「特例国債」とよばれる「赤字国債」を発行し，それで得た資金を使って道路や空港，河川・港湾整備といった公共投資を行った。これによって GDP が直接に増加しただけでなく，国内の産業基盤が整備され供給能力が高まる効果や，建設業を中心に国民の所得が増加する波及効果が働いて，日本経済の拡大に寄与した。

この結果，1973年の原油価格高騰をきっかけとした「石油ショック」による不況から日本経済は脱却したといわれている。

しかし，1980年代に入ると財政支出の拡大効果が疑問視されたこともあり，バブル景気による税収の増加もあって，それほど重視されなくなったが，バブル崩壊による不況に対して1994年に再び「赤字国債」を発行し[1]，財政支出による政策が行われた。

また，長期にわたる潜在的な経済発展を促すうえで重要な技術開発や基礎研究，今後の発展が期待される産業分野に対して補助金を提供することも財政政策（「補助金政策」と呼ばれることも多い）の一部である。

### 1.2 金融政策

金融政策の実施主体は，政府ではなく中央銀行である。中央銀行は現金通貨を発行する権限をもっている。一方政府には増税することなく財政支出を増加させるために，つねに国債を発行して財源を確保しようとする誘因がある。そのため中央銀行が政府の言いなりになって赤字国債を無制限に引き受けるようなことがあれば，激しいインフレを引き起こし，経済が混乱することになりかねない。そこで中央銀行は政府から独立した政策決定を行うことが望ましいという共通の理解が先進諸国にはある。日本においても1998年に政府からの日本銀行（日銀）の独立性を高める方向での改革がなされている[2]。

金融政策を行ううえで日銀がとる手段の代表的なものは，「公定歩合」[3]「公開市場操作」「支払準備率」である。

公定歩合は日銀が市中銀行に融資するさいの金利である。市場金利と公定歩合が連動していた1994年までは公定歩合を高めに変更することで市場金利が上昇し景気の過熱を冷やし（金融引締め政策），低めへの変更で市場金利が低下し景気を刺激する（金融緩和政策）機能があったが，1994年10月からは市中銀行の金利が自由化されたため，現在ではそのような機能はなく，金融政策の

---

1) 赤字国債は1975年に第2次世界大戦後初めて発行され，例年発行されてきたが，財政再建を目的として1991年から1993年までは発行されなかった。
2) 日銀の政策を決定する権限が日銀内の「政策委員会」にあることが法律で明記され，その構成員から政府委員が廃止されるなど，政府の干渉が及びにくい制度改革がなされた。
3) 「公定歩合」は2006年に名称変更され，「基準割引率および基準貸付利率」と呼ばれることになった。

手段としては用いられない[4]。

公開市場操作（オープンマーケット・オペレーション）は，日銀が短期金融市場の公開市場において，有価証券の売買を行うものである。日銀が手持ちの有価証券を売りに出すと（売りオペレーション），市場から通貨が吸い上げられるためマネーストックが減少する。逆に市場で有価証券を買い上げると（買いオペレーション），市場へ通貨が供給されるためマネーストックが増加する。

市中銀行は預金の一定割合を日銀に預けることが義務づけられており，これを「準備預金」と呼び，その比率を「支払準備率」と呼ぶ。支払準備率を高くすれば市中銀行は日銀への預け入れを増加させねばならないため，貸出に回せる資金が減ることになり，マネーストックが減少する。逆に支払準備率を低めにすればマネーストックは増加する。

### 1.3 その他の政策手段

国民が「健康で文化的な最低限度の生活」(憲法25条) を送ることができるようにするための手段が「社会保障」である。日本の社会保障は主として，現時点での生活支援（公的扶助），社会的弱者の支援（社会福祉，高齢者医療），さまざまな危険に対する保障（社会保険），現役引退後の生活保障（年金）などで構成されている。

社会保険や年金の一部は，国民から保険料を徴収してそれを財源の一部としているが，政府からの拠出も多く，2003年度で財源の約30％が税金からの拠出である[5]。累進課税制度とともに社会保障制度は国民の間に生じる格差是正のための所得再配分政策の手段となっている。

このほか，独占禁止法などの立法手段によって，直接に経済活動に規制をかけることも，経済政策のひとつである。

さて，上述した手段のうち，財政政策と金融政策は主として景気循環によって引き起こされる景気変動を安定化させるために使われる手段である。景気変

---

[4] ただし，金融機関の申し出に応じて，必要額を一定範囲内で機動的に貸し出す「ロンバート型貸出制度」が2001年から導入され，その金利は公定歩合である。この制度は銀行間で短期資金を貸し借りする「コール市場」で決まる金利の「上限」を設けるしくみであり，「上限」の金利が公定歩合となる。

[5] 保険料54％，税27.4％，その他収入18.6％。総務省統計局『日本統計年鑑 2007年版』。

動で主として問題にされるのは不況であるため，経済政策の大きな柱は不況対策であるといってよい。

不況は経済成長率の低下であるので，政策の主たる目的は経済の主たる指標である GDP を成長させることになる。次節では，財政政策と金融政策がどのようなしくみで GDP を引き上げるのかを説明しよう。

## 2 経済政策の効果と限界

財政政策と金融政策の効果は IS–LM 分析を使って説明できる。図 2.5–1 は通常の IS–LM 曲線を描いたものである。

最初に経済が $IS_1$，$LM_1$ の交点 $A$ 点で均衡していたとしよう。このときの GDP は $Y_1$，金利は $i_1$ で示されている。完全雇用 GDP 水準が $Y_2$ であったとすると，このときには失業が存在している。政府は失業を解消することを目的として GDP を拡大させるために財政支出を増加させ，$Y_2$ 水準を目指す。その結果，IS 曲線は上にシフトするが，LM 曲線が右上がりなので，金利が上昇し（$A$ 点から $B$ 点），民間投資が抑制されるため（クラウディングアウト），完全雇用は達成できない。

そこで，中央銀行がマネーストックを増加させる金融政策を実行する。すると LM 曲線が下にシフトして $LM_2$ となる。この結果均衡点は $C$ 点となり，GDP は $Y_2$，金利水準は $i_1$ のままとなる。完全雇用は達成され，金利水準も以前のままである。

図 2.5–1 ポリシーミックス

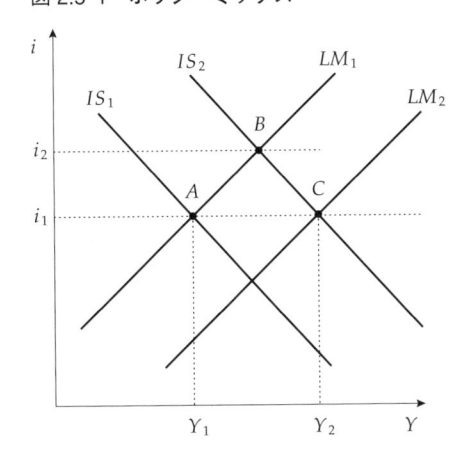

このように財政政策と金融政策とを適切に組み合わせることによって政策目標を達成することを「ポリシーミックス」と呼ぶ。

理論の面からいえば，以上のようにポリシーミックスによって景

気を回復させることができるのであるが，それぞれの政策には限界が存在する。

　財政支出の拡大による景気刺激政策は，国債残高を累積させ，その元本返済と利払いのための国債費を増加させて，将来の財政運用を硬直化させる危険をともなう。政府が期待するとおりに景気が回復すれば，それは将来の税収増加となって，累積赤字を減少させるはずであるが，そうはならない場合もある。実際政府は，1990年代はじめにバブル崩壊による不況を克服するため，大幅な赤字国債を発行して景気刺激を試みたが，景気は回復しなかった。政府支出が増加しても民間経済の自立的な回復がなされなかったのである[6]。この場合，赤字国債の累積というマイナス面だけが残ることになる。

　金融政策による景気刺激政策は，一般に金利を低めに誘導することで，投資を刺激することを意図しているが，企業が過剰な生産設備を抱えていたり，将来の需要に対して悲観的な予想をしたりしている場合には，たとえ低利で資金を借りることができたとしても投資を行う動機がないため，実際には投資需要が増加しない。このような状態では利子率の低下を実現したところで，投資は刺激されず，景気も回復しない。その状態では銀行は融資先を見つけることができず，海外での運用，マネーゲームなどに資金を回してしまって，政策の意図は実現しないことになる。

　また，金利水準がほとんどゼロに近い状態では，人々は将来の利子率上昇（債券価格下落）を予測し，債券を手放して資産のすべてを貨幣で持とうとする。この結果，LM曲線は水平になり，マネーストックを増加させても金利水準は変化しない（流動性の罠）。この状態であれば上述の金融政策は有効性をもたなくなる。

　このように，財政政策，金融政策とも，その効果には限界があり，1990年代以降の日本経済では，それまで伝統的に行われてきた政策の有効性が疑問視される事態が発生した。次節ではその部分に注目する。

---

6)　足立英之「日本経済の構造変化と裁量的財政政策の有効性」（『21世紀初頭の財政政策のあり方に関する研究会報告書』第2章，2000年6月）参照。

図 2.5-2　政府支出の伸び率

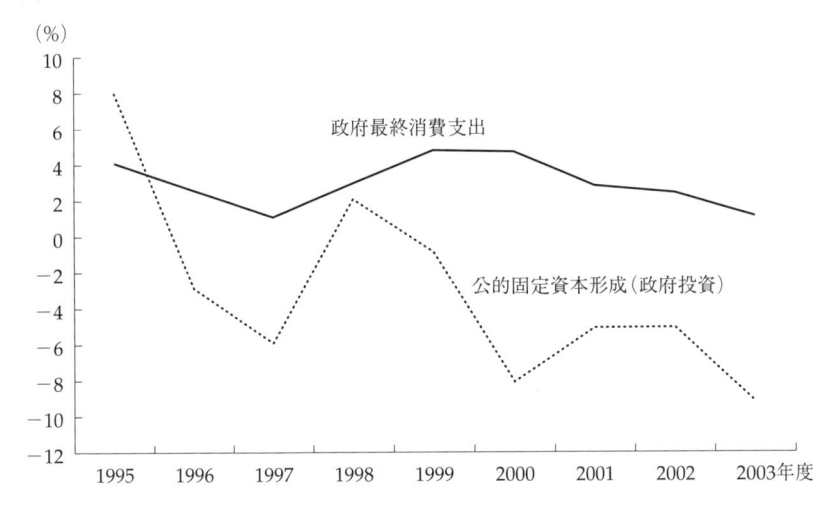

## 3　平成不況における経済政策

　1990年代の初頭にそれまでの「バブル景気」が終了してから，日本経済は長期の「平成不況」をむかえた。この事態に対して，政府は公共投資を拡大し，日銀は公定歩合を引き下げた。つまり，ポリシーミックスを行ったわけであるが，ほとんど効果がなかった。

　原因のひとつは，財政の累積赤字の存在のため，元本返済と利払いのための国債費が上昇したことによる財政の硬直化である。公共投資を増やして景気を刺激する政策は，「財政赤字を拡大させる」として批判され，「財政再建」が主たる目標とされた。

　図2.5-2は，1994年度から2003年度までの政府最終消費支出と公的固定資本形成（政府による投資）の対前年度増加率の推移である。これをみると明らかなように，不況が問題になっていた期間にほとんど増加せず，投資についてはむしろ縮小している。つまり，まさに大規模な公共投資が必要とされた場面で，これまで財政赤字を放置しておいたツケが回ってきたものといえよう。

　そこで財政政策をとりえない政府に代わって，日銀の金融政策が重要な役割

を果たすことが期待された。

　平成不況は次第に深刻さを増していき，1990年代後半には，物価が持続的に下落する「デフレーション（デフレ）」がつぎつぎと連鎖し，さらにデフレーションが進行する「デフレスパイラル」が懸念された。一般に物価上昇率（インフレ率）と失業との間には負の相関があるとされる[7]。デフレーションの状態とは経済が停滞し，企業の生産活動が不活発なので，労働需要が少なく，その結果失業率が増加し，インフレーションの状態ではその逆が起こるということである。デフレスパイラルによる失業の拡大が懸念されたのである。

　財政政策による景気拡大によって失業率の低下を実現させることが困難であるので，日銀は1999年から「ゼロ金利政策」と呼ばれる超低金利政策によって，マネーストックを増加させ，デフレーションの解消を行おうとした。

　さらに2001年からは「量的緩和政策」と呼ばれる，マネタリーベースの直接の供給によってマネーストックを増加させようとしたが[8]，マネタリーベースの増加率ほどにはマネーストックは増加しなかった。この原因は貨幣の信用乗数が低下したためだと考えられる（第2部第4章「貨幣と金融」参照）。

　この時期の政策の問題としてあげておくべきなのが，「政策実行のタイミング」と「一貫性」である。

　財政については，上述のように累積赤字の問題を抱えていたが，それでもバブル崩壊の直後には財政支出を拡大させた。しかし，1993年に景気回復の兆しがみえると，政府はただちに財政再建を優先させて，緊縮財政へ転換し，1997年には消費税を5％に引き上げたが，こういった政策転換は現在では早すぎたと評価されている。景気回復の兆しは本格的なものではなく，とくに1997年の消費税率引上げは，拡大傾向を示していた個人消費を再び縮小させた。家計の最終消費支出は GDP の約6割を占めるので，この部分の縮小は経済全体に大きな影響を及ぼし，不況を長引かせる結果となった。また，消費の伸び悩みは企業の投資意欲をも低下させ，ゼロ金利政策をとっても投資が伸びない結果をもたらしたといえる。

---

　7）　インフレーションと失業のトレードオフであり，この関係を描いたグラフは「フィリップス曲線」と呼ばれる。
　8）　市中銀行がいくらでも準備預金を引き出せるように，日銀が準備預金を潤沢に提供した。

また，日銀は「ゼロ金利政策」を1999年2月からとり始めたが，アメリカのITバブルの影響などで景気が回復の兆しをみせると，2000年8月にいったんこの政策を解除している。ところが景気の回復は長つづきせず，日銀は再び2001年2月には量的緩和政策を採用し，実質的にゼロ金利政策へ戻らざるをえなかった。

こうした点を考慮すると，もし財政の硬直化がなく，政策のタイミングも適切で，一貫性があったとしたら，平成不況はここまで長引くことはなかったのかもしれないが，それを検証することは不可能である。IS-LM 分析が示すような，伝統的な理論にもとづく政策を現実に適応するのが困難であることが示された事例であるといえよう。

### 補注　IS-LM 分析

本文中で取り上げている「IS-LM 分析」についてここで説明しよう。

IS 曲線は，財市場の均衡を実現する利子率と GDP の組み合わせを示す曲線であり，LM 曲線は資産市場の均衡を実現する利子率と GDP の組み合わせを示す曲線である[9]。したがって，両曲線の交点は財市場と資産市場がともに均衡している状態であることを示している。

海外部門が存在しない経済において，財市場の均衡は

$$S(Y) = I(i) + G \tag{2.5-1}$$

で示される。ここで $S$ は貯蓄，$I$ は投資，$G$ は財政支出である。

さて，貯蓄は所得 $Y$ の関数であり，所得が増加したら貯蓄も増加する。一方投資は利子率の減少関数であるから利子率が上昇すれば投資は減少する。もし GDP が増加して，左辺の $S$ が増加すれば，等号を維持するためには利子率が低下して投資を増加させねばならない。したがって，横軸に所得（GDP），縦軸に利子率をとった平面に，上式が成立する所得と利子率の組み合わせを描けば，右下がりの曲線で表される。(2.5-1)式において，財政支出 $G$ はシフトパラメータの役割を果たしており，$G$ が増加（減少）すれば曲線全体が上へ

---

9)　財市場とは財やサービスが取引される市場であり，実物経済を表している。一方資産市場は証券や貨幣が取引される市場であり，金融経済を表している。

(下へ) シフトする。

　資産市場を考えよう。ここでは「債券市場」と「貨幣市場」の2つのみが存在すると考え，資産市場を代表するものとしよう。人々は保有する資産を貨幣で保持するか，債券で保持するかの選択を行う。貨幣市場と債券市場は「裏と表」の関係になっていて，貨幣市場が超過供給（超過需要）の状態にあれば，債券市場では超過需要（超過供給）となっており，どちらかの市場が均衡状態ならばもう片方の市場も均衡状態にある。したがって，どちらかの市場のみを考えれば資産市場全体の様子がわかる。ここでは貨幣市場の均衡を考えよう。

　第2部第4章で学んだように，貨幣需要は GDP の増加関数である取引動機・予備的動機による需要と利子率の減少関数である投機的動機による需要からなる。また，貨幣供給は通貨当局により決められるので，貨幣市場の均衡は

$$M/P = L(Y, i) \tag{2.5-2}$$

と表される。ここで $M/P$ は実質マネーストック，$P$ は物価水準，$L$ が実質貨幣需要関数である。

　左辺の実質マネーストックが与えられていれば，所得 $Y$ が増加した場合に等号を維持するためには取引動機による貨幣需要の増加を，利子率の上昇による貨幣需要の減少で一定に保たねばならない。したがって，横軸に所得（GDP），縦軸に利子率をとった平面に，(2.5-2)式が成立する所得と利子率の組み合わせを描けば，右上がりの曲線で表される。ここで実質マネーストック $M/P$ はシフトパラメータの役割を果たしており，$M/P$ が増加（減少）すれば曲線全体が下へ（上へ）シフトする。

　以上の IS 曲線と LM 曲線を同時に描けば，本文の図 2.5-1 で示した分析を行うことができる。

（安田俊一）

# 第6章 貿易と資本移動

経済活動は国境を越えて行われている。財やサービスの取引，資本取引，労働移動などである。この章では，これまでの封鎖経済（一国経済）と異なり，国際間の取引関係を学ぶ。

## 1 国際収支

### 1.1 国際収支表

ある国（たとえば日本）の対外取引をカネの流れから記帳したものが国際収支表である。日本の国際収支表は表2.6-1に示されている。すなわち，国際収支は大きくは経常収支，資本収支，外貨準備増減，誤差脱漏から成り立っている。経常収支は，①財の取引を示す貿易収支，②旅行・輸送などのサービス取引を示すサービス収支，③利子・配当などの受取と支払を示す所得収支，④贈与などの経常移転収支に大別される。

資本収支は①金融債権債務の移動にともなう取引を示す投資収支，②それ以外の資本収支に大別され，そして，投資収支は直接投資，証券投資，金融派生商品，その他投資に分けられている。

表2.6-1で注意すべき点は，国際収支がカネの流れを記帳していることから，自国から外国への資本流出（資本輸出）はマイナス表示されていることである。また，誤差脱漏を無視すれば，統計の定義から，

$$経常収支＋資本収支＋外貨準備増減＝0 \qquad (2.6\text{-}1)$$

なので，経常収支と資本収支の合計[1]がプラスならば，そのとき外貨準備は増えるのだが，表ではマイナス表示されるのである。

### 1.2 最近の動き

日本の国際収支の特徴は，第1に経常収支，貿易収支の黒字にある。これに

---

[1] (2.6-1)式に誤差脱漏を加えたものを国際収支と呼び，事後的にはつねにゼロである。しかし，事前的には国際収支はかならずしもゼロにはならない。事前と事後の区別がだいじである。

表 2.6-1　日本の国際収支　　　　　　　　　　　　　　　　　　　　（単位：100万ドル）

|  | 2002年 | 2003年 | 2004年 | 2005年 | 2006年 |
|---|---|---|---|---|---|
| 経常収支 | 112,490 | 135,928 | 171,982 | 166,320 | 170,645 |
| 　貿易収支 | 93,802 | 106,136 | 132,002 | 94,456 | 81,409 |
| 　サービス収支 | △42,161 | △33,865 | △37,935 | △24,108 | △18,151 |
| 　所得収支 | 65,765 | 71,163 | 85,764 | 103,568 | 118,064 |
| 　経常移転収支 | △4,916 | △7,506 | △7,849 | △7,596 | △10,677 |
| 資本収支 | △66,170 | 68,663 | 17,563 | △127,334 | △107,231 |
| 　投資収支 | △62,846 | 72,649 | 22,354 | △122,489 | △102,516 |
| 　　直接投資 | △22,963 | △22,513 | △23,304 | △42,198 | △56,635 |
| 　　証券投資 | △105,798 | △97,629 | 25,268 | △11,659 | 126,967 |
| 　　その他 | 65,915 | 192,791 | 20,390 | △68,632 | △172,848 |
| 　その他資本収支 | △3,324 | △3,986 | △4,791 | △4,845 | △4,715 |
| 外貨準備増減 | △46,609 | △188,061 | △161,007 | △22,349 | △31,993 |
| 誤差脱漏 | 180 | △16,781 | △28,628 | △16,054 | △31,106 |

出所：ジェトロ「国際収支統計」2006年。

表 2.6-2　アメリカの国際収支　　　　　　　　　　　　　　　　　　（単位：100万ドル）

|  | 2001年 | 2002年 | 2003年 | 2004年 | 2005年 |
|---|---|---|---|---|---|
| 経常収支 | △388,960 | △472,440 | △527,510 | △665,290 | △791,510 |
| 　貿易・サービス収支 | △362,800 | △421,070 | △494,900 | △611,300 | △716,730 |
| 　所得収支 | 25,130 | 12,210 | 36,590 | 27,590 | 11,300 |
| 　経常移転収支 | △51,300 | △63,590 | △69,210 | △81,580 | △86,080 |
| 資本収支 | 403,880 | 505,380 | 533,500 | 577,360 | 767,000 |
| 　投資収支 | 405,150 | 506,850 | 536,820 | 579,620 | 771,350 |
| 　その他資本収支 | △1,270 | △1,470 | △3,320 | △2,260 | △4,350 |
| 外貨準備増減 | △4,930 | △3,690 | 1,530 | 2,800 | 14,100 |
| 誤差脱漏 | △10,000 | △29,240 | △7,520 | 85,130 | 10,410 |

出所：総務省統計局「世界の統計 2007」。

対して，アメリカは赤字である（表2.6-2）。第2に，所得収支が増え，貿易黒字を抜いたことである。これは日本の対外純資産が215兆円（2006年末）に増加し，その結果，外国からの利子・配当の受取が大きくなったことによるのである。

## 2 貿易

### 2.1 IS バランス

外国部門を考慮した場合の需給均衡条件はつぎのようになる。すなわち，
$$Y+IM=C+I+G+EX \tag{2.6-2}$$
である。ここで，供給は国内生産物（$Y$，GDP でもある）と輸入（$IM$）の合計であり，需要は消費（$C$），投資（$I$），財政支出（$G$），輸出（$EX$）である。

そして，国内民間貯蓄（$S$）は
$$S=Y-C-T \tag{2.6-3}$$
である。$T$ は財政収入（租税）である。(2.6-2)式，(2.6-3)式から，
$$S=I+(G-T)+(EX-IM) \tag{2.6-4}$$
が得られる。これが需給一致式であり，拡大された IS バランスである。すなわち，貯蓄は投資，財政赤字，貿易黒字の合計である。

### 2.2 貿易収支の決定要因

貿易収支は輸出と輸入の差額である。それでは，輸出と輸入はどのような要因で決まるのであろうか。

まず輸出からはじめよう。輸出とは，自国製品を外国に販売することであるから，買い手の外国の所得が大きくなれば輸出は増える。

つぎに，自国価格が外国価格よりも安くなれば輸出は増える。いま，国内価格が $P$ 円，外国価格が $P^f$ ドル，為替レートを円建てで $e$（円/ドル，たとえば 1 ドル＝120円）とすれば，自国製品のドル建て価格は $P/e$ ドルだから，$P/e$（輸出価格）と $P^f$（輸入価格）の比率，すなわち $P/(eP^f)$（＝$\lambda$ とする）が低下すれば輸出は増えるのである。$\lambda$ は輸出品1単位に対して輸入品を何単位受け取るかを示している（これを交易条件という）。交易条件が悪化すれば（$\lambda$ の下落），輸出は増えるのである。

交易条件の悪化は，①輸出（自国）品価格の下落，②輸入（外国）品価格の上昇，③為替レートの減価（円安，$e$ の上昇）によって生じる。円安になって 1 ドル＝100円が 120円になったとしよう。このとき，国内自動車価格が120万円ならば，以前は 1 万2000ドルであったが，円安によって 1 万ドルに低下する

から輸出が増えるのである。

輸入はどうか。輸入とは自国が外国製品を購入することであるから，自国所得が増えるならば輸入は増える。また，交易条件が有利になれば輸入は増えるのである。為替レートが円高になると輸入は増えるのである。

以上から，

$$EX-IM=Tb(\overset{-}{Y},\ \overset{+}{Y^f},\ \overset{-}{\lambda}) \tag{2.6-5}$$

となる。ただし，$Y^f$ は外国の GDP，$Tb$ は貿易収支を示す関数である。

(2.6-5)式右辺の上に書かれている＋や－は各要因が貿易黒字に及ぼす影響を示している。

## 3 資本収支

外国人の自国金融資産の購入によって流入した資金（資本流入または資本輸入）から，自国民の外国金融資産購入によって流出した資金（資本流出または資本輸出）を引いたものが資本収支である。その主なものは証券投資と直接投資である。

### 3.1 証券投資

利子や配当の受取，売買益（キャピタル・ゲイン）を目的とするのが証券投資である。外国への証券投資はどのような要因によって決まるのであろうか。

いま，1単位（万円でも億円でもよい）の資金で自国証券を購入するか，外国証券を購入するか，どちらが有利かを考えてみよう。

図2.6-1に示されているように，自国証券に投資する場合，国内利子率が $i$ ならば，1年後には $(1+i)$ 円になる。外国証券に投資すれば，まず円をドルに換えて $1/e$ ドル，外国利子率が $i^f$ ならば，1年後には $(1+i^f)/e$ ドルになる。これを円に換えると，$(1+i^f)e^e/e$ 円である。$e^e$ は1年後の予想為替レートである。したがって，前者が後者よりも大きければ自国証券に投資し，小さければ外国に投資する。そして，両者が等しいとき裁定が行われたという。どちらに投資しても利益は一緒なのである。すなわち，

$$1+i=(1+i^f)e^e/e \tag{2.6-6}$$

図 2.6-1

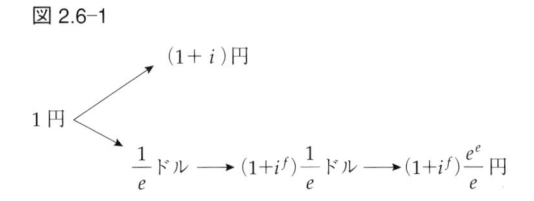

$$1円 \begin{array}{l} \nearrow (1+i)円 \\ \searrow \dfrac{1}{e}ドル \longrightarrow (1+i^f)\dfrac{1}{e}ドル \longrightarrow (1+i^f)\dfrac{e^e}{e}円 \end{array}$$

となる．1年後の予想為替レートは，円の予想為替レート減価率を $\alpha$ とすれば，
$$e^e = (1+\alpha)e \tag{2.6-7}$$
であるから，(2.6-6)式は，結局
$$i = i^f + \alpha \tag{2.6-8}$$
となる．減価率 $\alpha$ と外国利子率 $i^f$ はともに小さい値なので，その積をゼロとしている．$\alpha$ がプラスならば円安予想，マイナスならば円高予想である．

### 3.2 直接投資

外国企業に対して経営権を握ることを目的とした投資は直接投資といわれる．経営権を目的として外国企業の株式を取得したり，外国に子会社を設立したり，合弁会社をつくったりすることである．

## 4 為替レートの決定

為替レートはどのようにして決まるのか．為替レートとは通貨間の交換比率のことである．つまり，1ドル＝120円のように異なる通貨の交換比率なのである．為替レートの決定は国際金融制度によって異なっている．

### 4.1 金本位制度

第2次世界大戦以前においては，国際通貨制度は金本位制度であった．この制度のもとでは各国の通貨は金と交換される．金1オンスは19ドルであり，38円であった（金平価という）．各国の中央銀行は金平価のもとで各国通貨と金を交換しなければならない．金の価値はどの通貨で計っても同じでなければならないから，1ドル＝2円になる．

この水準から為替レートが乖離して1ドル＝3円になればどうなるか．金平価に比べて円安ドル高である．このとき，日本で金1オンスを38円で買う．そ

の金をアメリカに移送して19ドルを手に入れる。そして，19ドルを円に変えると57円になり19円の利益を得ることができる。このような場合，ドル売り円買いが生じ，ドルの価値が下がり円の価値が上昇して，円安ドル高を解消し金平価に収束していくのである。

## 4.2　固定為替レート制度

　第2次世界大戦中，アメリカ以外の国々は軍需品などの輸入のために金がアメリカへ流出し，もはや各国通貨と金との交換を行うことはできなくなった。そこで，第2次世界大戦後の為替制度は，①ドルは金と交換性をもち，1オンス＝35ドルにする，②各国通貨はドルとリンクし基本的に固定為替レートを維持する（1ドル＝360円）という体制をつくることになった（ブレトンウッズ体制）。

　アメリカはドルの金表示価値に責任をもち，もしドル売り金買いによってドルの価値が低下するならば，アメリカ政府は金売りドル買いによってドル価値を維持するのである。

　各国は自国通貨のドル表示価値に責任をもち，円売りドル買いで円の価値が低下するときは，日本政府は円買いドル売りで対抗し1ドル＝360円を維持する責任を負うのである（上下1％の変動は認められた）。

　固定為替レート制度のもとでの世界的な成長政策，それを支えるための国際貿易・金融体制[2]にはひとつの矛盾があった。それは，各国が国際通貨をいかに確保するかである。アメリカ以外の国は貿易決済のためには国際通貨のドルを保有しておかねばならない。経常収支黒字か資本輸入によってドルを確保しなければならない。そのためには，アメリカの経常収支と資本収支の合計，すなわち（事前的）国際収支が赤字にならなければならない。

　1970年代初めまではアメリカの経常収支は黒字であった。そこで，アメリカが対外資本輸出を行うことによって，ドルを世界にばら撒き，それが世界の貿易・金融決済手段として使われたのである。しかし，アメリカの資本収支赤字でドルが散布されると，ドル保有国はアメリカに対してドルと金との交換を要

---

[2]　1944年にIMF（国際通貨基金）と国際復興開発銀行（IBRD：世界銀行の一組織）の設立が決められた。また1947年にはGATT（関税および貿易に関する一般協定）が発足した。

求できる．その結果，アメリカの保有金量は低下し，ついに金保有量は対外短期債務よりも少なくなった．

経常収支が黒字の間は，まだアメリカへの信頼が失われていなかったが，1970年代に入ってアメリカは経常収支さえも赤字になってしまった．もはやアメリカはドルと金の交換を持続することができなくなり，1971年8月，ドルは金との交換性を停止した（ニクソン・ショック）．固定為替レート制度は崩壊したのである．

### 4.3 変動為替レート制度

固定為替レート制度のように外国為替市場に政府が介入し為替レートを維持することをやめ，市場における為替の売買によってレートを決めようとするのが，純粋な変動為替レート制度である．すなわち，変動為替レート制度のもとでは，為替レートは市場によって自由に変動するのである．しかし，為替レートを市場に任せるならば，変動の乱高下が激しく経済への悪影響が生じるので，各国政府はある範囲内に変動幅を抑えようとして介入している．

変動為替レート制度のもとでの為替レートは，外貨に対する売買によって決まる．外貨（たとえばドル）の供給（ドル売り円買い）が需要（ドル買い円売り）よりも大きければ，ドル価値は低下し円高になる．1ドル＝120円が100円になるのが円高である．逆に，ドル供給がドル需要よりも小さくなればドル価値は上昇し，円安になるのである．1ドル＝100円が120円になるのである．

### 4.4 為替レートの決定

**国際収支と為替レート**　ドルの供給はなにによって決まるのか．ドル供給とはドル保有者がドルを売って円を買うことである．国内においてドルが流入し円と交換されるのは，①輸出によってドルを手に入れた，②外国からの資本流入があった場合である．ドル需要は，①輸入決済のためにドルが必要になった，②外国投資のためにドルが必要になった場合である．すなわち，

　　　ドル供給－ドル需要＝（輸出＋資本流入）－（輸入＋資本流出）
　　　　　　　　　　　　＝貿易収支＋資本収支

である．つまり，貿易収支をもって経常収支とすれば，（事前的）国際収支によって為替レートが決まるのである．国際収支が黒字であればドル安・円高になり，赤字の場合はドル高・円安になるのである．

図 2.6-2　　　　　　　　　　　図 2.6-3

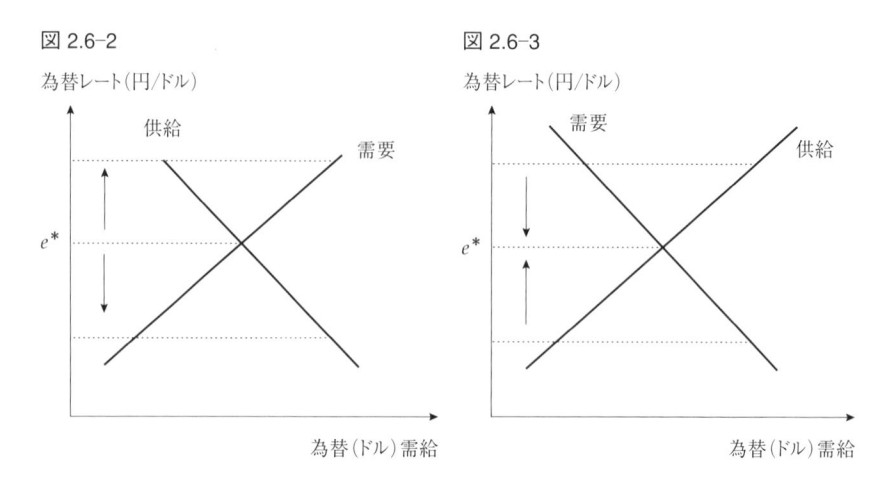

為替レート(円/ドル)　　　　　　為替レート(円/ドル)

　為替レートは経常収支と資本収支によって決まるが，時間的にみれば経常収支とくに貿易収支は決済に時間がかかる。資本収支とくに証券投資，現預金の売買は瞬時的である[3]。瞬時・一時的な為替レートの動きは証券投資，現預金売買によって決まる。そして，中期的には経常収支が効いてくるのである。

　**為替予想**　証券投資は為替レートの変化に対する予想に影響される。予想と為替レートはどのような関係にあるのだろうか。

　前述の(2.6-8)式からわかるように，為替減価率 $\alpha$ が上昇すれば，すなわち円安予想が強まれば，外国証券の購入，すなわちドル買い円売りが増える。円高予想が強くなればドル売り円買いが増えるのである。それでは，為替予想はどのようにして形成されるのであろうか。円安ドル高になれば（$e$ が高くなれば），①将来，円安がさらにつづくと予想する人（発散的・不安定的予想）と，②逆転して円高になると予想する人（回帰的・安定的予想）に分かれる。①が大勢であれば，円安になれば一層の円安を予想し，ドル買いが増えドル売りが減る。逆に円高になれば一層の円高を予想し，ドル売りが増えドル買いが減る。これを図示したのが図 2.6-2 である。②が大勢の場合には，円安になれば円高予想が強くなり，ドル供給が増えドル需要が減少するのである。これを図示

---

[3]　投資収支のなかの「その他投資」は貿易信用や現預金の動きを示している。

たのが図 2.6-3 である。

　為替変動予想を正確に定式化することはできない（予想が当たれば一夜にして大富豪になる）が，一般的につぎのようにいえるだろう。

　変化が生じ円安になったとしよう。当初はさらに円安がつづくと予想するだろう。その結果，円安が進行する（図 2.6-2）。しかし，ある水準を超えて円安が進むと，円高予想が多数を占めるようになり，円安は逆転し円高になるのである（図 2.6-3）。つまり，円安→円安→円高である。

　同様に，円高の場合，しばらくは円高がつづくが，円高がある水準を超えると，円高は円安に逆転する。円高→円高→円安である。

## 5　多国籍企業

　企業活動が大規模化すると，その活動は国内に制限されることなく，国境を越えていく。資金，資源，労働，市場などを求めて世界展開される。運輸・交通，通信などの技術の発展が企業の多国籍化を可能にしたのである。

　企業の外国での活動はいまに始まったことではない。昔からあった。それでは多国籍企業は昔から存在していたのであろうか。そうではない。外国で生産や販売などを行っていても，それはあくまでも本国の補完であった。自国生産が中心であり，外国で得た利潤の多くは本国に送金されたのである。

　多国籍企業とはなにか。それは，世界的視点から利潤を追求する企業である。すなわち，世界各国・地域で，①資金を低コストで大量に調達する，②低廉な労働力や原材料を利用する，③技術開発や研究に優れている国で技術，ノウハウを活用する，④大規模な市場が存在するところで製品を販売する，⑤得られた利潤に課せられる税金が安いところに会社の本社を置くなどである。そのために世界各国に子会社をつくり，企業内国際分業を行っているのである。そして，得られた利潤は世界に再投資されるのである。

　企業の多国籍化を別の角度，すなわち利潤追求という点から考えてみよう。第 2 部第 1 章で述べたように，家計部門が貯蓄を行わないと仮定すれば，

　　国内税引き利潤＝投資＋財政赤字＋貿易黒字

となる。国民利潤は，国内利潤に純対外投資収益（海外からの投資所得受取か

ら，海外への投資所得支払を差し引いたもの）を加えたものであるから，

　　　　国民税引き利潤＝投資＋財政赤字＋貿易黒字＋純対外投資収益

となる。

　企業は利潤追求を目的としている。まず第1段階として，国内利潤を高水準に維持しようとする。それが低下してくると，対外投資収益を求めて国民利潤を追求する。そして，第3段階として，企業そのものが外国に進出していくのである。

### 補注　比較生産費説

　比較生産費説はつぎのような理由から貿易の利益を主張している。

　いま世界は2国から構成されており，財はコメと自動車の2財のみとする。そして，A国はコメと自動車を1単位生産するために労働を5時間と1時間投入しなければならない。B国ではそれぞれ20時間と2時間とする。両国には1000時間の労働量があり，A国は140単位のコメと300単位の自動車を生産しており，B国はコメ40単位と自動車100単位を生産しているとしよう。

　コメ，自動車いずれの生産においてもA国はB国よりも効率的である。A国はB国よりも絶対優位である。B国はA国よりも生産効率は低いが，低さの程度はどうであろうか。コメを1単位生産するために何単位の自動車生産を断念しなければならないだろうか（機会費用という）。コメの機会費用は，A国では自動車5単位であり，B国では自動車10単位である。したがって，コメの機会費用はA国のほうが低い。コメはA国の比較優位産業である。他方，自動車の機会費用はA国ではコメ1/5単位，B国ではコメ1/10単位である。B国は自動車が比較優位産業である。A国がコメ生産に特化すればコメを200単位生産できる。B国では自動車を500単位生産できる。コメ1単位と自動車6単位が交換比率としよう。A国がコメ50単位を輸出し自動車300単位を輸入すれば，A国はコメを150単位，自動車を300単位消費できる。B国はコメ50単位，自動車200単位となり，両国とも利益を得ることができるのである。

（菊本義治）

# 第7章　成長と循環

　これまでのマクロ経済学の分析は、生産設備の規模が変化しない期間、つまり短期の経済を対象としていた。本章では、生産設備の規模の変化を視野に入れた長期の経済分析、すなわち経済成長や景気循環の分析を行う。生産設備の規模を拡大するものは企業の設備投資である。したがって、本章では企業の設備投資が分析の主役となる。

## 1　経済動態と投資

### 1.1　投資の二重効果

　GDPの大きさを決定するものは総需要（有効需要）の大きさであった。総需要は、民間消費、民間投資、政府支出それに輸出から輸入を差し引いた純輸出から構成される。したがって、これらが大きくなれば総需要が増大し、生産の増加がもたらされ、経済が成長することになる。図2.7-1は、1995年から2005年までの経済成長率と総需要を構成する各需要項目の経済成長に対する貢献度、つまり寄与度を示している[1]。GDPに占める民間消費の比率は6割弱であるのに対して、民間投資のそれは2割弱にすぎない。それにもかかわらず、民間投資の寄与度はプラスにしても、マイナスにしても大きく、それが最も経済成長に貢献している年もかなりある。たとえば、1998年と99年はマイナス成長であったが、民間投資が大きく成長の足を引っ張っているのがわかる。

　民間消費は可処分所得と安定的な関係にあった。いま、なんらかの事情により総需要が増大すると、有効需要の原理で生産が増加し、可処分所得が増加する。それは消費の増加をもたらし、再び生産が増加し、それがさらに消費の増加をもたらすという乗数過程を繰り返すことになった。このように、民間消費は可処分所得と安定的な関係にあるため、生産を増幅させる役割を果たしているのである。それでは、はじめに総需要を増加させるものはなんであろうか。

---

　1)　補注を参照。

## 図 2.7-1 経済成長率とその寄与度分解

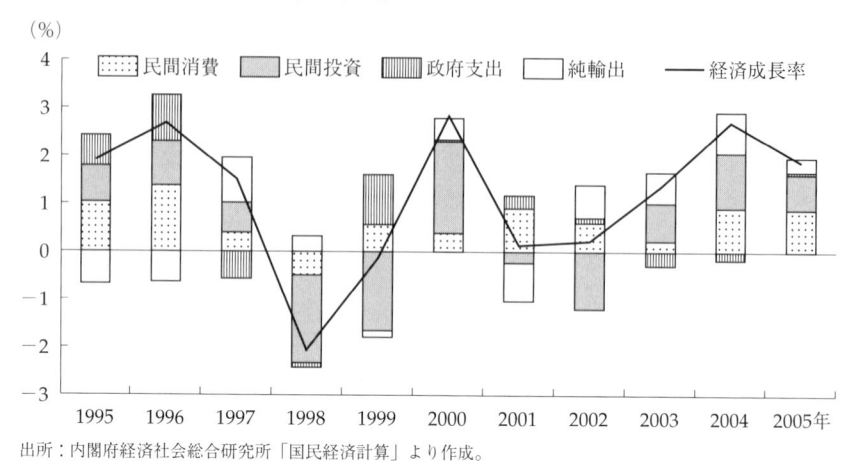

出所：内閣府経済社会総合研究所「国民経済計算」より作成。

　それは，民間投資，政府支出，純輸出の増加と減税である。企業が設備投資を増やす決断をした場合には，投資財生産が増大することになり，さきほどの乗数過程に入っていくことになる。失業を解消するために，政府が財政支出を増加させたり，減税しても同様である。また，海外の景気がよくなり，日本の輸出が大幅に拡大し，純輸出が増加しても同様である。

　需要の側面からみると，減税や財政支出，純輸出の増加は民間投資の増加と同じように経済成長に貢献している。しかし，これらが増加しつづけることが長期的に経済成長を保証することにはかならずしもならない[2]。なぜなら，生産規模が拡大するためには，生産設備が拡大しなければならないからである。減税が行われたり，財政支出や純輸出が増えても，生産設備の拡張が不十分であるなら，早晩供給能力の限界に突き当たってしまい，生産の増加はもたらされず，物価の上昇によって吸収されてしまうことになろう。それに対して，民間投資の増加は，供給能力の増強をもたらしてくれる。この投資の生産能力拡大効果とさきの需要効果とが「投資の二重効果（二重性）」である。このよう

---

[2] 財政支出は生産性の向上に資することになる。公共事業による社会資本の整備は民間部門の生産性向上に貢献し，教育も同様に労働生産性の向上に資することになるからである。

に，経済成長という長期にわたる経済規模の拡大の問題を考えるさいには，民間投資を中心にすえて議論していく必要がある。

### 1.2 投資決定

　設備投資はどのように決定されるのであろうか。投資決定の主体は企業である。企業は利潤の獲得を目的とする経済主体であるから，利潤を中心とした決定が行われる。投下した資本に対する利潤の比率である利潤率が高ければ高いほど，企業はさらなる利潤の獲得を目指して，設備投資を増やすであろう。他の事情が等しければ，資本設備の稼働率が上昇すると，利潤率も上昇する。需要が旺盛でたくさん売れれば売れるほど企業が手にする利潤は多くなるからである。反対に，稼働率や利潤率が低下したときには，設備投資は控えられる。

　このように，企業は稼働率や利潤率を見て設備投資を決定することになる。しかし，ここで注意すべきことがある。設備投資を決意しなければならないとき，企業は生産設備の稼働水準を知ることができない。また，どれだけ儲けることができるのかも知ることができないのである。投資需要の大きさに応じてGDP の規模が決まるからである。したがって，予想を立てる以外にはない。予想を立てるときには，最も近い過去の情報を頼りにするのが一般的であろう。つまり，昨年の稼働率が高く，利潤率も高ければ，企業は今年もそれに期待してよりたくさんの利潤の獲得を目指して設備投資を増やそうとする。反対に，稼働率や利潤率が低かったならば，設備投資は控えられるであろう。

　ところで，決定された設備投資は一定期間ののち，生産能力の拡大となって現れる。そのとき，はたして拡大された生産能力に見合った需要があるのかどうかは誰にもわからない。巨額の経費をつぎ込んで行われた設備投資が水泡に帰す可能性もある。また，反対に思わぬ需要増のため，生産能力が不足する事態が生ずるかもしれない。これらのことは，企業が過去の自らの実績だけで，設備投資を決定するものではないと考えられることを示唆している。

　ここで，現実の成長率と企業による今後 5 年間の平均成長率見通しの推移を見ると図 2.7-2 のとおりである。後者は，企業の中期的な期待成長率とみることができよう。期待成長率は上昇，低下を繰り返してはいるが，その変動幅は現実の成長率よりもはるかに狭い。また，バブル崩壊後はそれ以前の時期に比べ，一段と低い 2 ％足らずで推移している。ところで，網掛けの期間は景気の

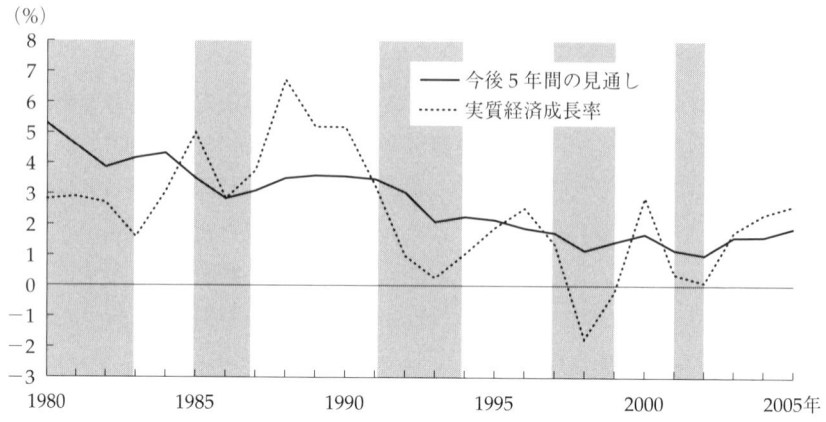

### 図 2.7-2　実質経済成長率と期待成長率

出所：実質経済成長率は内閣府経済社会総合研究所「国民経済計算」（詳しくは図 2.7-3 の出所参照）。
実質経済成長見通しは同じく「企業行動に関するアンケート調査報告」より作成。

山から谷までの景気後退局面である[3]。景気後退局面では，概して期待成長率が現実の成長率を上回っている。現実は低成長であるが，中期的に先を見通した場合，経済はもっと成長するであろうと企業は予想している。低成長であるから稼働率も芳しくないが，将来的には成長も高まり稼働率や利潤率の回復が期待できる。この観点から，投資計画がより積極的に練り直されるかもしれない。反対に，バブル期や2002年1月からの景気拡張局面では期待成長率は現実の成長率を下回っている期間が長く見受けられる。いまは高成長であるが，5年先を見通した場合，成長率はより低くなると企業は考えている。現在，稼働率や利潤率は高成長に支えられて好調であるが，今後成長率が落ち，稼働率や利潤率の低下が懸念される。積極的な投資計画を考え直したほうがよいかもしれない。このように，企業は単に過去の稼働率や利潤率の実績だけではなく，中期的な経済見通し，つまり期待成長率で投資計画の修正を行っているものと考えられる。また，後述する経済成長を制約するさまざまな経済・社会的な制約がこの期待成長率の動きを全体的に規定しているものと考えられる。

---

3)　景気局面については景気動向指数研究会の景気基準日付によるが，これは経済成長率の上昇，低下とかならずしも正確に対応していない。

## 2 景気循環

### 2.1 不安定性

図 2.7-1 からもわかるように,経済成長率は毎年同率ではなく,上昇と低下を繰り返している。このような経済成長率の運動はどのようにしてもたらされるのであろうか。

企業は昨年の稼働率や利潤率の動きをみて,今年の設備投資を決定した。昨年の稼働率が上昇すると,企業は生産設備の不足を感じ,投資を大幅に増やし稼働率の上昇に対処しようとする。他方で,一昨年のより低い稼働率にもとづいて決意された昨年の設備投資は今年の生産能力の追加となっている。しかし,このとき設備投資需要の伸びが生産能力の伸びを上回ることになるので,今年の稼働率は上昇し,利潤率も上昇する。ところで,設備投資需要の伸びが生産能力の伸びを上回るということは,生産設備に対する投資需要の比率である資本蓄積率が上昇するということである。したがって,今年の資本蓄積率の引上げは今年の稼働率や利潤率を高めることになる。これにより,来年の資本蓄積率はさらに引き上げられる。このように,資本蓄積率が上昇していくなかで,稼働率も上昇をつづけ,そして経済成長率は上昇しつづけることになる。

反対に,昨年の稼働率や利潤率の実績が芳しくなく,今年の設備投資が控えられ,資本蓄積率が低下したとしよう。これは,投資需要の伸びが生産能力の伸びに追いつかないことを意味しているのであるから,今年の稼働率は低下することになる。もちろん利潤率も低下する。その結果,企業は来年の資本蓄積率をさらに低めることになろう。これは来年の稼働率や利潤率を一層低下させることになる。経済成長率は低下しつづける。

### 2.2 反転とその契機

しかし,現実には,経済成長率はいつまでも上昇や低下をつづけるものではない。資本蓄積率が上昇しつづけ,経済成長率の上昇がつづくと,5 年先を見通した場合,成長率は低くなるであろうと考える企業は多くなっていく。成長率が低下すれば,売上高は減少し,稼働率が落ち,利潤率が低下する。したがって,今後も資本蓄積率を高めていくことは得策ではないと考えられる。

よって，資本蓄積率が引き下げられる。これが経済全体に伝播し，企業の稼働率は低下することになる。稼働率の低下はさらなる資本蓄積率の低下をもたらし，経済成長率も低下しつづける。経済成長率の低下も永遠につづくわけではない。成長率の低下がつづくなかで，先を見通せば，必ず成長率は上昇すると考えている企業は増えていく。企業の期待成長率は現実の成長率を上回っているのである。いまこそビジネスチャンスと考え，設備投資を増やす企業や新たに創業する企業が現れるであろう。このようにして，資本蓄積率が上向けば，低迷していた稼働率は上昇に転じ，経済成長率が上昇を開始することになる。

　以上のように，経済は経済成長率が上昇する景気拡張期とそれが低下する景気後退期を繰り返すことになる。これが景気循環である。景気の反転をもたらす要因は企業の景気の見通し，つまり期待成長率である。

## 3　経済成長

### 3.1　経済成長の制約要因

　経済は景気循環をともないながらも成長をつづけることを述べてきた。ところで，経済はなんの制約も受けずに成長をつづけることは可能であろうか。これまでの分析の中心は企業の設備投資であった。設備投資は生産能力を拡大することになるので，需要が拡大すれば経済成長がもたらされた。この需要面でも，設備投資が重要な役割を果たした。したがって，経済が成長するためには旺盛な企業の設備投資意欲が必要となる。

　しかし，生産設備が整っていればそれだけで十分かといえば，そうではない。生産を行うためにはもうひとつ重要な生産要素，労働力が必要である。いくら生産設備が拡張されても，労働力がなければ生産を行うことはできない。したがって，労働力の増加率が経済成長率を制約することになる。

　ところが，労働力の制約を突き破るものがある。それは技術進歩である。技術が進歩すれば，同じ量の労働力を投じてもより多くの生産が可能となるからである。したがって，経済成長率の上限を画するものは，労働力の増加率と技術進歩率を加えた水準，つまり自然成長率となる。経済は短期的にはともかく，長期的に自然成長率を上回って成長しつづけることはできないのである。

図 2.7-3　経済成長率の推移

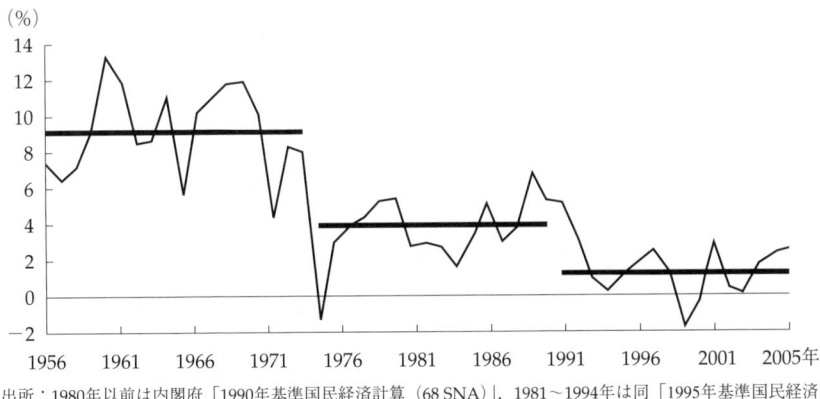

(%)

出所：1980年以前は内閣府「1990年基準国民経済計算（68 SNA）」，1981〜1994年は同「1995年基準国民経済計算（93 SNA）」，1995年以降は同「2000年基準国民経済計算（連鎖方式）」により算出。

さらに，経済成長を制約する要因がある。それは資源・エネルギーと環境制約である。資本設備や労働力がいくら潤沢にあっても，原材料となる天然資源やエネルギー資源が断たれてしまえば，生産活動は中断される。また，どんなに地球環境を破壊しても成長を追求するという考え方は成り立たない。

### 3.2　経済成長率の趨勢的低下

最後に，高度経済成長以降の日本経済を成長率という観点から振り返っておこう。大きく3つの期間に分けることができよう。まず，企業の旺盛な設備投資が高成長をもたらした高度経済成長期で，これは1973年の石油ショックを契機に終焉を迎えた。その後，日本経済は中成長経済に移行するが，それもバブル経済の崩壊を契機に幕を閉じる。そして，1990年代の「失われた10年」以降，今日までの長期不況がつづくことになる。図2.7-3には，それぞれの期間の平均成長率が太い実線で示されている。このように，日本経済の経済成長率は趨勢的に落ち込んできている。

高度経済成長の初期において，環境問題はそれほど顕在化しておらず，また労働力は農村に潜在的失業者という形態で大量に存在し，石油も安価で大量に安定的に確保できた。このような条件に支えられて高度経済成長が実現してきたが，徐々にそれらの問題が顕在化してきた。そのさい，技術が進歩すれば，成長制約を緩和することができた。ところが，高度経済成長の末期には日本の

技術水準は欧米にキャッチ・アップし，労働力不足や環境・エネルギー問題もより先鋭化し，ついに石油ショックを契機に高度経済成長は終焉した。同時に，高度成長期には高かった企業の期待成長率は，低下したのである。1980年代の後半からバブル景気に沸いた日本経済であるが，インフレ懸念による金利引上げや不動産業などへの融資規制によって，バブルは水泡に帰した。このときにも成長制約要因がより強くなった。バブル期には，日本人の働きすぎが世界的に問題視された。また，労働力人口の減少や人口そのものの減少が間近に迫りつつあった。労働力の制約がよりきつくなっていたのである。さらに，エネルギー確保の不安定性が増すとともに，京都議定書が取り交わされ環境制約が一段と厳しくなった。これらの諸条件が重なり，以前のような高成長どころか中成長さえ期待することができなくなった。図2.7-2に示されているように，このような事態のなかで企業の期待成長率は一段と低くなった。それにともなって，現実の成長率も一段低い水準で推移している。

### 補注　寄与度について

　簡単化のため，総需要は消費需要（＝$C$）と投資需要（＝$I$）とからなるとしておこう。このとき，GDP（＝$Y$）はつぎのとおりである。

$$Y = C + I$$

1年後には消費，投資それにGDPは変化して，

$$Y + \Delta Y = (C + \Delta C) + (I + \Delta I)$$

となる。ただし，$\Delta$ は変化分を示す記号である。したがって，

$$\Delta Y = \Delta C + \Delta I$$

この式の両辺を$Y$で割れば，

$$\Delta Y / Y = (\Delta C / C) \cdot (C / Y) + (\Delta I / I) \cdot (I / Y)$$

　このように，経済成長率は消費の成長率にGDPに占める消費の比率を掛けたものと，同じく投資の成長率にGDPに占める投資の比率を掛けたものに分解することができる。前者が消費の寄与度であり，後者が投資の寄与度である。

（間宮賢一）

日本経済

# 第3部　戦後日本経済の推移

戦後日本経済は大まかに4つに時期区分することができる。まず，終戦から本格的な高度成長期に突入するまでの時期が「戦後復興期」(1945年～1955年)である。鉱工業生産指数をみてみると戦前の最高時を上回るのは1955年であるため，1955年を一応戦後復興期の終了時期とみなすことが妥当である。つぎに，本格的な高度経済成長が持続し，第1次石油危機を境にその終焉をむかえる「高度成長期」(1956年～1973年)，さらに，日本経済が，高度成長期から低成長期へと移行する調整過程である「高度成長破綻後の調整期」(1974年～1991年)，そして1992年から現在に至る「長期不況期」に区分することができる。第1章から第4章では，それぞれの時期区分ごとに，GDPの変化に焦点をあてながら戦後日本経済の成長の歩みを概観する。

　資本制社会において経済成長が維持されるためには企業の利潤率の拡大維持が不可欠である。第5章では，企業の利潤獲得という観点から，4つの時期区分ごとにどのように利潤率が維持されたかを明らかにする。

# 第1章 戦後復興期（1945年〜1955年）

## 1 戦前の日本経済

　戦前の日本経済は国際収支の赤字が制約要因となって，総需要が持続的に拡大することがむずかしく，趨勢的には経済停滞の状態から脱却することができなかった。多くの労働者・農民はきわめて劣悪な賃金水準や所得水準で働かざるをえない状況であり，大量の潜在的過剰労働が存在していた。このような状態を打開するために，政府・軍部は中国をはじめアジア太平洋諸国への軍事侵略（アジア太平洋戦争）を遂行して朝鮮，中国東北部などを植民地化していった。日本が経済的主導権を発揮できる経済圏を拡大することによって，輸出を増やして国際収支赤字の制約要因を緩和するとともに，日本国内から植民地への移民促進によって深刻な失業問題に対応しようとしたのであった。これらの試みは，多くの犠牲をともないながら破綻し敗戦をむかえた。アジア太平洋戦争によって，約300万の国民が死亡，国富の4分の1が消失するという悲惨な結果をもたらし，日本経済は大きな痛手を受けた。

## 2 傾斜生産方式

　戦後日本経済は，戦前と違って，慢性的な需要不足を解消し，内需主導の経済成長の道を歩み始めたが，これには，戦前の政治経済体制が崩壊し，日本国憲法の制定とそれにもとづく一連の経済民主化政策が果たした役割が大きい。以下では，どのような経済民主化政策が展開されたかを明らかにするとともに，経済民主化政策と内需主導の経済成長との関連を明らかにする。
　戦後の日本経済の復興は，約7年間におよぶアメリカ主導の連合軍の統治下のもとで実施されたが，政府がとった経済復興戦略の特徴は，限られた資金などを石炭鉱業と鉄鋼業に重点に配分し，石炭や鉄工業品の増産をめざした「傾斜生産方式」であった。

130　第3部　戦後日本経済の推移

　生産能力の破壊により，極度の生産不足によって，終戦後の国民生活は深刻な飢餓状態に陥り，住宅環境も深刻で，インフレーションが蔓延，戦地からの復員兵の帰国や出生率の上昇によって人口が急増し，衣食住に対するニーズは急速に高まり，繊維産業や食料品産業における生産を増加させるため供給不足を抜本的に解消し，衣食住関連産業の生産能力拡大が緊急の課題であった。

　政府がとった戦略は，これらの産業を直接育成するということではなく，生産能力拡大のボトルネックになっているエネルギーの確保と工場設備に必要な資材確保のために，まず石炭鉱業と鉄鋼業を重点的に発展させようという迂回生産方式であった。

　「傾斜生産方式」は，石炭増産によるエネルギーの拡大および鉄工業品の増産による工場など生産設備の拡大を可能にして，成長産業の供給能力のボトルネックを解消することを可能にした。「傾斜生産方式」によって，石炭産業や鉄鋼業の発展は，繊維産業や食料品産業などの設備投資拡大へと経済的波及効果をもたらし，戦後日本経済の復興に大きな役割を果たしたのであった。

　「傾斜生産方式」に代表される戦後経済復興政策が短期間のうちに成果をあげることができた背景には，主権在民・戦争放棄・基本的人権の尊重という3つの特徴をもつ日本国憲法が1947年に施行され，そのもとで経済分野でも経済民主化政策が展開されたことがあげられる。

## 3　経済民主化政策

　経済民主化政策の特徴として，「財閥解体」「農地改革」「労働三権の確立」の3つをあげることができる。

### 3.1　財閥解体

　財閥解体は，侵略戦争を推進した経済基盤を除去するとともに，独占大企業の弊害をなくし市場の調整原理が働くように市場の民主化を推進することを目的とした。財閥とは，三井・三菱・住友など同族・一門が株式の持ち合いや役員派遣などで多数の会社を支配下におく独占的大企業集団である。戦前においては，政府・軍部が軍事侵略によって朝鮮・中国など他国領土を植民地化し，そこに日本の独占的大企業集団である財閥が進出して工場を設立，現地住民に

劣悪な労働条件で強制労働を行わせて莫大な利潤を獲得し，それをもとに軍需関連工場を拡大，侵略戦争を推進する経済基盤を形成していた。財閥解体は，同族・一門による持株会社の掌握を通じた中枢的支配機構を解体し，侵略戦争の経済基盤を除去するという点では成果をあげた。

しかし，三井・三菱・住友などの財閥は，金融機関をコアとして相互に株式を持ち合うという形で温存され，新たな独占大企業グループが形成されていった。これらの独占大企業グループは，国家と一体となって自らの利潤拡大のため，しばしば国民生活を犠牲にする経営戦略を推進した。

### 3.2 農地改革

戦前の多くの農民は，地主に土地代を支払って，農地を耕作するという小作制度に縛られた小作農民であり，きわめて貧困で未権利の状態におかれていた。このような非民主的状態を打開するために不在地主から土地を強制的に買収し，小作農民に安値で売り渡して自作農への転換をはかるという「農地改革」が実施された。

### 3.3 労働三権の確立

労働者の権利を守るために，団結権・団体交渉権・団体行動権（争議権）という労働三権が確立し，労働運動を通じて，労働者と経営者が対等の立場で賃金などの労働条件の改善をめざすことを保証した。労働条件の改善をめざす労働運動では，1955年以降，個別企業と労働組合が賃金をめぐって一斉に交渉するという「春闘方式」が導入された。日本の労働組合は「産業別組合」から「企業内組合」へと変容し，さらに企業への忠誠心を誓う代わりに，首切りなどの合理化を行わないという「終身雇用制」，在職期間が増えれば賃金が上昇するという「年功序列賃金制」など日本型労使関係の定着へと発展していった。日本の戦後の労働運動はさまざまな紆余曲折があったが，戦前に比して労働者の地位は大きく向上した。

## 4 高度成長への道

「農地改革」や「労働三権の確立」は，戦後の農民・労働者の権利を守り地位向上に大きな役割を果たし，戦前に比較して1人当たりの所得水準には著し

い上昇がみられた。この1人当たり所得水準の上昇が，マクロ的には国民の可処分所得を増加させ，消費需要という内需拡大の推進要因となった。このように，「農地改革」や「労働三権の確立」による経済民主化政策は，戦前の慢性的な需要不足を解消し，内需主導型経済成長を実現する大きな要因となった。

1950年に朝鮮戦争が勃発しそれを契機として外需という特需が発生し，内需拡大との相乗作用によって実質経済成長率が大幅に増加し，1955年までに戦前の経済規模を回復し，1956年の『経済白書』は「もはや戦後は終わった」と宣言し，日本経済は世界有数の「経済大国」への道を歩むことになった。

戦後日本経済は激しいインフレにみまわれ，戦争による電力などライフラインの破壊や生産力の壊滅的打撃など困難な課題に直面していた。しかし，日本国憲法の制定にもとづき第9条に「戦争の放棄」ということが規定され，平和国家になることを世界に宣言することによって，軍備拡大より経済建設に大きな力を注ぐことができるという状況にあった。日本国憲法の存在が，戦後日本経済復興と発展に大きな役割を果たしたことを忘れてはならない。

（本田　豊）

# 第 2 章　高度成長期（1956年～1973年）

## 1　高度成長期における経済成長率と寄与度

「高度成長期」は，高度成長が始まる「高度成長前半期」（1956年～1959年）と本格的な高度成長が持続する「高度成長後半期」（1960年～1973年）に区分することができる。2つの時期区分における経済成長率（GDP 増加率）と需要項目別の寄与度（126ページの補注参照）の年平均値が表 3.2-1 に示されている。

「高度成長前半期」（1956年～1959年）では，日本経済は1955年に戦前の鉱工業生産の最高水準を突破し，新たな経済発展に向けて1956年には経済成長率が7.5％に高まり，1959年には9.3％と加速していく時期である。この期間の平均経済成長率は7.65％に達している。平均 GDP 増加率7.65％の内訳を寄与度でみると，民間最終消費支出5.13％，民間企業設備投資1.2％，政府最終消費支出と公的固定資本形成の和である公的需要が0.88％，民間住宅投資0.38％であり，財貨・サービスの純輸出の寄与度はマイナス0.18％になっている。平均 GDP 増加率7.65％に占める民間最終消費支出の寄与度の割合は67％にも達し，「高度成長前半期」は，旺盛な民間最終消費支出が高度経済成長を支えたという特

表 3.2-1　実質 GDP 増加率と需要項目別寄与度　　　　　　　　　　　　　（単位：％）

|  | 民間最終消費支出 | 民間住宅投資 | 民間企業設備投資 | 民間在庫品増加 | 公的需要 | 財貨・サービスの純輸出 | 国内総支出（GDP） |
| --- | --- | --- | --- | --- | --- | --- | --- |
| 1956～1959 | 5.13 | 0.38 | 1.20 | 0.28 | 0.88 | −0.18 | 7.65 |
| 1960～1973 | 5.53 | 0.91 | 1.70 | 0.16 | 1.70 | −0.29 | 9.70 |
| 1974～1985 | 1.97 | −0.08 | 0.46 | −0.06 | 0.47 | 0.64 | 3.40 |
| 1986～1991 | 2.42 | 0.35 | 1.58 | 0.08 | 0.48 | −0.38 | 4.50 |
| 1992～1998 | 0.84 | −0.13 | −0.17 | −0.11 | 0.51 | 0.16 | 1.09 |

注：寄与度は前年から今年1年間の各需要項目の変化分を前年の GDP で除して求められる。国内総支出は，表に示された各需要項目の和と定義できるので，実質 GDP 増加率は各需要項目別寄与度の和に等しい。1956年から1998年までの各年の実質 GDP 増加率および需要項目別寄与度を求めて，時期区分ごとのそれらの平均値が表に示されている。
出所：『国民経済計算年報』平成12年版をもとに筆者作成。

徴をもっている。

「高度成長後半期」(1960年〜1973年)の平均経済成長率は9.7%で，1960年から1970年に限って11年間の平均経済成長率をみてみると，10.45%に達し，10%を超える高度経済成長を実現している。平均GDP増加率9.7%の内訳を寄与度で見ると，民間最終消費支出(5.53%)，民間企業設備投資(1.7%)，公的需要(1.7%)，民間住宅投資(0.91%)であり，財貨・サービスの純輸出はマイナスの寄与度(−0.29%)であった。「高度成長前半期」(1956年〜1959年)と比較して，民間最終消費支出・民間企業設備投資・民間住宅投資・公的需要という内需項目のすべての寄与度が高くなっている。ただし，この時期の平均経済成長率(9.7%)に占める民間最終消費支出の寄与度(5.53%)の割合は57%に低下しており，「高度成長前半期」と比較して，民間最終消費支出が高度経済成長を支える力は弱くなっているということがわかる。

## 2 高度成長実現の要因

### 2.1 GDPの決定要因

1950年代後半から日本経済は高度成長過程に突入したが，なぜ高度成長が実現したかを考察する。高度成長の実現要因を考察するためには，GDPの主要な決定要因はなんであったかを明らかにすることが不可欠である。

高度成長過程では，民間企業設備投資だけでなく，民間最終消費支出をはじめすべての内需項目の伸び率が高度経済成長に寄与しているところに特徴があった。しかし，内需項目のうち，民間最終消費支出の大半を占める家計最終消費支出は，家計の受け取る所得に依存して決まり，所得はGDPの大きさに依存する。したがって，民間最終消費支出はGDPの大きさに依存するということになり，GDP決定の主要な独立要因ではない。また，民間住宅投資も基本的には家計の所得規模に大きな影響を受けるので，GDP決定の主要な独立要因にはなりにくい。

GDPは，乗数理論が教えるように，民間設備投資や公的需要，輸出など，現況のGDPの大きさにかならずしも影響を受けない「独立的支出」の変化に乗数を掛けた分だけ変化することになる。独立的支出の増分が大きいほど，ま

表 3.2-2 時期区分別 GDP および GDP 決定要因の年平均変化量の推移 (単位:10億円)

|  | 民間設備投資増分 | 政府支出増分 | 公共投資増分 | 輸出増分 | 限界消費性向 | GDP増分 |
|---|---|---|---|---|---|---|
| 1956〜1959 | 618.5 | 300.2 | 268.6 | 203.3 | 0.68 | 4,041.8 |
| 1960〜1973 | 2,082.7 | 757.6 | 1,340.9 | 855.2 | 0.58 | 11,929.1 |
| 1974〜1985 | 1,477.8 | 1,020.4 | 93.7 | 2,120.3 | 0.52 | 9,391.8 |
| 1986〜1991 | 6,137.1 | 874.9 | 1,009.4 | 1,455.5 | 0.54 | 17,227.5 |
| 1992〜1998 | −683.5 | 890.0 | 1,270.5 | 2,454.9 | 0.93 | 4,896.0 |

注:限界消費性向は,各年の民間最終消費支出の増分を GDP 増分で除して求め,時期区分ごとの年平均値が示されている。
出所:『国民経済計算年報』平成12年版をもとに筆者作成。

た乗数が大きいほど GDP の増分も大きくなる。

## 2.2 高度成長牽引の要因分析

　高度成長は内需主導の経済成長であったから,独立的支出のなかで,輸出はまだこの時期,経済成長の牽引役にはなりえていなかった。したがって,この時期の GDP 増分をもたらした要因を分析するためには,まず民間設備投資・公的需要の動向をみる必要がある。また,乗数の変化は基本的に限界消費性向の変化に依存し,限界消費性向が高くなれば乗数も大きくなり,逆は逆という関係があるので,限界消費性向の動向に注目する必要がある。

　「高度成長前半期」においては,独立的支出のうち年平均の民間設備投資増分が6185億円であったこと,限界消費性向が0.68と大きく乗数効果が高かったことが,年平均 GDP 増分 4 兆418億円をもたらす大きな要因になっている。

　「高度成長後半期」は,年平均 GDP 増分が11兆9291億円と,前半期に比較して 3 倍弱の大幅増加を示している。この時期,限界消費性向の年平均をみると,前半期が0.68であるのに対して,後半期は0.58までに低下しているので,乗数効果は前半期よりは弱まっていることがわかる。にもかかわらず,年平均 GDP 増分が大幅であったのは,独立的支出のうち民間設備投資が年平均で 2 兆827億円増加,公共投資が 1 兆3409億円も増加したことが大きな要因であったということができる。

　以上のことから,前半期における高度成長は,民間設備投資と限界消費性向の高さを反映した乗数効果によって牽引されたと考えることができる。それに対して,後半期は,民間設備投資と公共投資などの投資が高度成長の実現に大

きな役割を果たしたということができる。なお，この時期の公共投資は，主に産業基盤への投資であり，大企業と政府による，重化学工業や製造業における生産能力拡大や産業基盤充実のための大幅な投資増が，高度経済成長を実現したということになる。したがって，1960年代に入ってからの高度経済成長実現の要因を明らかにするためには，なぜ生産能力拡大のための民間設備投資や産業基盤整備のための公共投資が大きく増加したかを分析することが重要である。

## 3 民間設備投資拡大と期待成長率の高まり

### 3.1 期待成長率と耐久消費財需要

民間設備投資に大きな影響力を与えるひとつの要因は，期待成長率であり，この時期は期待成長率がきわめて高かったということできる。期待成長率がきわめて高かった主な理由として，電気製品（テレビ，電気洗濯機，電気冷蔵庫）や乗用車など耐久消費財の普及が急速に進み需要が一気に増加，旺盛な耐久消費財に対する需要を生み出したことがあげられる。

表3.2-3は，主な電気製品や乗用車など耐久消費財の販売台数を示している。

テレビは，1960年に358万台の販売数であったが，73年に1441万台まで約4倍も増加している。しかしその後の年間販売台数は増加傾向を示しているが，急速な伸び率はみられない。また，電気洗濯機は，1960年に153万台の販売数であったが，73年に430万台まで約2.8倍まで増加しているが，その後の販売台数は増加傾向を示しているが，やはり急速な伸び率はみられない。電気冷蔵庫も，1960年に90万台の販売数であったが，73年に393万台まで約4.4倍まで増加している。しかしその後の販売台数は増加傾向を示しているが，急速な伸び率はみられない。

他方，乗用車は，1960年に17万台の販売数であったが，1973年に447万台まで約27倍まで増加している。乗用車の販売台数は電気製品の普及と違って，1970年代後半になっても本格的な増加傾向がみられ，乗用車は高度成長期以降の日本の経済成長をリードする主役産業になる。

### 3.2 耐久消費財需要の同時集中的拡大と高度経済成長

このように，テレビ，電気洗濯機，電気冷蔵庫，自動車など相当数の耐久消費財が，1960年代という同時期かつ10年間という集中的期間に，急速な需要増

をもたらし，それらを生産するための生産能力拡大のため設備投資が大幅に増えたと考えることができる。耐久消費財を生産する産業はアセンブリー産業であり，多数の部品や素材品を必要とし，他産業への波及効果も大きく，多くの産業の経済成長を牽引したのである。急速な需要増をもたらした相当数の耐久消費財が同時集中的に存在したことが，期待成長率を大幅に高め，そのことが民間企業設備投資を大幅に増加させたということができる。

表3.2-3 高度成長を支えた耐久消費財販売の推移

（単位：1000台）

|  | テレビ | 電気洗濯機 | 電気冷蔵庫 | 乗用車 |
|---|---|---|---|---|
| 1960 | 3,578 | 1,529 | 904 | 165 |
| 1961 | 4,609 | 2,161 | 1,565 | 250 |
| 1962 | 4,858 | 2,445 | 2,671 | 269 |
| 1963 | 4,916 | 2,664 | 3,421 | 407 |
| 1964 | 5,273 | 2,681 | 3,205 | 580 |
| 1965 | 4,190 | 2,295 | 2,313 | 696 |
| 1966 | 5,652 | 2,612 | 2,565 | 878 |
| 1967 | 7,038 | 3,309 | 3,181 | 1,376 |
| 1968 | 9,140 | 3,940 | 3,471 | 2,056 |
| 1969 | 12,685 | 4,182 | 3,139 | 2,611 |
| 1970 | 13,782 | 4,349 | 2,631 | 3,179 |
| 1971 | 13,231 | 4,149 | 3,003 | 3,718 |
| 1972 | 14,303 | 4,201 | 3,455 | 4,022 |
| 1973 | 14,414 | 4,298 | 3,929 | 4,471 |
| 1974 | 13,406 | 4,105 | 4,313 | 3,932 |
| 1975 | 12,453 | 3,173 | 3,474 | 4,568 |
| 1980 | 16,327 | 4,879 | 4,282 | 7,038 |
| 1985 | 18,744 | 5,092 | 5,354 | 7,647 |

出所：『日本統計年鑑』平成19年版。

1960年～1973年の年平均経済成長率はほぼ10％であり，1973年の石油危機以降経済成長率は大きく低下し，二度と10％という経済成長率を経験することはなかった。たしかに高度成長以降も，急速な需要をもたらす耐久消費財として，自動車，コンピュータ，携帯電話などがあげられ，これらの製品の存在が企業の期待成長率の低下に歯止めをかけ，日本経済の経済成長の牽引役になったのは事実である。しかし，「高度成長期」のように，急速な需要をもたらす相当数の耐久消費財がある時期に同時集中的に存在したということはなく，期待成長率へのインパクトは「高度成長期」に比較すると，あまり大きくなかったので，高度経済成長を実現するには至らなかった。

### 3.3 耐久消費財需要大幅拡大の理由

それでは，なぜ急速な耐久消費財需要が1960年代に同時集中的に発生したの

表 3.2-4　全産業平均賃金指数
(1950年＝100)

|  | 名目 | 実質 |
|---|---|---|
| 1950 | 100 | 100 |
| 1955 | 180 | 136 |
| 1960 | 243 | 169 |
| 1965 | 393 | 204 |
| 1970 | 780 | 311 |
| 1975 | 1786 | 413 |

出所：中村隆英『日本経済 その成長と構造（第2版）』（東京大学出版会，1981年）に掲載された第23表（297ページ）を一部加工修正．

表 3.2-5　就業者数の推移　　（単位：万人）

|  | 第1次産業 | 第2次産業 | 第3次産業 |
|---|---|---|---|
| 1955 | 1,536 | 997 | 1,557 |
| 1960 | 1,340 | 1,242 | 1,854 |
| 1965 | 1,113 | 1,507 | 2,109 |
| 1970 | 886 | 1,791 | 2,409 |

出所：『統計年鑑』平成19年版．

であろうか，その主な理由について3つ指摘することができる．

第1に，大企業を中心に，欧米から積極的に技術を導入し，電気製品など新製品開発や能力増強などの技術革新を強力に推進したことがあげられる．欧米から新技術を導入するためには特許使用料の支払が必要になる．日本の特許使用料収支では，1960年に受取はわずか230万ドルに対して支払は9490万ドルに達し，9260万ドルの支払超過になっている．1965年には，受取1700万ドル，支払1億6600万ドルで1億4900万ドルの支払超過，1970年には，受取5900万ドル，支払4億3300万ドルで，支払超過は3億7400万ドルまでに膨らんでおり，欧米に依存した技術導入の役割の大きさを確認することができる．

第2に，経済民主化による労働者の権利拡大にともなう労働者1人当たり賃金水準の大幅上昇があげられる．表3.2-4は，農業を除く全産業の労働者1人当たり賃金水準の推移を示している．実質賃金指数で見ると，1950年を100とした場合，1955年は136，1960年が169，1970年が311，1975年が413などとなっている．高度成長過程を通じて，1950年から1975年の間に，労働者1人当たり実質賃金は4倍強増加しており，この賃金水準の大幅増大が，旺盛な耐久消費財購入をもたらしたのである．

第3に，この時期に人口移動が発生し，世帯数が大幅に増大し，これが耐久消費財への需要を増やした．高度経済成長にともない，都市では生産活動の活性化のため，労働力不足が明らかになった．主に都市に集中した企業は地方から労働力確保とりわけ若手労働者の確保をめざした．このため，日本では，地方から都市への人口移動が生まれ，都会では人口集中，地方は過疎化が進むと

いう状況を生み出した。

表 3.2-5 は，1955年から1970年にかけての，産業別[1]の就業者数の推移を示したものである。1955年に第1次産業の就業者数は1536万人であったのが，1970年は886万人で，この間650万も激減している。他方，第2次産業は997万人（1955年）から，1791万人（1970年）と，794万にも急増，第3次産業も1557万人（1955年）から，2409万人（1970年）と，852万人と急増している。

表 3.2-6　世帯数の推移

|  | 世帯数 |
|---|---|
| 1920 | 11,122,120 |
| 1930 | 12,600,276 |
| 1950 | 16,425,390 |
| 1960 | 19,678,263 |
| 1965 | 23,085,393 |
| 1970 | 26,856,356 |

出所：『統計年鑑』平成19年版。

第1次産業就業者数の急減と第2次および第3次就業者数の急増は，地方から都市への人口移動がいかに激しかったかを示している。このような国内の人口移動は，これまでの地方を基盤とした大家族の集合体である社会共同体の解体を推進し，都市においては小家族の世帯数が大幅に増えることになった。

表 3.2-6 は，1920年から1970年までの世帯数の推移を示している。世帯数は，1112万（1920年），1643万（1950年）であり，1920年から1950年の30年間に増加した世帯数は約530万であった。ところが，1950年から1970年の変化をみてみると，1643万（1950年）が2686万（1970年）へと，わずか20年間に1043万も世帯数が増加していることが確認できる。都市における世帯数の増大は，耐久消費財に対する需要を大幅に増やすことに大きな影響を与えたのである。

このように，欧米からの技術導入，戦後経済民主化を反映した労働者の実質賃金率の上昇，地方から都市への人口移動にともなう世帯数の大幅増加などが急速な耐久消費財への需要をもたらした主要な要因であったということができる。旺盛な耐久消費財に対する需要が長期間持続することが企業の期待成長率を高め，積極的な生産能力拡大のための民間企業設備投資も急速に拡大したことが「高度成長期」の特徴であった。

## 3.4　民間設備投資と資金調達

民間企業設備投資を大幅に増やすためには，巨額の資金調達をどうするかと

---

1)　ここで第1次産業は「農業」・「林業」・「漁業」，第2次産業は「鉱業」・「建設業」・「製造業」，第3次産業は，第1次産業および第2次産業以外で，サービス財を生産する産業である。

いう「資金制約問題」を解決していく必要がある。民間企業設備投資拡大に必要な巨額な資金調達は，勤勉な国民性を反映した高い貯蓄率によって銀行や郵便局などに集められた貯蓄がその源泉となった。銀行に集められた預金をもとに，銀行は企業への貸出を積極的に行うという信用創造によって，企業の資金調達の円滑化を可能とする間接金融方式が定着した。また，郵便局を通じて集められた貯金を，日本開発銀行や日本輸出入銀行を通じて，大企業に低金利で貸し出すという財政投融資が多額の資金調達を可能にした。このように，間接金融方式の発展と財政投融資を産業基盤育成に流用するというかたちで，「資金制約問題」を解決し，持続的な民間企業設備投資拡大を可能にしたということができる。

ところで，戦前は少数の財閥家族が支配する持株会社が傘下企業の大株主となって独占企業集団を形成していたが，財閥解体によって，財閥家族が持株会社をもつことはできなくなった。その代わり，大銀行をメインバンクとしてグループ内企業が相互に株式を持ち合い，銀行融資や役員派遣を通じて相互に結合するという新たな独占大企業集団を形成するようになった。このような組織形態が，グループ内個別企業の経営上の不確実性を除去することによって，グループ内個別企業の設備投資拡大に必要な資金調達を容易なものにしたという側面も無視できない。

## 4 旺盛な公共投資

「高度成長後半期」においては，持続的な公共投資拡大が高度経済成長の実現を可能にした，もうひとつの大きな要因であった。政府は，重化学工業を基幹産業として位置づけ，基幹産業育成のための基盤整備のために多額の資金を公共投資として投入した。たとえば，太平洋ベルト地帯の京浜，中京，阪神，北九州の4大工業地域に重点的にコンビナートをつくるために積極的な社会資本整備計画を実施したのであった。また，1964年の東京オリンピック開催を契機に，東海道新幹線の開通，名神高速道路などの高速道路網整備など交通インフラ整備のための公共投資を大幅に増やした[2]。このような公共投資の拡大は，2つのルートを通じて高度経済成長に寄与したと考えられる。ひとつは，いう

までもなく，巨額の公共投資増が乗数効果を通じて経済成長率を高めたということである。もうひとつは，産業基盤の整備によって大企業の生産性拡大を側面から支援し，その結果大企業の利潤拡大を可能にし，また，巨額の公共投資という安定した需要を大企業に提供して期待成長率を高め，持続的な民間設備投資の拡大を下支えすることよって経済成長率を高めたのであった。

## 5 「国際収支の天井」の克服

戦後日本経済は，1946年から1957年まで一貫して貿易収支が赤字であり，1960年代になると，1961年と1963年が貿易収支の赤字である（図3.2-1参照）。戦後日本経済は，国際収支の悪化によって景気引締め政策を実施し，経済成長率が低下，「国際収支の天井」を理由とする景気循環を経験することがしばしばであった。

しかし，1955年にGATT[3]加盟した日本は，1964年に国際収支の悪化を理由とした輸入制限を禁止した「IMF8条国」に移行し，貿易の自由化を積極的に推

図3.2-1 戦後日本の貿易収支

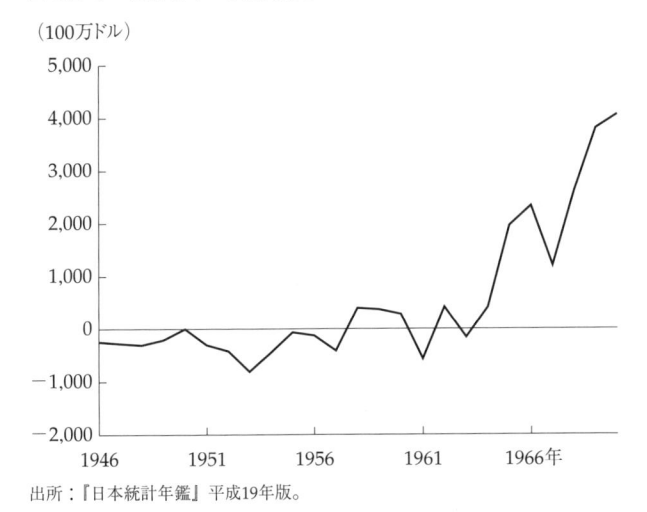

（100万ドル）

出所：『日本統計年鑑』平成19年版。

---

2) 公共投資の大幅拡大は，1960年に池田内閣のもとで策定された「国民所得倍増計画」の重点政策にもとづくものであった。
3) 「関税および貿易に関する一般協定」をGATTという。GATTは関税などの貿易障害の軽減，通商の差別待遇廃止などによって貿易自由化を推進し，世界経済の発展を期することを目的とした多数国間条約である。

進した。貿易の自由化を契機に大企業は積極的な設備投資拡大によって国際競争力の強化をめざし，その結果，日本の輸出は飛躍的に増加するようになり，1965年以降は貿易収支の黒字基調が定着し，「国際収支の天井」が不況をもたらすという現象が消滅した。1960年代後半以降の日本経済は，国内需要が低迷するときには輸出を増やして総需要を拡大するという，輸出を牽引役とする経済成長を可能とする段階に達したということができる。輸出を牽引役とするいわゆる「輸出主導型経済成長」は，高度経済成長破綻後に本格化することになる。

## 6 高度成長の矛盾と破綻

### 6.1 高度成長の矛盾

　高度成長の過程において，大企業の日本経済への影響力は強まり，産業界と政府の癒着構造を強めることになり，残業労働の蔓延化やインフレなど労働条件の悪化や公害問題の深刻化にみられるような国民生活を脅かすことがしばしば発生した。

　労働組合活動が活発になり，インフレに対して実質生活の維持改善を求めた賃上げ要求が強くなり，企業側もこれをのまざるをえなくなった。企業側は賃上げ分のコストを価格に上乗せし，その結果賃金と物価がスパイラル的に上昇するインフレーションをもたらす結果になり，インフレ問題は日本経済の大きな課題となった。

　また，人口が密集する地域に続々建設された重化学工場からは，住民の健康や生命を軽視した利潤優先の企業態度によって，大量の有害な排ガスや廃液が川や海に垂れ流され，「水俣病」「四日市喘息」「イタイイタイ病」など公害問題の深刻化は，国民の強い怒りをかうことになり，政府も公害問題解決に向けて取り組まざるをえない状況になった。

　農山村から都市への人口の大移動で，都市では，土地と住宅の高騰，自動車公害，交通問題，騒音問題や日照権の破壊など過密化にともなう「都市問題」が深刻化した。他方，農山村では，人口減少による「過疎化問題」が深刻化し，鉄道等の公共交通システムの破壊，廃屋の増加，地域経済の停滞などさまざ

な問題が発生した。

　1971年には，いわゆる「ブレトンウッズ体制」が崩壊し，為替レートが固定レート制から変動レート制に移行し，急速な円高をもたらし，対外向け日本製品の価格競争力が弱くなり，1960年代後半にしばしばみられた輸出拡大で総需要を下支えするということが困難になった。日本企業は国際競争力の回復のため経営の合理化などを優先せざるをえなくなり，設備投資意欲が弱くなった。さらに，1973年10月には決定的ともいえる「第一次石油ショック」が発生し，インフレの加速化にともなう不確実性の増大[4]が大企業の中長期的経営戦略の構築をむずかしくし，設備投資意欲も急速に萎縮し，総需要の減少をもたらした。1974年には戦後初めて経済成長率がマイナスになり，スタグフレーション[5]が発生し，これまでの日本経済の高度成長は終わりを告げることになった。

## 6.2　高度成長破綻の要因

　1960年代の終わり頃には，全国で発生した悲惨な公害問題，都市問題や過疎化問題の深刻化，インフレーションの慢性化，ブレトンウッズ体制の崩壊と石油ショックなど，高度経済成長の矛盾が一挙に顕在化し，日本経済の先行きはきわめて不確実なものとなり，経済成長の源泉である企業の設備投資意欲も消極的なものとなった。したがって，高度経済成長の過程で生まれた多くの矛盾をきっかけに，企業の設備投資が減少し，高度経済成長が困難になったことは事実である。しかし，その後高度経済成長の過程で発生した矛盾に対して，日本経済は柔軟に対応しながら，矛盾の拡大に一定の歯止めをかけることができ，企業の設備投資環境は改善した。にもかかわらず，二度と高度成長は実現しなかった。このことは，「高度成長の矛盾」以外に高度経済成長が終焉したおもな理由があることを示唆している。

　日本経済は欧米からの積極的技術導入によって1950年代後半から新製品をつぎつぎとに開発していった。これらの新製品は，家計所得の大幅増を背景とし

---

[4]　企業にとって投資決定は中長期的経営戦略の重要な柱である。インフレーションが加速すると，投資をすることによって将来獲得できるであろうと予想する期待利潤の現在価値を確定することがむずかしくなるという意味で，中長期的経営戦略における不確実性が増大する。

[5]　スタグネーション（不況）とインフレーション（物価上昇）との合成語で，不況（失業）とインフレーションが同時に起こる現象である。

て，急速に家計に普及し，1960年代の終わりには，それまでに開発された新製品の国内市場はほぼ飽和状態になった。さらに，欧米とくにアメリカの技術進歩が1960年代半ばから停滞し，技術進歩を体化した新製品の開発も停滞し始めた。これらの要因によって，企業は国内における将来の売上げ見通しについてこれまでの「強気感」を修正せざるをえなくなり，その結果，期待成長率が低くなり，そのうえに「高度成長の矛盾」が顕在化したことによって，期待成長率が一層低くなったということになる。その結果，企業はこれまでの積極的な民間設備投資意欲が低下し，民間設備投資額が大幅に増加するという現象は消滅した。

　このことは，戦争によって破壊された日本経済を再建するさいに目標とした，「欧米並みの国民経済水準へのキャッチ・アップ」を実現したということである。すなわち，日本が経済の側面で欧米にキャッチ・アップしたということが，皮肉にも高度経済成長の終焉をもたらした主要な要因であったということができる。

　　　　　　　　　　　　　　　　　　　　　　　　　　　　（本田　豊）

145

# 第3章　高度成長破綻後の調整期（1974年～1991年）

## 1 「調整期」における経済成長の特徴

### 1.1 経済成長率と寄与度

　「高度成長破綻後の調整期」は，1985年のプラザ合意を境に調整過程に相違がみられるので，「調整前半期」（1974年～1985年）と「調整後半期」（1986年～1991年）に時期区分して考えることができる。

　表3.2–1によると，「調整期」（1974年～1991年）の平均経済成長率は，「調整前半期」が3.4％，「調整後半期」が4.5％である。「調整前半期」・「調整後半期」を通じて「高度成長期」に比較して，大幅な経済成長率の低下がみられること，しかし同時に，「調整後半期」は「調整前半期」に比較して経済成長率が高くなり，低経済成長からの一定の回復がみられること，などがわかる。

　「調整前半期」と「調整後半期」の需要項目別寄与度を比較すると，民間最終消費支出は1.97％から2.42％に増加，民間企業設備投資は0.46％から1.58％に増加，民間住宅投資の寄与度は－0.08％から0.35％へと，「調整後半期」において民需はすべて寄与度が高くなっている。公的需要の寄与度は，「調整前半期」と「調整後半期」それぞれ，0.47％，0.48％とあまり大きな変化はないが，財貨・サービス純輸出の寄与度は，「調整前半期」（0.64％）から「調整後半期」（－0.38％）へと下落している。このように，この時期の前半期は輸出に依存した経済成長であったが，後半期は再び内需を中心とした経済成長であったことを示している。そこで，表3.2–2をもとに，この時期に経済成長を牽引した主要な要因についてさらに詳しくみていくことにする。

### 1.2 経済成長牽引の主な要因

　表3.2–2によると，「調整前半期」および「調整後半期」の年平均GDP増分は，それぞれ9兆3918億円，17兆2275億円で，「調整後半期」における経済の回復ぶりを裏づけている。2つの時期における年平均の限界消費性向はそれぞれ，0.52，0.54で，家計の消費行動が経済成長に与えた影響は2つの時期では

あまり変化はなかったということができる。「調整前半期」の独立的支出増の特徴は，民間設備投資の年平均増分が1兆4778億円であるのに対し，輸出の年平均増分はそれを上回る2兆1203億円に達している。したがって，「調整前半期」の経済成長は，輸出が牽引したということは明らかである。

「調整後半期」になると，輸出の年平均増分は1兆4555億円と，「調整前半期」に比較して減少している。それに対して，民間設備投資の年平均増分は，6兆1371億円にものぼり，「調整後半期」は民間設備投資が高めの経済成長を牽引したことがわかる。なお，「調整後半期」における公共投資の年平均増分が1兆94億円と，「調整前半期」（同937億円）に比較しても大幅に増加しており，公共投資が「調整後半期」において経済成長を牽引したもうひとつの要因であることが確認できる。

このように，「調整期」（1974年～1991年）を前半期と後半期に分けて比較すると，前半期は「輸出主導」の経済成長であったが，後半期は民間設備投資と公共投資が経済成長を牽引した「内需主導」の経済成長であるということが確認できる。

## 2 「調整期」における経済動向の推移

### 2.1 スタグフレーションの克服（1970年代後半）

1975年以降日本の産業構造は大きく変化し，従来の素材型重化学工業から，自動車，電気機械，一般機械，精密機械など機械産業が基幹産業として台頭してきた。燃費効率に優れ相対的に低価格の小型自動車，工場の生産性を飛躍的に増大させるコンピュータ制御によるNC機械，省エネ型機械設備の開発，ウォークマンなど電気機器関連の新製品開発によって，日本における機械産業が全面的に開花する時期であった。機械産業の発展は，国内的には着実な設備投資拡大をもたらし，国際競争力の強化をともなって日本の輸出産業の主役となった。機械産業の発展は，第1次石油ショック後の貿易収支の悪化を短時間で改善し，日本経済のスタグフレーション脱却の大きな要因となった。

1974年からのスタグフレーションに対応するために，政府は金融引締めによってインフレーションの抑制をはかるとともに，戦後初めて赤字国債を発行

して公共投資を拡大することによって，マイナス成長からの脱却をはかった。1975年は，公的需要と機械産業における輸出拡大によって，経済成長率を前年比3.1％に伸ばし，日本経済は安定経済成長経路にのることになった。

1978年には第2次石油ショックが発生し，輸出の経済成長率に対する寄与度はマイナスになったが，機械産業における設備投資意欲は顕著であり，公的需要の拡大とともに経済成長率の維持を実現し，第2次石油ショックを十分に吸収する結果となった。

### 2.2 輸出主導の経済成長（1980年代前半）

1980年に入ると，機械産業の輸出増が顕著になった。とくに対米向けの自動車，ビデオデッキなどの輸出が急速に増え，いわゆる「輸出ドライブ」という現象が発生した。1980年になると，中曽根内閣のもとで，悪化した財政構造を改善するために行財政改革が実施され，公的需要拡大による経済成長の下支え効果が期待できなくなり，その分輸出が経済成長に与える影響が大きくなり，1980年代前半期は輸出主導型の経済成長がつづいた。

しかし，輸出主導型経済成長はそれほど長つづきしなかった。とくに急速な対米輸出超過が日米貿易摩擦を生み出し，アメリカは，貿易摩擦解消のために，輸出主導から内需主導の経済構造に転換するために，日本側の内需拡大の具体的な経済政策を強く要求するようになった[1]。

また，アメリカの貿易収支赤字は大幅に増え，それを放置すれば，ドル暴落が起こり世界経済が大きな衝撃を受けるという危機感を背景に，アメリカの貿易収支改善のため先進国が協調してドル安・円高を実現することで合意した「プラザ合意」が1985年に行われ，ドル安・円高基調が定着，輸出を増やすことの困難性が明らかになった。また，機械産業の大企業は，貿易摩擦と円高に対応しながら，同時に自社の利潤を維持するために，これまでの輸出促進策から対米直接投資拡大による現地生産体制の確立に本格的に取り組み始め，日本企業のグローバル化が本格化していくことになった。

---

2) 最終的に日本は，1989年11月から1990年4月まで行われた「日米構造協議」で630兆円もの多額な公共投資を行うことをアメリカに約束するにいたった。

## 2.3 バブル経済の発生（1980年代後半）

　円高と大企業の現地生産の本格化によって，もはや輸出主導の経済成長は困難となり，1986年の日本経済は経済成長率が2.9％までに落ち込み，内需主導型の経済成長にどのように切り替えていくかが政府の重要な政策課題となった。

　政府は，円高のメリットを生かして国民生活の向上を実現するために規制緩和政策を展開し始めた。具体的には，規制緩和政策による内外価格差の是正によって実質 GDP を増やすことを目指した。

　1980年代後半期は，技術進歩によってパーソナルコンピュータ（PC）という新製品が開発され，全世界的に普及していく段階に入っていた。PC の本格的普及は，産業全体にさまざまな波及効果をもたらす「ME（マイクロエレクトロニクス）革命」が到来するという期待を高め，企業の期待成長率は上方に修正され始めた。とくに「ME 革命」は，金融・情報など新たなサービス産業の発展を促すという「確信」を多くの企業に与え，金融・情報産業への参入の流れが加速，オフィスビル需要という民間設備投資が拡大し始めた。

　また政府は，「資産倍増計画」なるものを持ち出し，国民に質の高い住宅取得を促すという名目で，土地取得などストック取引の規制を緩和し，土地利用の流動化をはかった。円高によって物価は安定していたためインフレの心配がなかったので，政府は土地供給促進のため超金融緩和政策を実行，また，対米公約にもとづいて積極的な公共投資拡大を行った。

　「ME 革命」を背景とした民間企業のオフィスビル需要の拡大，政府の一連の土地利用促進策と公共投資拡大により，土地に対する超過需要が発生し，土地価格が大幅に上昇し，不動産資産が大幅に値上がりした。不動産業者を中心に，不動産資産を担保にさらに資金を調達したが，それが不動産市場だけでなく株式市場にも流れ込み，不動産・株などの資産価値がさらに上昇してバブル的現象が発生した。

　資産価値の値上がりは，「資産効果」によって家計消費支出や民間企業設備投資をさらに刺激し，経済成長率を大幅に引き上げた。資産効果による内需主導の経済成長は，物価上昇をともなわなかったので，資産価値の上昇も健全の範囲であるという認識が一般的であり，日本経済は，内需主導型の経済成長経路に構造転換されたと政府などは喧伝した。

## 2.4 バブル経済の崩壊（1990年代初頭）

　しかし，その後，不動産価値の上昇は異常なものとなり，国民間の「資産格差」が放置できない状況になったため，政府は強力な貸出の総量規制を含む金融引締め政策を強行し，それまで低金利で資金調達をして不動産取得を行っていた不動産業者の借入コストが大幅に増加することによって不動産の売りが先行し，不動産価格は急速に値下がりし，バブル経済が崩壊した。不動産業者などに多額の貸付を行っていた金融機関には莫大な焦付が発生して債権が不良化し，「不良債権」が急増，企業・金融機関の倒産が多発した。また生き残った金融機関も不良債権を処理して経営を改善することが不可欠となり，大幅な雇用整理をはじめリストラが本格的に展開されることになり，日本経済は「失われた10年」と呼ばれるような長期不況に陥った。

　「調整期」の日本経済は，「調整前半期」は，電気機器産業や自動車産業など国際競争力の高まりを反映して国内不況にたいしては輸出ドライブをかけて不況の打開をはかるという，輸出主導の経済成長であった。しかし，日本の「集中豪雨的」輸出は貿易摩擦を引き起こし，1985年のプラザ合意以降の円高によって内需主導型の経済成長を模索せざるをえなかった。「ME革命」を背景とした新たなサービス産業の発展に対する期待にもとづくオフィスビル需要の拡大，対米公約にもとづく多額の公共投資と超金融緩和政策による政府の内需促進政策は，資産ストックとりわけ土地ストック価格の大幅上昇をまねき，バブル経済をもたらし，その崩壊とともに日本経済は長期不況に陥らざるをえなくなったのである。

（本田　豊）

# 第4章　長期不況期（1992年～現在）

## 1　長期不況期の経済実態

### 1.1　経済成長率と寄与度

　1992年～1998年の平均経済成長率は1.09％であり，「長期不況」の実態を示している。民間最終消費支出の寄与度は0.84％まで低下し，民間企業設備投資および民間住宅投資の寄与度は，それぞれ－0.17％，－0.11％とマイナスを記録しており，公的需要の寄与度が0.51％，財貨・サービス純輸出寄与度が0.16％である。全体的に，民需の落込みを公的需要と輸出超過でなんとか支えているというのが，1992年以降の長期不況の実態である（表3.2-1参照）。

### 1.2　民間設備投資の長期停滞

　表3.2-2によると，この期間の年平均GDP増は4兆8960億円で，平均GDP増分の要因をみてみると，民間設備投資の変化分が，年平均で6835億円もの減少になっているところに大きな特徴がある。民間設備投資の年平均の変化分が減少するのは戦後初めての経験であり，民間設備投資の長期落込みが，長期不況の主要な要因であったことはいうまでもない。

　民間企業は不良債権の処理を優先して「バランスシート」の再建をめざした負債軽減のため，新たなコスト要因になる設備投資の凍結，人件費削減のため正規労働者を減らすなどのリストラ政策を実行し，企業利潤の早急な回復をめざした。このような企業行動を反映して，民間企業設備投資は，1992年から1994年まで前年比でマイナスを記録するなど，大幅な落込みをみせたのであった。

### 1.3　公共投資と対中輸出の急増

　他方，公共投資の年平均増分が1兆2705億円であり，これは，景気の底割れを警戒した政府の積極的財政政策を反映しいている。また，輸出の年平均増分は2兆4549億円にも及んでいるが，これは，とくに日中経済の相互依存関係の強まりを背景とした対中輸出急増によるものである。公共投資と輸出がこの時

期の経済成長を下支えしたことは明白である。

## 1.4 国民負担増と財政危機の顕在化

　雇用不安を背景として家計の消費支出も伸び悩んだが，この時期の低経済成長率における家計最終消費支出の寄与度が高く，家計消費支出による下支えが景気のさらなる悪化を抑制する要因として働いたことも事実である。この時期の限界消費性向は実に0.93までに高まっている。このことは，長期不況による賃金抑制のなか家計所得の増分はわずかであり，国民は生活防衛のためそのほとんどを消費に回さざるをえない状況があったと考えられる。限界消費性向が急速に高まったことが，経済成長率における家計最終消費支出の寄与度を高めたのであった。

　バブル経済の崩壊により，経済成長率は，1992年に1％に落ち込み，1993年が0.3％，1994年0.6％にとどまった。1995年になると，民間企業において，公共投資と輸出拡大によって市場環境が好転し始め，また一定のリストラ効果も手伝って，民間企業設備投資が上向きに転じ，その結果，経済成長率は5.1％にまで回復した。

　しかし，1997年には行財政改革を急いだ橋本内閣が消費税をそれまでの3％から5％に増税し，その他公的保険などの保険料値上げによって，国民負担が9兆円増えた。その結果，家計最終消費支出の伸び率が大きく後退し，民間企業設備投資の伸び率が顕著であったにもかかわらず，経済成長率は1.6％にとどまるなど，景気が腰倒れした。ついに，橋本内閣は総選挙に敗れ責任をとって辞職した。1998年にはマイナス成長を記録するなど，日本経済は再び長期不況に逆戻りした。

　橋本内閣のあと誕生した小渕内閣は，行財政改革よりまずは景気回復が日本経済の優先課題であると位置づけ，財政支出を大幅に増やして公的需要を増やして景気拡大をめざした。財政支出の大幅増加は，景気の後退を抑止する一定の効果はあったが，長期停滞を打破するには至らず，歳出増に見合う税収増を確保することはできなかった。その結果，国の借金である国債残高が急速に増加し，日本の財政構造は大きく悪化，低成長下での財政再建問題が新たな重い課題となった。

## 2 小泉「構造改革」とその矛盾

### 2.1 構造改革

　小渕内閣のあと誕生した小泉内閣は「構造改革なくして経済回復はない」をスローガンに財政政策に依存しない構造改革路線を明確にした。構造改革は，財政再建を軌道に乗せるために緊縮的財政政策を採用しながら，企業の投資意欲の回復を目的とした不良債権処理政策，市場競争を促進しグローバル化への対応をめざした規制緩和政策，企業の競争力強化を目的とした労働市場の流動化政策など供給サイドの政策を実現することによって経済成長率を高め，財政再建と経済成長の回復という目標の同時達成をめざしたものであった。

### 2.2 構造改革による経済回復と新たな矛盾

　このような供給サイドの政策は，大企業の財務体質を強化し，利潤の回復をもたらし，さらに，中国の高度経済成長のもとで対中輸出が増えることにより総需要が回復し，民間企業設備投資が増加し始め，経済成長率が上昇し景気が回復基調をとるようになった。しかし，国民生活は楽にならず，実感のともなわない景気回復となっている。とくに一連の規制緩和によって労働市場に構造変化が起こり，失業率は回復したが，大量の非正規労働者が生まれたことにより，働いても働いても賃金が増えない「ワーキングプア」の現象を生み出し，経済格差拡大の主要な要因となっている。

　また，行財政改革による歳出削減と景気回復による税収増大によって，歳入欠陥がやや改善し，毎年の国債発行額はやや減少しているが，本格的な財政再建にはいまだ至っていない。歳出削減は，社会保障費や地域への地方交付税削減など国民生活に直結する分野で実行され，低所得者・高齢者・障害者などの生活を直撃しており，セーフティネットがほころびかける状況をつくりだしている。

（本田　豊）

# 第5章　経済成長と企業の利潤率

　ここでは，資本制社会を前提とする場合，経済成長を維持するためには，企業の利潤率を拡大維持することが必要であることを述べ，利潤率がどのように決まるかを明らかにする。そのうえで，利潤率決定式を統計データに当てはめて，時期区分ごとに，どのように利潤維持装置が働いたかを明らかにする。最後に，企業の利潤率の現況は，企業の蓄積率を上回る状況にあり，超過利潤が発生しており，このような状況が長期化すれば，かえってこれからの日本の経済成長を抑制する可能性があることを示す。

## 1　企業の利潤率維持の意義

　資本制社会において企業行動は，利潤率の動向に大きく左右される。利潤率は，短期的には生産決定，中長期的には企業の生産計画を実現するための投資決定に影響を与える。

　企業の利潤率の動向は，生産決定および投資決定を経由して経済成長に大きな影響を与える。もし企業の利潤率が上昇すれば，さらに売上げを増やすために，生産拡大を決定し，生産能力の稼働率を上げることが予想される。生産を拡大するためには，労働力の増加が必要になり，すでに雇用している労働者の労働時間を増やすか，新たに労働者を雇用することが必要になり，いずれにしろ雇用者所得が増大することになる。雇用者所得の増大は，家計消費支出を増やすことに寄与する。雇用者所得の増大は，所得税の増加をもたらし，企業の利潤率の上昇は法人税の増収をもたらすから，全体的に税収が増加し，政府はこれらの増収部分をもとに，公共投資などの公的需要を拡大させることができる。

　中長期的には，企業の利潤率が高まれば，企業は将来の経営方針に自信をもち，企業の将来の売上げがさらに増えるであろうという期待成長率が高くなり，積極的な投資を決定する可能性が高くなり，民間企業設備投資も拡大することになる（図3.5-1参照）。

図 3.5-1 利潤率と GDP の関係

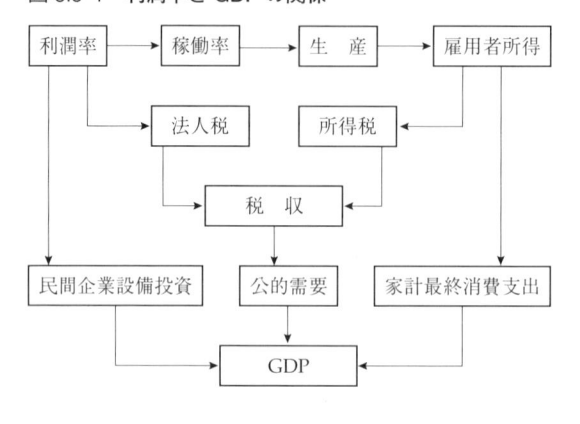

```
利潤率 → 稼働率 → 生 産 → 雇用者所得
  ↓              ↓          ↓
           法人税      所得税
              ↓          ↓
               税  収
  ↓              ↓          ↓
民間企業設備投資  公的需要  家計最終消費支出
           ↓     ↓     ↓
              GDP
```

このように,資本制社会では,企業の利潤率が高まれば,GDP の圧倒的部分を構成する民間企業設備投資,民間家計消費支出,公的需要などが増加し,経済成長率が高まることになる。したがって,資本制社会を前提とした場合,企業の利潤率をいかに高めるか,あるいは維持していくかは,企業(とくに大企業)だけでなくマクロ経済の運営に責任をもつ政府にとってもきわめて重要な関心事ということになる。

## 2 利潤率の決定

### 2.1 利潤率決定式の導出

利潤率決定式に関する理論的分析は,第 2 部第 1 章に示されているが,利潤率決定に関する実証的分析を行うためには,国民所得統計をもとに,利潤率決定式を導出する必要がある。ここではまず,国民所得統計のデータベースである『国民経済計算年報』(平成12年版)の「制度部門別資本調達勘定」にもとづいて導出された利潤率決定式について説明する[1]。

「制度部門別資本調達勘定」によると,国内全体の貯蓄投資差額は海外に対する債権の純増に等しいので,

$$貯蓄投資差額(民間法人企業)+貯蓄投資差額(家計) \\ +貯蓄投資差額(一般政府)=海外に対する債権の純増 \quad (3.5\text{-}1)$$

が成立する。(3.5-1)式で,経済主体ごとの貯蓄投資差額の定義式を具体的に当てはめて,再度整理すると,(3.5-2)式が導出される。

---

1) 補注を参照。

$$
\begin{aligned}
\text{粗利潤(税引き後)} = & \text{投資(民間法人企業)} + \text{投資(家計)} \\
& - \text{粗貯蓄(家計)} + \text{財政赤字(一般政府)} \\
& + \text{財貨・サービス輸出超過} + \text{海外からの要素所得(純)}
\end{aligned}
\tag{3.5-2}
$$

(3.5-2)式は，民間法人企業の税引き後の粗利潤は，民間法人企業の設備投資，家計の住宅投資や自営業者の設備投資などからなる家計の投資，一般政府の財政赤字，財貨・サービス輸出超過，海外からの純要素所得の合計額から家計の粗貯蓄を差し引いたものに等しいことを示している。

さらに，(3.5-2)式の両辺を民間資本ストックで除することによって(3.5-3)式が求められる。

$$
\begin{aligned}
\text{利潤率} = & \text{蓄積率(民間法人企業)} + \text{蓄積率(家計)} - \text{粗貯蓄(家計)} \\
& + \text{財政赤字率(一般政府)} + \text{財貨・サービス輸出超過率} \\
& + \text{海外からの純要素所得率}
\end{aligned}
\tag{3.5-3}
$$

(3.5-3)式によって，利潤率は，基本的に民間法人企業の蓄積率，家計の蓄積率，家計の粗貯蓄率，一般政府の財政赤字率，財貨・サービス輸出超過率，海外からの純要素所得率などによって決まることがわかる。

### 2.2 利潤率決定式の説明

企業の蓄積率や家計の蓄積率の上昇は，利潤率を高くする。また，一般政府の財政赤字率が増えれば利潤率を高める効果があることを示している。さらに，財貨・サービス輸出超過率や海外からの純要素所得率が大きくなればなるほど，利潤率は高くなる。

家計の粗貯蓄は，基本的に家計の可処分所得から家計の消費支出を引いた貯蓄と固定資本減耗などから構成される。家計の可処分所得は，企業からみると雇用に対する支払である人件費というコストであるが，家計の消費支出はその分家計が企業の財サービスを購入することになるので企業の売上げを増やすことになる。したがって，可処分所得から消費を引いた貯蓄は，企業からみると回収できなかった人件費ということになり，貯蓄が大きくなることはこのコストが大きくなり，利潤の低下要因になる（逆は逆）。家計の粗貯蓄は貯蓄が大半を占めているので，家計の粗貯蓄率の上昇は，企業の利潤率を下げることになる。

表 3.5-1 戦後日本経済の利潤率の動向と決定要因の寄与度 (単位：%)

| | 企業利潤率<br>(税引後) | 蓄積率<br>(民間企業) | 蓄積率<br>(家計) | 粗貯蓄率<br>(家計) | 財政赤字率<br>(政府) | 財貨・サービス輸出超過率 | 海外からの純要素所得率 |
|---|---|---|---|---|---|---|---|
| 1955～1959 | 6.99 | 12.80 | 3.60 | −8.99 | −0.32 | 0.08 | 0.11 |
| 1960～1973 | 13.46 | 20.82 | 4.89 | −11.69 | −0.81 | 0.65 | −0.16 |
| 1974～1985 | 7.50 | 11.68 | 5.71 | −12.62 | 2.26 | 0.63 | 0.01 |
| 1986～1991 | 7.95 | 12.23 | 3.00 | −8.05 | −0.95 | 1.37 | 0.38 |
| 1992～1998 | 8.02 | 8.71 | 3.45 | −7.36 | 1.88 | 0.93 | 0.58 |

出所：『国民計算計算年報』平成12年版にもとづき、筆者が計算。

(3.5-3)式で導出された利潤率決定式に、国民経済計算（68SNA）データをあてはめ、戦後の企業利潤率の動向と利潤率決定要因の寄与度を示したものが表3.5-1である。

## 3　戦後日本経済の利潤率の動向

### 3.1　高度成長期（1960年～1973年）

　表3.5-1によって戦後日本経済の利潤率の動向をみてみると、高度成長期（1960年～1973年）は、利潤率の年平均が13％を超える高利潤率である。この高利潤率を支えているのは、企業の蓄積率の寄与度（年平均増加率は20.8％）である。家計の粗貯蓄率の寄与度は−11.69％で利潤率を大きく低下させているが、企業の蓄積率の寄与度がはるかにそれを上回っているので、利潤率を高めているのである。家計の蓄積率の寄与度も4.9％で利潤率の上昇に寄与している。この時期の政府による利潤率を維持する経済政策はそれほど機能しておらず、財政赤字率の寄与度は−0.81％で、利潤率にはマイナスに作用しているが、このことは財政が黒字基調で、財政の健全性を示している。1960年代後半になって、日本の輸出競争力の高まりを背景に、財貨・サービスの輸出超過率の寄与度が0.65％となり、利潤率の上昇に寄与しているが、海外からの純要素所得率の寄与度は、日本の外国からの技術導入にともなうロイヤルティの支払などによって−0.16％となっている。この時期は、企業の高蓄積率が高利潤率を維持していたということができる。

## 3.2 高度成長破綻後の調整期（1974年～1991年）

「高度成長破綻後の調整期」を2つに区分して利潤率を概観する。1974年～1985年（調整前半期），1986年～1991年（調整後半期）の利潤率は，それぞれ7.5％，7.95％であり，高度成長期からみると半減しているが，同時に，この時期を通じて7％以上の安定した利潤率を維持しているという特徴もある。

利潤率が半減したのは，企業の蓄積率の寄与度が，11.68％（調整前半期），12.23％（調整後半期）と，高度成長期に比してほぼ半減していることに起因する。

家計の粗貯蓄率の寄与度をみると，「調整前半期」は－12.62％で企業の利潤率低下要因になっているが，「調整後半期」は－8.05％であり，企業の利潤率低下要因の程度が弱くなっている。それは「調整前半期」においては労働組合の力が強く，物価上昇にたいする生活防衛のための大幅賃金上昇を実現しており，家計の可処分所得が大幅に増加したことによる。これに対して，「調整後半期」はインフレ抑制のため経営者側は賃金抑制を行ったので，それを反映して可処分所得の増加率が低くなり，粗貯蓄率が利潤率低下の程度を弱くしたと考えることができる。

他方，家計の蓄積率の寄与度は，「調整前半期」が5.71％であるのに対して，「調整後半期」は3％に低下するなど利潤率を弱める方向に働いている。「調整前半期」は家計の住宅需要が旺盛で，それが企業の利潤率を高めた側面がみられる。

家計における粗貯蓄率から蓄積率を引いた家計の貯蓄投資率の寄与度は結局，「調整前半期」が－7.46％，「調整後半期」が－5.62％で，「調整後半期」は利潤率低下への程度を弱めている。このことは，企業が利潤率を維持するために，販売額の増加が緩やかになって今後大幅な増加が見込まれないなかで，賃金抑制による人件費削減を通して経営体質を強化する方向を反映した結果であると考えられる。

財貨・サービスの輸出超過率の寄与度は，「調整前半期」の0.63％から「調整後半期」の1.37％と上昇して，企業の利潤率の上昇に寄与していることがわかる。他方，海外からの純要素所得の寄与度は，「調整前半期」に0.01％とプラスに転じ，「調整後半期」に0.38％まで上昇している。これは，たび重なる外国為替市場への日銀介入によるドル買いが外貨準備残高を大幅に増やし，

これらをドル債券で運用し，証券収益が増大したことなどの理由による。

政府の財政赤字率の寄与度をみると，「調整前半期」は2.26％，「調整後半期」は-0.95％となっている。「調整前半期」は，1974年にスタグフレーションに陥り，この不況からいかに脱却するかが重要であり，政府は戦後初めて赤字国債の発行を認め，積極的な財政赤字予算を組み，公的需要の拡大による需要創出政策を展開し，利潤率の低下を抑え，マクロ経済のパフォーマンスの悪化を防いだことを証明している。「調整後半期」は，景気の回復よる税収増と行財政改革により財政赤字体制から脱却し，財政黒字となったことを示している。

この時期の特徴は，利潤率が高度成長期に比較して半減しているが，利潤率そのものは比較的安定して推移しているということである。利潤率の主な安定化要因は，「調整前半期」は政府の財政赤字，「調整後半期」は家計の賃金抑制と輸出超過・海外からの純要素所得増にあるということができる。

### 3.3 長期不況期（1992年～1998年）

「長期不況期」では，バブル崩壊後，企業の蓄積率の寄与度は8.71％と下落しながらも，利潤率は意外にも8.02％と，それ以前と比較しても遜色のない水準を維持していることがわかる。これは，家計の粗貯蓄率の寄与度が-7.36％と利潤率の低下効果が，それ以前と比べて弱くなっており，このことは解雇をはじめとする雇用調整などによる企業のリストラ効果が企業の利潤率回復に寄与したことを反映している。また，一般政府の財政赤字率の寄与度が1.88％で利潤率の回復に大きく寄与していることがわかる。この時期，税収の大幅減少にもかかわらず公的需要の規模はこれまでの水準を維持して，経済成長率の底割れによる失業等の悪化を防ぎたいという政府の経済政策を反映して，大量の赤字国債発行が行われ，これが企業の利潤率低下に歯止めをかけたということができる。

また，財貨・サービスの輸出超過率の寄与度は0.93％，海外からの純要素所得率の寄与度は0.58％まで上昇しており，いずれも利潤率維持に寄与している。その理由として，経済成長が著しい中国への輸出が急増したこと，対外証券残高の大幅増大にともなう証券投資収益など海外からの純要素所得が大幅に増加したこと，などがあげられる。

この時期，長期不況にもかかわらず企業の利潤率が予想以上に維持されたが，これは，リストラ効果，政府の財政赤字政策，経済のグローバル化という3つ

の要因によるものであると考えられる。

　戦後日本企業の利潤率の推移をまとめると，高度成長期は企業の高蓄積率が高利潤率を実現したが，その後，企業の蓄積率が低下するとともに利潤率が大幅に低下した。利潤率の低下は資本制社会の動揺をもたらすため，政府と大企業は一体となって，利潤率低下を抑止するための方策を講じ，その結果，高度成長破綻後の利潤率をなんとか8％前後で維持することを可能にした。

　利潤率の低下を抑止した主要な要因は，政府の財政赤字（1974年～1985年），賃金抑制（1986年～1991年），賃金抑制・政府の財政赤字・経済のグローバル化（1992年～1998年）などであった。とくに政府の財政赤字が企業の利潤率の低下を抑止してきた効果は大きかった。しかし，政府の財政赤字拡大政策が巨額の公的債務残高をもたらし，財政赤字政策をつづけることが困難になってきた。

　その結果，政府・大企業は総賃金抑制政策によってしか利潤率の低下を抑止できない現状に陥っていると考えられる。しかし，総賃金抑制政策は，国民生活にさまざまな矛盾をもたらすことになり，利潤率維持のために政策を「動員」するというこれまでの方策は大きな転換を迫られているということができる。

### 3.4　企業の利潤率維持と国民生活

　**利潤率と蓄積率の関係**　図 3.5-2(a) は，1980年から2002年の法人企業の利潤率と蓄積率の関係を示したものである[2]。

　法人企業の利潤率と蓄積率の関係は，1991年頃までは，明らかに蓄積率が利潤率を上回っており，法人企業は，設備投資を決定する場合，外部からの資金借入を必要としたことを示している。しかし，1992年以降，利潤率と蓄積率の値は近似するようになり，1998年以降は利潤率が蓄積率を上回る状態が一般化してきた。

　このことは，法人企業が設備投資に必要な資金を外部資金に頼らず自己資金で調達することが可能になり，かつ設備投資資金を支払ったのちにもまだ手元に十分な余剰資金があるということを意味する。法人企業のなかには「資金のだぶつき現象」があり，これらを放置すれば，土地や株式など非実物財への投機な

---

[2]　ただし，68 SNA では1999年以降のデータが得られないので，93 SNA にもとづいている。

図 3.5-2(a)　法人企業の利潤率と蓄積率の関係

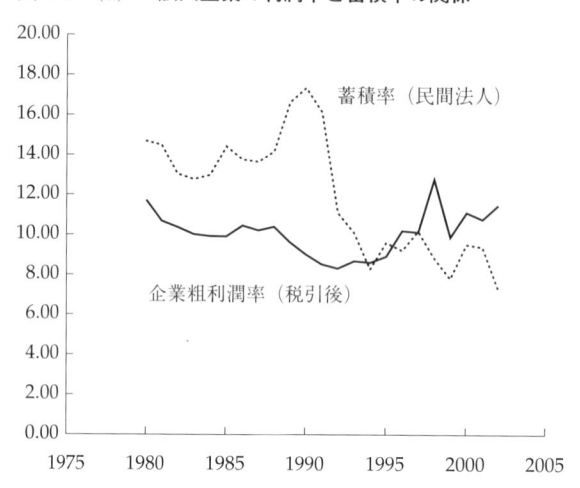

蓄積率（民間法人）

企業粗利潤率（税引後）

図 3.5-2(b)　法人企業の利潤率と家計の粗貯蓄率の関係

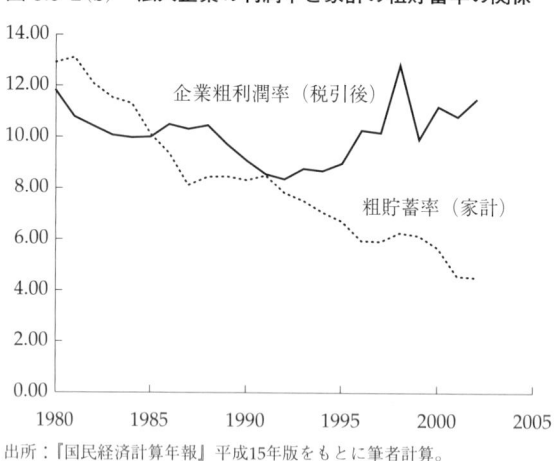

企業粗利潤率（税引後）

粗貯蓄率（家計）

出所：『国民経済計算年報』平成15年版をもとに筆者計算。

どバブル経済の再来をもたらす危険性がある。

　法人企業の利潤率は，法人企業自らの蓄積率の程度に大きく規定されるので，蓄積率が低下傾向を示すのであれば，利潤率も傾向的に下がるはずである。

　しかし，1998年以降は，蓄積率の傾向的低下にもかかわらず，利潤率は維持される傾向にある。これは，図3.5-2(b)に示されるように，人件費の抑制を反映した家計の粗貯蓄率が逓減し，利潤率の上昇要因になっていることによる。法人企業は，人件費削減によって利潤率を維持し，蓄積率はそれを下回るため，資金のだぶつきがみられるのである。

　**期待成長率の長期見通し**　企業の設備投資を決定する重要な要因のひとつは，中長期的にみた期待成長率である。中長期的にみた場合，現在進行している多面的な技術革新を反映した新商品開発によるビジネスチャンスが期待成長率を高める可能性はある。

　しかし，日本経済はこれから本格的な少子・高齢化をむかえ，人口の急減が

発生し、これまで日本経済の成長を牽引してきた耐久消費財に対する総需要の収縮が予想され、投資拡大には慎重にならざるをえないであろう。また、新製品開発にともなう需要増が実現したとしても、グローバル化が進むなかでは、かならずしも日本で生産拡大をする必要はないので、国内投資拡大が持続するという保証はない。もちろん投資すべき方向性として、環境問題の解決など問題解決型の投資を増やすことも考えられるが、これらの採算性を考えた場合、民間主導の投資にはなりにくい側面がある。したがって、技術革新による新商品開発があったとしても、趨勢的には期待成長率はそれほど高まらないと予想される。

現在、一般政府[2]の財政赤字率は、企業の利潤率維持に寄与しているが、一般政府は多額の借金を抱えており、財政健全化のため、財政赤字を着実に削減していくことが不可欠であり、財政赤字削減の努力は相当の期間を必要とすると考えられる。したがって、趨勢的には一般政府の財政赤字率が減少することはほぼ間違いなく、これは期待利潤率を下げる方向に働くので、期待成長率を下げることが予想される。家計の蓄積率は、家計の住宅投資の動向に大きく影響を受けるが、人口減少のなかで近いうちに世帯数も減少し始め、新規の住宅購入意欲は減少していくと予想される。したがって、家計の蓄積率も期待成長率を低下させる方向に働くことは間違いない。

経済のグローバル化による将来の財貨・サービス輸出超過率および対外要素所得率が上昇し、期待成長率を高める可能性はある。とくに中国をはじめとするアジア諸国との経済関係が強まり、貿易の活性化による輸出拡大と直接投資による現地生産から得られる対外要素所得を増やすということが考えられ、期待成長率の上昇をもたらすかもしれない。

ただし、対アジア向け直接投資の増加による現地化は、国内の投資意欲を低める可能性があり、期待利潤率の低下要因になる可能性もある。したがって、経済のグローバル化は、かならずしも企業の期待成長率を上昇させるということにはならない点に留意する必要がある。

人口減少、財政再建、経済のグローバル化という3つの潮流のなかで、期待成長率は傾向的に下がっていく可能性がきわめて高い。したがって、企業の蓄

---

2) 一般政府は、中央政府、地方政府、社会保障基金から構成されている。

積率が低下傾向を示している現況は，今後とも趨勢的につづくと考えられる。

**企業の利潤率を下げることの必要性**　企業の蓄積率の低下傾向が予想されるなかで，利潤率を維持することは好ましくない。企業の利潤率を維持するために，現況のように，労働者の賃金抑制，労働市場の流動化により正規労働者数の抑制と非正規労働者の増大による総人件費抑制などによって，家計の可処分所得を減らして，家計の粗貯蓄率を下げることが考えられる。しかし，これらはいずれも国民生活の安定性を脅かすことになり，国民からの激しい反発が予想されるとともに，家計消費支出が伸び悩み，慢性的経済不況から脱却できない可能性がある。他方，企業は蓄積率が下がるなかで利潤率維持にこだわるため，金余りの状態をつくりだし，日本経済の「カジノ化」をもたらす危険性がある。

結局，企業の蓄積率の低下傾向と合わせて，家計の可処分所得を増やし，家計の粗貯蓄率を上げて企業の利潤率も傾向的に下げることが，国民に安定した生活を保障し，健全な経済成長を維持するためにも重要であるということになる。

## 補注　国民経済計算にもとづく利潤率の導出

国民所得統計は，民間法人企業，家計（個人企業，非営利を含む），一般政府，外国という4つの経済主体によって構成される。個別経済主体ごとに貯蓄投資差額を求めると以下のとおりである。

### 民間法人企業

貯蓄投資差額(民間法人企業)＝粗利潤(税引き後)－投資(民間法人企業)

ここで，

粗利潤(税引き後)＝営業余剰＋その他受取(純)＋固定資本減耗＋資本移転等(純)－直接税

### 家計（個人企業，非営利を含む）

貯蓄投資差額＝粗貯蓄(家計)－投資(家計)

ここで，

粗貯蓄(家計)＝貯蓄率×可処分所得＋固定資本減耗＋資本移転(純)

可処分所得＝雇用者所得＋営業余剰＋その他受取(純)－直接税

貯蓄率＝1－家計最終消費支出／可処分所得

**一般政府**

　　貯蓄投資差額＝粗貯蓄（一般政府）－投資（一般政府）

ここで，

　　粗貯蓄（一般政府）＝間接税＋直接税＋その他受取（純）－政府最終消費支出＋固定資本減耗＋資本移転（純）

であるから，

　　貯蓄投資差額＝（間接税＋直接税＋その他受取（純）＋固定資本減耗＋資本移転（純））－（政府最終消費支出＋投資（一般政府））

なお，貯蓄投資差額（一般政府）は，プラスであれ財政黒字，マイナスであれば財政赤字を示す。

**海外勘定**

　　海外に対する債権の純増＝（財貨・サービスの輸出－財貨・サービスの輸入）＋（海外からの要素所得－海外への要素所得）＋海外からのその他経常移転（純）＋海外からの資本移転等（純）

ここで，

　　財貨・サービス輸出超過≡財貨・サービスの輸出－財貨・サービスの輸入
　　海外からの要素所得（純）≡海外からの要素所得－海外への要素所得
　　海外に対する債権の純増（その他）≡海外からのその他経常移転（純）＋海外からの資本移転等（純）

とおくと，つぎのように式を整理することができる。

　　海外に対する債権の純増＝財貨・サービス輸出超過＋海外からの要素所得（純）＋海外に対する債権の純増（その他）

国内全体の貯蓄投資差額は海外に対する債権の純増に等しいので，

　　貯蓄投資差額（国内全体）＝海外に対する債権の純増

が成立する。貯蓄投資差額（国内全体）は，民間法人企業・家計・一般政府の貯蓄投資差額の和であるから，

　　貯蓄投資差額（国内全体）＝貯蓄投資差額（民間法人企業）＋貯蓄投資差額（家計）＋貯蓄投資差額（一般政府）＝粗利潤（税引き後）－投資（民間法人企業）＋粗貯蓄（家計）－投資（家計）＋貯蓄投資差額（一般政府）

したがって，

粗利潤(税引き後)＝投資(民間法人企業)＋投資(家計)－粗貯蓄(家計)－貯
　　　　蓄投資差額(一般政府)＋海外に対する債権の純増
と変形することができる。
　ここで，海外に対する債権の純増のうち，海外に対する債権の純増（その他）は相対的に小額なのでこれを無視すると
　　　　海外に対する債権の純増＝財貨・サービス輸出超過＋海外からの要素所得(純)
と近似することができる。また，－貯蓄投資差額（一般政府）は，一般政府の財政赤字を示すので，これを財政赤字（一般政府）と記述する。このとき，
　　　粗利潤(税引き後)＝投資(民間法人企業)＋投資(家計)－粗貯蓄(家計)＋財
　　　　政赤字(一般政府)＋財貨・サービス輸出超過＋海外からの要素所得(純)
この式の両辺を民間資本ストック（名目値）で割ると
　　　粗利潤(税引き後)／民間資本ストック
　　　　＝投資（民間法人企業）／民間資本ストック
　　　　＋投資(家計)／民間資本ストック－粗貯蓄(家計)／民間資本ストック
　　　　＋財政赤字(一般政府)／民間資本ストック
　　　　＋財貨・サービス輸出超過／民間資本ストック
　　　　＋海外からの要素所得(純)／民間資本ストック
　ここで，
　　　　利潤率≡粗利潤(税引き後)／民間資本ストック
　　　　蓄積率(民間法人企業)≡投資(民間法人企業)／民間資本ストック
　　　　蓄積率(家計)≡投資(家計)／民間資本ストック
　　　　粗貯蓄率(家計)≡粗貯蓄(家計)／民間資本ストック
　　　　財政赤字率(一般政府)≡財政赤字(一般政府)／民間資本ストック
　　　　財・サービス輸出超過率≡財・サービス輸出超過／民間資本ストック
　　　　海外からの純要素所得率≡海外からの要素所得(純)／民間資本ストック
とおくと，結局次式を導出することができる。
　　　　利潤率＝蓄積率(民間法人企業)＋蓄積率(家計)－粗貯蓄率(家計)＋財政赤
　　　　字率(一般政府)＋財貨・サービス輸出超過率＋海外からの純要素所得率

〔本田　豊〕

日本経済

# 第4部　現在の諸問題

# 第1章　長期不況

　バブル崩壊後の「失われた10年」を経て，日本経済は「いざなぎ景気」（1965年10月〜1970年7月）を上回る戦後最長の景気拡大を享受しているとされる。しかしながら，国民の実感は好況とは程遠いものである。このズレはどこから来るのであろうか。本章では，バブル経済崩壊後の企業行動から，この問題を考えていきたい。また，今後の日本経済がどうあるべきなのかについて，国民生活の充実という立場から議論していく。

## 1　長期不況と企業行動

　1990年代以降の日本経済を考えるためには，バブル経済とその崩壊についてみていく必要がある。なぜなら，そこに今日の企業の行動様式の出発点があるからである。

### 1.1　バブル経済とその崩壊

　1980年，第40代アメリカ大統領に就任したレーガンは，レーガノミックスと呼ばれる政策を実施した。それは，民間活力によるアメリカ経済の再生をはかろうとするもので，高所得者を中心とした大幅減税と財政支出の削減，規制緩和などの政策を内容とするものであった。しかし，同時に強いアメリカが追求され，軍事支出が大幅に増加した。その結果，巨額の財政赤字が生じることとなった。金利は上昇し，ドルが値上がりした。このドル高は日本をはじめ外国からの輸入を激増させ，アメリカの貿易収支は莫大な赤字となった。いわゆる「双子の赤字」である。貿易不均衡を是正するため，プラザ合意にもとづく協調介入でドル高は是正されることになった。1ドル＝240円前後であった為替レートは，1年後には1ドル＝120円台まで急伸した。

　急激な円高による不況を回避するため，日本は内需拡大を迫られた。しかし，当時は財政再建が課題となっており，財政出動は見送られ，低金利政策がとられた。公定歩合は5％から2.5％に引き下げられた。この低金利政策によって生み出された資金は，そのすべてが投資に回されたのではなく，土地や株式な

表 4.1-1　バブル期の経済成長率と設備投資
(単位：％)

| 年度 | 経済成長率 | 民間企業設備投資 | | |
|---|---|---|---|---|
| | | 伸び率 | 寄与度 | 寄与率 |
| 1987 | 4.8 | 7.9 | 1.2 | 25.3 |
| 1988 | 6.0 | 16.5 | 2.6 | 43.4 |
| 1989 | 4.4 | 12.3 | 2.1 | 47.8 |
| 1990 | 5.5 | 11.3 | 2.1 | 37.8 |

出所：経済社会総合研究所「国民経済計算」より作成。

どの投機的な目的に向かうことになった。その結果，地価と株価が高騰した。地価の高騰は東京23区でアメリカ全土が買えるとまでいわれる水準まで進んだ。プラザ合意当時に1万円強であった日経平均株価は，1989年末に3万9000円弱まで跳ね上がった。バブルの発生である。しかし，バブル経済は永続化しなかった。インフレーションの懸念が強まり，低金利政策は転換せざるをえなかったからである。公定歩合は5次にわたって6％まで引き上げられた。また，土地については不動産向け融資の伸び率を総貸出の伸び率以下に抑制する総量規制がとられた。その結果，株価と地価は暴落した。

### 1.2　バブル崩壊後の企業行動

バブル期には，実体経済も好調であった。むしろ加熱していたのである。バブル期（1987年度～1990年度）の平均経済成長率は5.2％である。この高い成長率は民間企業設備投資に支えられていたことが表4.1-1からわかる。バブルが崩壊したとき，これらが莫大な過剰資本設備となって現れたのである。もちろん，資本設備と密接な関係にあるもうひとつの生産要素，労働力も過剰となった。また，過剰資本設備のファイナンスという点で，土地の購入などとともに資本設備の過剰は企業に債務の過剰をもたらした。バブルの崩壊によって，企業は設備の過剰，雇用の過剰，債務の過剰の3つの過剰を背負うことになったのである。

これらは企業経営にとってどのような意味をもつのであろうか。遊休設備や余剰人員であっても，企業は減価償却費を計上し，賃金を支払わなければならない。バブル期に抱え込んだ債務に対しては利子を支払わなければならない。バブルが崩壊し，売上げが低迷してもこれらの支払は待ってくれない。これらの支払は売上げとは連動しない固定費だからである。当然利潤は圧迫される。したがって，企業はバブル崩壊後一斉に3つの過剰の解消に突き進んだ。リストラ，合理化が強力に推し進められたのである。

ここで，固定費削減が企業経営にもたらす意味について，数値例を用いて考えてみよう[1]。いま，売上高が100のとき，固定費が50，売上高の変化とともに変動する変動費が40であったとする。利潤は売上高から固定費と変動費の合計である総費用90を差し引いた金額10である。さて，ここで企業が雇用の過剰をはじめとして3つの過剰を削減し，固定費が35になったとしよう。このとき，変動費は15増加して55になったものとする。売上高が100で変化がなかったとすれば，10の利潤がもたらされる。固定費の削減前後で比較してみると，利潤には変化がないのであるから，3つの過剰を削減しても意味がないのではないか，と思われるかもしれない。しかし，売上高が変化した場合，とりわけ減少した場合を考えてみると固定費の削減の意味が明らかとなる。売上高が減少すれば当然利潤は減少する。そこで，利潤がちょうどゼロとなる売上高を求めてみよう。この売上高のことを損益分岐点という。簡単化のため変動費は売上高に正比例するとすれば，固定費を削減する前には，損益分岐点は83.3である。しかし，固定費削減後の損益分岐点は77.8となる[2]。つまり，より少ない固定費での生産体制は，少ない売上げでもより多くの利潤を上げることを可能にする。不況下において損益分岐点を引き下げることは企業にとって喫緊の課題となったのである。

## 1.3　長期不況の原因

　バブル崩壊後，企業は3つの過剰の解消に躍起となった。リストラや新卒採用の抑制などで正規労働者を減らし，過剰雇用の解消をはかった。不足する労

---

1) 雇用の過剰は正規雇用の過剰を意味する。正規雇用は短期的には調整できない固定費とみなせる。生産するには生産要素である労働投入が不可欠である。固定費削減のために正規雇用を減らしたとき，生産量を維持するためには非正規雇用を増加させる必要がある。この正規から非正規への代替が企業経営にもたらす影響については次章を参照のこと。
2) 変動費は売上高に正比例するとしている。したがって，売上高が100のときに変動費が40であるから，売上高の40％が変動費である。ここで，利潤がゼロとなる売上高を求めてみよう。いま，その売上高を $X$ とすれば，変動費は $0.4X$ となる。これに固定費50を加えた総費用は，$50+0.4X$ である。売上高が $X$ のとき，利潤はゼロであるから，
　　　$50+0.4X=X$
となる。したがって，$X=83.3$ である。固定費を15削減して35にし，その代わり変動費が15増加したときの売上高に対する変動費の比率は55％となる。この生産費構成のとき，同様に損益分岐点を求めると，77.8となる。

### 図 4.1-1　対外直接投資の推移

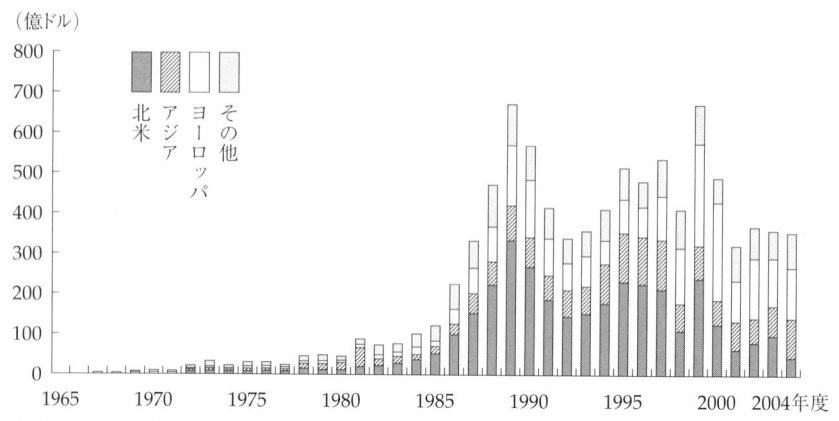

（億ドル）

北米／アジア／ヨーロッパ／その他

出所：ジェトロが財務省「対外及び対内直接投資状況」，財務総合政策研究所「財政金融統計月報」，日本銀行「外国為替相場」より作成した数値より作図。

働力は低賃金の非正規雇用で補われた。消費需要は減退することになる。また，過剰設備の削減は投資需要が減退することを意味する。さらに，過剰債務の解消は，利潤を債務返済に回すことを意味するのであるから，これも投資需要を抑えることになる。このように，3つの過剰を解消していくなかで，内需の主要な構成要素である消費と投資が減退していくことになるから，経済は不況に陥ることになる。このかぎりでは，バブル以降の経済状況もひとつの景気循環過程であるかもしない。しかし，バブル崩壊後の1990年代が「失われた10年」といわれるように，それまでの中成長から，実質経済成長率がせいぜい1％を上回る程度の低成長経済へと移行した。ここに，構造的な変化が生じたのである。世界的に問題となった日本人の働きすぎへの対応，つまり労働時間の短縮に応える必要性に迫られ，また労働力人口の減少も目前に迫っていた。エネルギーの安定確保の問題や環境制約も一層強まっていた。これらはどれも経済成長に対して抑制的な効果をもつ。企業の期待成長率は低下したのである。企業の投資意欲は低迷せざるをえない。

　さらに，日本経済の成長を抑える要因がある。バブル崩壊後も円高は進んでおり，1995年には瞬間ベースではあるが，一時1ドル＝80円を切る水準まで急伸したこともある。円高は企業に高コストをもたらす要因である。低廉な労働

力を大量に抱えたアジア地域に直接投資すれば，はるかに低コストで生産できる。日本企業のアジア地域への直接投資が本格的に展開した（図4.1-1）。国内への投資が減るのは当然である。さらに，近年では虚業であるマネー・ゲームに資金を投じる動きも盛んになっている。

## 1.4 長期不況における「勝ち組」「負け組」

バブル崩壊後の企業行動は日本経済にどのような状況をもたらしたのであろうか。1990年代は「失われた10年」と称される。経済成長率は1997年と98年の2年間にわたりマイナスを記録し，平均成長率も1％を若干上回った程度である。完全失業率は1990年に2.1％であったが，99年には4.7％にまで上昇した。完全失業者は実に300万人を超えていた。2000年代に入ってからも，失業者は増えつづけ，02年には完全失業率はついに戦後最高の5.4％に達した。その後，若干低下したものの4％を上回るという高水準には変わりがない状態がつづいている。また，東京商工リサーチによると，負債総額1000万円以上の企業倒産は，バブル崩壊後増えつづけ，件数では01年に19万164件，負債総額では00年に24兆円弱でピークとなり，その後景気拡大のなかで，低下してきているものの，06年になっても1万3245件，5兆5000億円にものぼっている。

このようななかで，2002年1月から始まった景気拡大が，それまで戦後最長といわれた「いざなぎ景気」を超えた。しかし，景気回復をすべての国民が実感できていない。その理由は，図4.1-2を見れば明らかである。企業の経常利益を資本金規模で分けてみると，資本金10億円以上の大企業の経常利益はバブル期を上回って大幅に増加しつつあるのに対して，資本金が10億円未満の法人企業のそれはバブル期の水準に回復した状態である。よりくわしくみると，資本金規模が1000万円以上10億円未満の法人企業はバブル期を上回った経常利益を上げているが，全法人数の過半数以上[3]を占める資本金1000万円未満の中小零細企業の営業利益はバブル最盛期の20％程度にとどまっている。その結果，10億円以上の大企業5616社の営業利益は全法人利益の56.9％をも占めている。歴然とした企業間格差が存在する。一方，労働者の給与をみてみると，大企業の従業員給与は景気拡大にもかかわらず増加しておらず，中小企業の従業員給

---

[3] 2005年で56.7％。以下，「法人企業統計」の数値は2005年。

図 4.1-2　経常利益と従業員給与

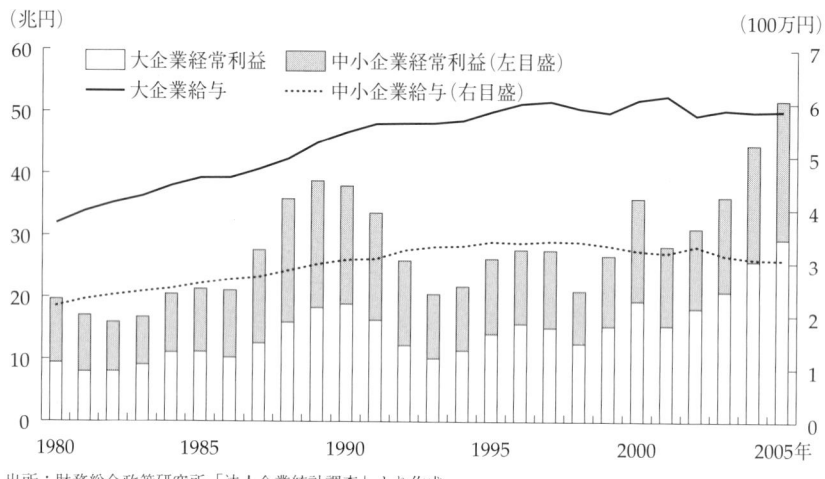

出所：財務総合政策研究所「法人企業統計調査」より作成。

与は低下している。したがって，従業員給与は全体でみると低下している。このように，「いざなぎ」を超える景気拡大のなかで，景気回復を実感しているのは大企業だけである。多数の中小零細企業や労働者は景気回復の恩恵に浴していないのである。長さでは「いざなぎ」を超えても，景気回復が実感できないのはここにその原因がある。

## 2　経済成長と日本経済

　少子高齢社会のもとで，人口が減少し始めた。働き手が少なくなり，他方では莫大な財政赤字を抱えて，超高齢社会をどのように支えていけばよいのであろうか。そのほかにも，環境問題や資源エネルギー問題など日本経済にとって避けて通れない難問が山積している。今後の経済成長はどうあるべきなのか，まず政府の考え方から検討していこう。

### 2.1　政府の成長政策

　「**進路と戦略**」「新たな『創造と成長』への道筋」との副題を付した「日本経済の進路と戦略」（以下，「進路と戦略」）が2007年1月に閣議決定された。「進

路と戦略」は日本経済が直面する課題として，人口減少などによる成長制約，地域間の不均衡と格差固定化への懸念，厳しい財政状況の3点をあげている。そして，これらの課題は経済成長が維持されることで解決が容易となるとしている。広く社会のシステムや国民生活などを含め，新しい技術や考え方を取り入れ，経済的，社会的に大きな変化を起こし，新たな価値を生み出すこと[4]を通じて生産性を引き上げることによって，成長力の強化をはかるとしている。経済社会のシステム変換としては，労働市場と（サービス）消費市場の全般的な改革が必要とされるとしている。労働力を生産性の高い部門へ移動させ，生産性が低いとされるサービス部門での規制緩和を行うことが経済の生産性を向上させることに通じるとしている。それに加えて，税制や企業法制などの制度インフラを整備することにより，日本の投資環境をより魅力的にすることも必要であるとされる。「進路と戦略」はこれらの施策により，今後5年間に2％程度あるいはそれをかなり上回る実質経済成長率を視野に入れることが期待できるとしている。

「進路と戦略」の帰結　労働市場はこれまで派遣労働の解禁，規制緩和によって流動化されてきた。この流れのなかで非正規雇用が激増し，他方では正規労働者は長時間労働を強いられてきている。「進路と戦略」はこの流れを基本的に踏襲し，さらに解雇ルールの明確化やホワイトカラーの働き方に関する制度改革を推し進めようとしている。のちにくわしく検討するが，このような政策がとられると，低賃金の非正規雇用が増大し，長時間労働の正規労働者が増加するため，消費需要は低迷することになろう。決して経済成長にプラスに働くことはない。また，この間その他の分野でも規制緩和が推進されてきた。たとえばタクシー業界や観光バスの分野では，多くの問題が起こっている。規制緩和により，新規参入が促進され，過当競争の結果，過酷な勤務条件のもとで事故が多発している。また，タクシー事業においては乗務員の賃金が著しく低下している。消費者はタクシーやバスの運賃が安くなることを歓迎するが，規制緩和により乗務員の労働条件が悪化し，事故が多発することは望んでいない。生産性が低いサービス分野での規制緩和は市場を弱肉強食の激烈な競争の

---

4)　「進路と戦略」はこれをイノベーションと定義している。

場とし，中小零細業者を廃業に追いやり，地域社会を壊すことになる。

　日本の投資環境をより魅力的にするために，日本経団連は諸外国に比べて高い法人税の実効税率を大幅に引き下げることを要求している。他方では，2011年度までに消費税を2％引き上げることを提唱している。「進路と戦略」には，法人実効税率の引下げや消費税増税は明示していないが，考え方は基本的に同じである。つまり，2％あるいはそれをかなり上回る実質経済成長率を実現するためには，企業活力を十分に引き出さなければならないというものである。「いざなぎ」を超える景気回復が企業，とりわけ大企業を中心としたものであり，中小零細企業や家計部門にはその恩恵が滴り落ちてきていない。「進路と戦略」はこの「いざなぎ」超えの景気回復をそのまま将来へ引き延ばしていくことを目指しているのである。

## 2.2　国民生活の安定と成長

　政府の考え方は，現在の諸問題を2％以上の経済成長率を維持することによって解決していこうとする立場である。これに対して，本書の考え方は国民生活の安定や地球環境の保全，真の国際貢献などを実現すべきであり，経済成長率はその結果として決まるというものである。

　まず，次章の雇用問題でも検討するが，失業の解消，非正規雇用の削減，労働時間の短縮など，雇用の場を真に安心して働ける環境に変えていく必要がある。現在の雇用環境は，国際競争の名のもとに低コストを実現するために築かれたものである。その結果，さきにみたとおり大企業に空前の利益がもたらされたのである。サービス残業に対する監視を強め，長時間労働を解消すれば，失業を減らすことができる。非正規雇用から正規雇用への転換を強く促し，非正規労働者を雇用する場合でも正規労働者との均等待遇を守らせる必要がある。労働環境を改善することは，消費需要を喚起することにつながり，さらなる失業の減少にも通じることになろう。

　超高齢社会に相応しい財政構造を構築する必要がある。まず，歳入面については，大企業の儲けすぎに対して，その能力に相応しい課税を行う必要がある。事実，法人企業統計によれば，大企業はバブル期の1.5倍以上の経常利益を稼ぎ出しているにもかかわらず，法人税，法人住民税，法人事業税の法人三税の納税額は1.04倍であり，バブル期と変わらない。そのうえ，国際競争力を口実

に，実効税率の引下げの要求がある。しかし，税と社会保険料とをあわせた企業負担を諸外国と比べると，日本は決して高くない。表4.1-2は経済産業省の研究会の資料であるが，たしかに法人所得税負担は表中の6ヵ国

表4.1-2 企業の公的負担（対GDP比）の国際比較

| 国　（年） | 法人所得税 | 社会保険料 | 合　計 |
|---|---|---|---|
| 日本　　　（2002） | 3.1 | 4.5 | 7.6 |
| アメリカ　（2003） | 2.0 | 3.4 | 5.4 |
| イギリス　（2003） | 2.8 | 3.5 | 6.3 |
| ドイツ　　（2000） | 1.8 | 7.3 | 9.1 |
| イタリア　（2003） | 2.8 | 8.9 | 11.7 |
| フランス　（2003） | 2.6 | 11.4 | 14.0 |

出所：経済社会の持続的発展のための企業税制改革に関する研究会「中間論点整理 参考資料」2005年。

のなかでは最高である。しかし，社会保険料の事業主負担は欧州諸国よりはるかに低く，法人税負担とあわせた公的負担は軽い。個人所得税は総合累進課税とし，累進度の強化をはかるべきである。そして，逆進的な消費税を基幹税とすべきではない。これらは格差の縮小をもたらすことにもなる。歳出面については，不要不急の支出を抑制していく必要がある。大型開発型の公共事業を削減すべきである。公共事業と社会保障の経済波及効果では，社会保障のほうが勝っている。これは，社会保障がより労働投入が多い部門であり，したがってそこで働く人々の消費増がより大きい波及効果をもたらすからである。超高齢社会に相応しい社会保障体制を築くことは，経済にも活力を与えることになる。

　海外との関係も見直しが迫られる。すでにみたように，輸出が増加し，純輸出が大きくなればなるほど，企業の利潤は増加する。輸出が利潤確保の手段とされている。日本人は，自分が使わないものを長時間労働や不安定就労で生産し，外国人に供給しているのである。資源小国であるので，輸出は必要であるが，それは輸入のための外貨と国際貢献に資する程度にとどめるべきである。大企業への応分負担は海外投資を促し，産業空洞化が生じる心配がある。事実，経済産業省の「わが国企業の海外事業活動基本調査」によれば，2004年には日本企業の現地法人従業員数は414万人にものぼる。この数字は同年の完全失業者数313万人を100万人も上回るものである。しかし，日本経済を守るためには，とりわけ大企業に社会的責任を果たしてもらわなければならない。

　地球温暖化に対しては，温暖化ガスの削減目標を定めた京都議定書を遵守することが最低限求められる。環境保全のための技術開発にも積極的に取り組む

必要がある。大量消費社会から脱却し，循環型社会を構築していかなければならない。また，農業を基幹産業にすえる必要がある。現在の食糧自給率はカロリー・ベースで39％である[5]。今後世界の人口は爆発的に増加していく見通しであり，ますます食糧の安定確保が求められている。国内で自給するのが一番である。治山治水や環境保全，癒し効果など，市場で評価されない「農業の多面的機能」にも目を向けなければならない。

　日本はいま人口が減少しつつある。国立社会保障・人口問題研究所の2006年12月の中位推計によれば，2050年には1億人を割り9515万人にまで減少する。人口が減少するなら，たとえ経済成長率が0％であっても，1人当たりのGDPは増加するのである。国民生活の安定，真の国際貢献，地球環境の保全こそ最優先させるべきである。

（間宮賢一）

---

5) 2006年度の数値。農林水産省HPによる。

# 第 2 章　雇用問題

　高度経済成長期には 1 ％台であった完全失業率は，経済成長率の低下とともに上昇してきた。1970年代の後半には 2 ％台に，1995年以降には 3 ％台に上昇し，2002年には5.4％にも達し，実に359万人もの完全失業者を数えた。近年では 4 ％台に低下しているものの図 4.2-1 に示されているように完全失業者は300万人近くにのぼる。他方では，過労死をするほどの長時間労働をしている労働者が多数存在する。このような事態をどう考えたらよいのであろうか。

　また，1990年代後半以降，失業の問題とともに，雇用の中身も問題となっている。それは，非正規雇用[1]が激増していることである。同じく図 4.2-1 には役員を除く正規，非正規雇用の対前年増減数と非正規雇用比率（総雇用に占め

図 4.2-1　完全失業者数と非正規雇用比率の推移

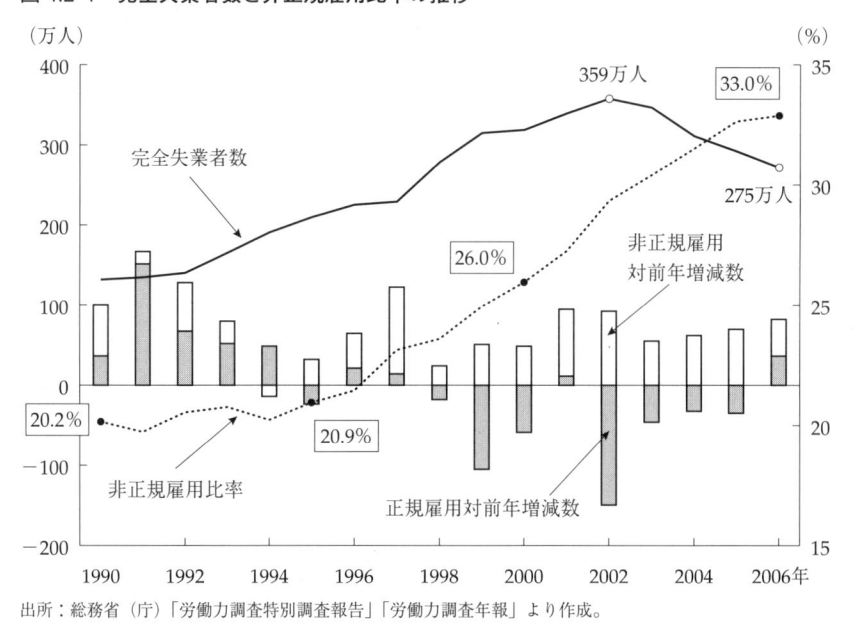

出所：総務省（庁）「労働力調査特別調査報告」「労働力調査年報」より作成。

---

1) 非正規雇用とは，パート・アルバイト，契約社員，嘱託社員，派遣社員などを指す。

る非正規雇用の比率）の推移も示されている。正規雇用は90年代の前半には増加していたものの，90年代後半の微増減ののち，2000年代前半は減少をつづけた。他方，非正規雇用は総じて増加しているが，とくに90年代後半以降大幅に増加しつつある。したがって，90年代前半には20％程度であった非正規雇用比率は，90年代後半以降急激に上昇し，2006年には33％に達している。実に3人に1人が非正規雇用である。

## 1 大競争時代と雇用の流動化

なぜ，このように失業者が増加し，急激に非正規雇用が増加することになったのであろうか。バブル経済の崩壊とソ連崩壊を契機とする地球的規模での大競争時代の幕開けがその背景にある。とくにアジア地域における低賃金を利用している多国籍企業との競争において生き残りをはかるために，企業体力の強化が叫ばれた。雇用の過剰を解消し，人件費を削減することが求められたのである。日本経営者団体連盟（日経連）の『新時代の「日本的経営」――挑戦すべき方向とその具体策』は，経営環境の変化に応じて"自社型雇用ポートフォリオ"を検討し，大競争時代に対応していく必要があると提言した。つまり，正規雇用を削減し，非正規雇用へ代替することを企業に求めたのである。

### 1.1 正規雇用から非正規雇用への代替と企業経営

企業がリストラや新卒採用の抑制などで正規雇用を削減し，非正規雇用を増大させる主目的は，人件費の削減にある。厚生労働省の「平成15年就業形態の多様化に関する総合実態調査報告」によると，非正規雇用を活用する理由に"賃金節約のため"をあげる企業が最も多く，51.7％に達する。そのほか，上位のものは，"1日，週の中の仕事の繁閑に対応するため"（28％），"景気変動に応じて雇用量を調整するため"（26.5％），そして即戦力や専門能力に関する理由につづき，"賃金以外の労務コストの節約のため"（22.5％）となっている。ここから，企業が人件費の削減と生産量の変動に柔軟に対応するために非正規雇用を活用していることがうかがわれる。

それでは，正規雇用から非正規雇用への代替は企業経営にどのような意味をもつことになるのであろうか。まず，正規労働者と非正規労働者の賃金格差を

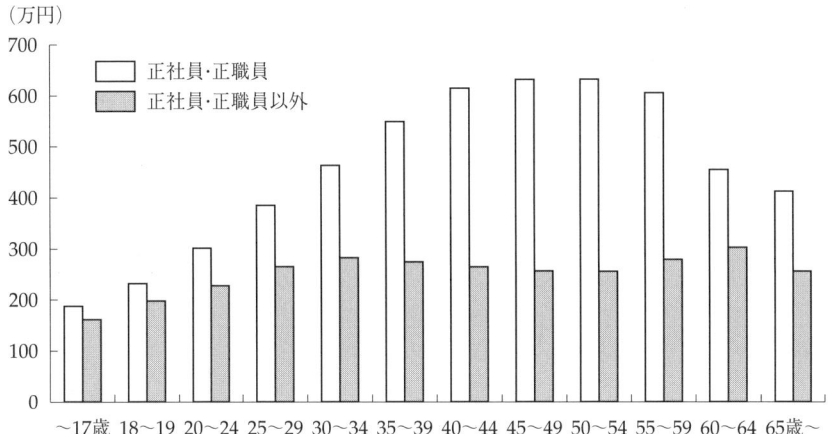

図 4.2-2 年齢階級別の正規・非正規労働者の賃金格差

(万円)

グラフ：正社員・正職員と正社員・正職員以外の年齢階級別年間給与額
横軸：〜17歳, 18〜19, 20〜24, 25〜29, 30〜34, 35〜39, 40〜44, 45〜49, 50〜54, 55〜59, 60〜64, 65歳〜

出所：厚生労働省「賃金構造基本統計調査」(2005年) より作成.

確認することから始めよう。図 4.2-2 には年齢階級別の正規雇用（正社員・正職員）と非正規雇用（正社員・正職員以外）の年間給与総額が示されている。正規雇用の年間給与総額は50〜54歳まで年齢が高くなるにつれ上昇し，その後低下している。結婚，子育てそして子育て後というライフサイクルにあったカーブがみてとれる。これに対して，非正規雇用の年間給与総額はほとんど上昇していない。したがって，両者の賃金格差は年齢が高くなるにつれて拡大し，50〜54歳で最高に達し，2.48倍にもなる。賃金以外の社会保障関係の労務コスト格差がこれに加わるので，正規雇用と非正規雇用との人件費格差は相当な額となる。

企業が生産活動を行うさいには費用がかかる。それは固定費と変動費に分けることができた。正規労働者は長期雇用を前提としており，短期的な売上高の変動に対して柔軟に調整することができないから，その賃金は固定費となる。パート，アルバイト，派遣などの非正規雇用は必要なときに，必要なだけ雇用できるために，変動費に分類される。いま，企業が正規雇用を削減し，非正規雇用を増加させたとき，売上高には変化がなかったとしよう。したがって，企業がおかれている状態は，図 4.2-3 の上の棒グラフから，そのすぐ下の棒グラフの状態に移ったということになる。さきにみたように，非正規労働者の賃金

## 図 4.2-3　正規雇用から非正規雇用への代替と利潤

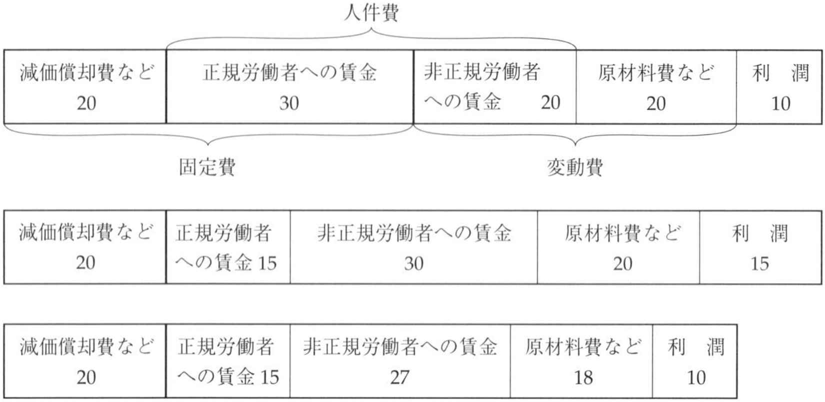

| 減価償却費など 20 | 正規労働者への賃金 30 | 非正規労働者への賃金 20 | 原材料費など 20 | 利　潤 10 |
|---|---|---|---|---|

上部括弧：人件費（正規労働者への賃金30 + 非正規労働者への賃金20）
下部括弧：固定費（減価償却費など20 + 正規労働者への賃金30）／変動費（非正規労働者への賃金20 + 原材料費など20）

| 減価償却費など 20 | 正規労働者への賃金 15 | 非正規労働者への賃金 30 | 原材料費など 20 | 利　潤 15 |
|---|---|---|---|---|

| 減価償却費など 20 | 正規労働者への賃金 15 | 非正規労働者への賃金 27 | 原材料費など 18 | 利　潤 10 |
|---|---|---|---|---|

が正規労働者のそれに比べて著しく低く，企業はこれを利用して総人件費の削減を行っている。したがって，利潤が増加することになる。それでは，売上高が90に低下したらどうであろうか。このとき，最下段の棒グラフで示されているように，売上高に比例する変動費は原材料費など18（＝90×0.2）と非正規労働者への賃金支払額27（＝90×0.3）との計45となる。売上高90から固定費と変動費の合計である総費用を差し引けば，利潤は10となる。このように，正規から非正規雇用への代替を行えば，より少ない売上高でも同額の利潤を獲得できるのである。つまり，収益力を強めることになる。したがって，企業は人件費の固定費から変動費への転換をはかっているのである。これが，正規雇用から非正規雇用への代替の意味である。

### 1.2　労働者の状況

**失業者**　長期不況や企業の海外進出によって完全失業者は増加してきた。近年では，一時よりは少なくなったものの，それでも275万人にものぼる（2006年，図4.2-1）。しかし，この数字は失業者の実態を正確に示していない。総務省の「労働力調査」では，調査期間中に少しでも仕事をした人は完全失業者にカウントされない。また，就職を希望していても長引く不況のなかで職探しをあきらめた人も完全失業者ではなく，非労働力人口に数えられる。06年には，非労働力人口のなかに479万人もの就職希望者が含まれている。この479万人の

失業者と完全失業者とを合わせた失業率は実に10.6％にも達する。問題はこれだけにとどまらない。地域別に完全失業率に格差がある。首都圏や東海地域などの大都市圏では完全失業率は低いが、地方では概して高い。さらに、若年層の完全失業率は全体の2倍もの水準に達する。いずれにしても、失業は生活基盤の崩壊を意味し、生きがいをも喪失させる。また、社会にとっても数百万もの働く意思のある人が働けないことによる損失は計り知れないものがある。

**非正規労働者** 非正規労働者の賃金が正規労働者に比べて著しく低水準であることは、さきにみたとおりである。生活扶助給付額を上回る生活費を稼ぐには1日8時間以上働かなければならないこともある[2]。さらに、雇用期間に定めのない正規雇用に対して、非正規雇用は短期有期雇用である。厚生労働省の「有期契約労働に関する実態調査」（2005年）から、その実態をみてみよう。非正規労働者の1回当たりの契約期間が1年以内の事業所の割合がおよそ8割である。最も多い雇用契約期間は6ヵ月から1年以内で、契約社員が69.3％（6ヵ月未満を加え1年以内をとると80.0％。以下同様。）、嘱託社員が68.6％（78.6％）、短時間のパートが43.3％（78.4％）、正社員と同等の労働時間のパートが50.3％（82.9％）などとなっている。このように、非正規労働者の雇用期間はきわめて短期間である。また、かならずしも契約の更新が行われるのではなく、同調査によれば、個々の労働者のケースごとに更新を検討するとしている事業所は契約社員で56.2％、嘱託社員で58.6％、短時間のパートタイマーで45.5％、その他のパートタイマーで48.1％と高い比率になっている。契約更新がある場合の更新回数は3～5回が最も多くなっている。このように、非正規労働者は短期間の雇用契約のもとで、いつ雇い止めになるのか不安を抱きながら働いているのである。キャリア形成を望むことができないのはいうまでもない。

**正規労働者** リストラ、合理化のなかで、正社員として残った正規労働者は「勝ち組」といってよいのであろうか。そうとはいえない状況がある。企業の人件費削減はなにも正規から非正規労働への代替だけにとどまらない。正規労

---

[2] たとえば、2006年度の東京都の最低賃金額（時給）は719円であり、標準3人世帯（夫33歳・妻29歳・子4歳）の生活扶助基準額は月額16万2170円である。最低賃金を上回る時給800円で、1日8時間、月25日労働したとしても、生活扶助額に満たない16万円しか手にできない。

表 4.2-1　週間就業時間別の雇用者数変化　　　　　　　　　　（単位：1000人）

| | 35時間未満 | 35～45時間 | 46～59時間 | 60時間以上 | 計 |
|---|---|---|---|---|---|
| 正規職員・従業者 | 296 | −5748 | −225 | 1665 | −4012 |
| パート | 743 | 188 | 86 | 52 | 1069 |
| アルバイト | 153 | 34 | 38 | 29 | 254 |
| 派遣社員 | 28 | 311 | 145 | 32 | 516 |
| 契約社員・嘱託 | 298 | 1330 | 546 | 177 | 2352 |
| その他 | 57 | −43 | −8 | 28 | 35 |
| 全雇用者 | 1575 | −3929 | 582 | 1983 | 212 |

注：1997年から2007年までの年間200日以上就業者のうち役員を除く雇用者の週間就業時間別雇用者数の変化。
出所：総務省（庁）統計局「就業構造基本調査報告」より作成。

働者の賃金を削減することも人件費削減の柱のひとつとなっている。「成果主義」と呼ばれる賃金体系がそれである。日本では，戦後「年功序列型」賃金体系がとられてきた。しかし，低成長経済へ移行するなかで，勤続年数が長くなるにつれ賃金が上昇していく年功序列型賃金体系では，年齢構成が高齢化するとともに，人件費が売上げを上回って増加することになる。日経連の前掲書は，賃金制度は「年齢，勤続に主体を置いた考え方」から「職能・業績の伸びに応じて賃金が上昇するシステム」に変えていく必要があるとしている。これを契機として，1990年代半ば以降成果主義が盛んに導入されることとなった。厚生労働省の「就労条件総合調査」(2004年) によれば，「個人業績を賃金に反映する企業」は全体で50.5％になる。この比率は，企業規模が大きくなるほど高くなっている。個人業績を賃金に反映させる成果主義をとる1000人以上の従業員規模の企業は78.8％にのぼる。大企業を中心に成果主義が採用されていることがうかがわれる。成果主義については，労働の成果をいかに公正に評価するのか，という問題点がしばしば指摘される。同時に，成果主義のもとでは結果を出すことが求められるため，裁量労働制[3]とともに，正規労働者に長時間労働を強いる結果になっている。表 4.2-1 は週間就業時間別雇用者数の変化を雇用形態別に示したものである。この期間において，正規雇用から非正規雇用への代替が進み，成果主義や裁量労働制のもとで就労する正規労働者が多くなった。

---

3) 労働時間を定めず，従業員本人の裁量に任せる制度。

またサービス残業が社会問題化した。その結果，週間労働時間が法定労働時間前後の正規職員・従業者が575万人も減ったのに対し，60時間を超えて就労する者は166万人以上に増加している。これが，過労死や過労自殺を引き起こしている要因であることはいうまでもない。

## 2　雇用環境とマクロ経済

　長期不況とグローバル化のもとで，失業者が増え，正規雇用が削減され，非正規雇用が増加してきた。正規労働者は長時間労働を強いられており，非正規労働者は低賃金・不安定雇用のもとで就労している。雇用におけるこのような問題をどのように考えたらよいのであろうか。

### 2.1　労働市場の規制緩和

　**規制緩和の意図**　低成長経済への移行を機に，規制緩和政策がとられているが，雇用分野においても規制緩和が進められている。たとえば，戦後の民主化のなかで禁止されていた派遣労働が1985年に解禁され，その後原則自由化されるに至っている。当初16の専門業務に限って派遣労働が認められた。それが，99年には港湾・建設・警備を除き原則自由化された。医療業務については政令で禁止され，製造業については付則で「当分の間」原則禁止されていたが，2004年にはこれらの業務にも派遣労働が認められるようになった。また，派遣期間も26の専門業務は無制限に，一般業務は1年から3年に延長されてきている。企業側からは派遣期間のさらなる延長の要求も出されている。このように，派遣労働が解禁され，自由化が進められてきた背景には，ライフスタイルの多様化があるといわれている。ライフスタイルの多様化は正規労働者に対する労働時間規制をも緩和する必要があるとされる。その制度化をねらったものが，ホワイトカラー・エグゼンプションである。この制度は，年収などで一定の条件を満たす正規労働者に労働時間規制を適用しないというものである。成果さえあげれば，労働時間に縛られることがなく，仕事と家庭との調和が改善されると導入の意義が強調される。

　労働者を終身雇用から解き放ち，多様な働き方を可能にし，結果的に貴重な労働資源を成長が見込める分野にスムーズに移動させることを可能にするため，

さらに解雇や請負法制などの一層の規制緩和が必要であるとされる。いわゆる「労働ビッグバン」である。これにより，経済が成長すれば，失業を解消できるという。

　**規制緩和と労働者**　しかし，のちに検討するように，労働市場の規制緩和は成長に決してプラスに作用することはない。また，規制緩和は労働者の雇用環境を改善するどころか，悪化させることになる。さきにみたように派遣労働者をはじめとする非正規雇用の労働条件はきわめて劣悪であり，働いても生活できない大量のワーキングプア層が生み出されている。しかも，一度非正規労働者になると正規労働者として雇用される可能性は低い。総務省の「労働力特別調査報告」「労働力調査年報（詳細結果）」によれば，調査時点の過去1年以内に離職した非正規労働者が正規労働者として就職できた比率は，1990年には30.8％であったが，2005年には23.2％に低下している。なぜ，非正規労働者が正規労働者になることがむずかしいのであろうか。厚生労働省の「雇用管理調査」(2004年)によれば，企業がフリーターであったことをマイナスに評価する主な理由は，"根気がなくいつ辞めるかわからない"，"職業に対する意識などの教育が必要"，"責任感がない"，"年齢相応の技術，知識がない"などとなっている。しかし，すでに言及したように，非正規労働者はいつ雇い止めになるのかわからないきわめて不安定な状況のなかで，低賃金で働いている。このような環境のなかで，根気や職業意識，責任感をもち，技能や知識を身につけることができるのであろうか。非正規雇用が置かれている深刻な状況を受けて，政府は「再チャレンジ」可能なしくみの構築を提唱せざるをえなくなったが，その効果を期待することはできない。なぜならば，非正規から正規雇用への転換を大いに促進することやその待遇を抜本的に改善することが政策の柱になっていないからである[4]。このように，労働市場の規制緩和は劣悪な雇用環境のもとに置かれる非正規労働者を増加させ，そして正規労働者への道を閉ざす結果となっている。

---

4) 2007年の第166通常国会で成立した改定パート労働法（08年4月施行）は，「正社員並みパート」についてはその待遇を正社員と同じにする義務を企業に課した。ところが，厚生労働省の推計によると，対象となる「正社員並みパート」は全パートの4～5％程度にすぎない。さらに，その推計の根拠はあいまいで1％に満たないという指摘もある。

規制緩和による非正規雇用の増加は，正規労働者の働き方にも影響を及ぼしている。企業は正規雇用を削減し，規制緩和でより活用しやすくなった非正規雇用に代替しているが，これによって，より少ない正規労働者が職場を切り盛りしなければならなくなるため，さきにみたように長時間労働の正規労働者が増えることになるのである。また，多様な働き方をもたらすためとして導入が検討されている「ホワイトカラー・エグゼンプション」であるが，これは無給の長時間労働をさらに多くの正規労働者に強いることになり，一層の過労死や過労自殺をもたらすだけである。解雇しやすくすれば，企業は労働者を雇用しやすくなり，雇用の拡大につながるとして解雇規制の緩和が提起されているが，これは安定雇用を破壊し，不安定・低賃金の非正規雇用を一層拡大させることになるだけである。このように，正規労働者に関する規制緩和も収益力を引き上げ，国際競争力を強化するのがもともとの含意であり，真の意味で仕事と家庭との調和をもたらすというものでは決してない。

## 2.2 労働市場の規制緩和とマクロ経済

労働規制の緩和が正規，非正規労働者にもたらす影響は，マクロ経済にも大きな影響をもたらすことになる。それが需要面に与える影響と供給面に与える影響とに分けて検討してみよう。

　需要面　非正規労働者の賃金は正規労働者のそれに比べて著しく低かった。したがって，非正規労働者の消費支出は正規労働者に比べて低水準である。UFJ総合研究所の調査レポート[5]によれば，35歳以上になってもフリーターのままでいる"中高年フリーター"が2021年には200万人を超えると予想したうえで，中高年フリーターが正社員になれないことによる可処分所得減を5兆8000億円にのぼると推計している。これは消費需要の減少をもたらし，GDPを1.2％も下押しするとしている。さらに，正規労働者の消費支出も減少する可能性が考えられる。正規労働者がなんらかの理由により職を離れた場合を考えてみよう。企業は正規雇用を削減しているのであるから，再び正規労働者として採用される可能性は当然のこととして低くなる。事実，前出の総務省の調査によれば，調査時点の過去1年以内に離職した正規労働者が再び正規労働者

---

[5] UFJ総合研究所の調査レポート「増加する中高年フリーター」（2005年4月）。

として就職できた比率は，1990年には80.9％であったが，2005年には63.8％に低下しているのである。正規から非正規への代替が進むなかで，正規労働者の消費マインドは低下していくことになろう。不確かな将来に備えて貯蓄を増やしていかざるをえないのである。また，さきにみたように，長時間労働の正規労働者が増加している。長時間労働は余暇時間を減少させる。総務省「社会生活基本調査」(2006年) によれば，週間労働時間が60時間を上回る労働者の1日の余暇時間は，法定労働時間前後の労働者に比べ1時間20分程度も短い。余暇関連消費を中心として正規労働者の消費需要が減少することになろう。このように，労働市場の規制緩和による正規から非正規雇用への一層の代替は消費需要を削減させる効果をもつものと考えられる。消費需要が減少すれば，企業の設備投資にも影響が現れる。需要面からみれば，労働市場の規制緩和は経済に停滞基調をもたらすのである。

**供給面**　非正規労働者の増大がもたらす問題点についての調査がある[6]。それによれば，非正規労働者の比率が増加している事業所の36.9％が「技能・ノウハウの蓄積・伝承が困難になった」と回答している。フリーターを評価しない理由にもあげられていたが，非正規雇用の増大は技術の伝承を妨げるという問題点をもっている。正規労働者の側にも問題がある。労働規制の緩和は正規労働者の長時間労働を一層助長し，労働者に健康障害もたらすことになる。また，人件費削減のため成果主義の導入が進んでいるが，多くの正規労働者は成果の評価に問題があると感じている。自分の評価が正当でなければ，勤労意欲の低下をもたらすことになろう。また，そもそも報酬と業績を連動させることによって，仕事が単に報酬を得る手段となってしまい，内発的動機づけにマイナスに働くという見方さえある。供給面からみても労働市場の規制緩和は負の影響をもたらさざるをえないのである。

さらに，非正規雇用の増大は，少子化を助長し，格差を拡大するという問題をもはらんでいる。

---

6) 独立行政法人労働政策研究・研修機構「多様化する就業形態の下での人事戦略と労働者の意識に関する調査」(2006年)。

## 2.3 雇用環境の改善とマクロ経済

　労働者の権利を守り，労働者の労働に正当に応えることがマクロ経済にも好ましい結果をもたらすことになる。

　大量の失業者が存在する一方で，過労死をするほどの長時間労働を強いられている正規労働者が多数いる。人間らしい生活をするためには労働時間を大幅に短縮すべきである。前述のとおり，長時間労働者の余暇時間は1時間20分も短い。また，同調査によれば，1日の睡眠時間も20分程度短い。これでは疲労が蓄積しつづけ，家庭での団欒や地域での活動を行う余裕などなく，心身ともに疲労困憊(ひろうこんぱい)の状態である。労働時間の短縮は失業者とワーク・シェアリング[7]することになり，ともに人間らしい生活の基礎を築くことになる。サービス残業はもとより，裁量労働制をなくし，ホワイトカラー・エグゼンプションは撤回すべきである。つぎに，雇用者の3人に1人の割合である非正規雇用の労働条件を大幅に改善することが求められている。1日8時間働いても生活扶助費以下の賃金しか手にできないワーキングプアを解消するためには，最低賃金の大幅な引上げが求められる。根本的には，同一労働に対しては同一賃金の原則を確立しなければならない。さらに，働き甲斐や生き甲斐がもてるためには，正規の仲間として職場で遇されることが最低限必要となる。非正規雇用を拡大する方向を抜本的に改めなければならない。このように，正規労働者の労働時間を短縮し，同一労働同一賃金の原則を確立したもとで，個人のライフスタイルに合わせて，正規，非正規の選択が任されることが必要なのである。そうすれば，真の意味で仕事と家庭および地域での調和がもたらされる。

　失業者の減少や非正規雇用の賃金を含めた雇用環境の改善は，消費需要を拡大することになろう。また，正規雇用も長時間労働が解消し，余暇消費の増加が見込まれる。消費需要が温まることによる景気拡大の基調が定着することになろう。このことにより，失業率は一層低下することになろう。このような見方にはつぎのような反論があるかもしれない。正規雇用の長時間労働の解消とそれによる雇用量の増加や非正規雇用の正規化や待遇改善は企業の人件費を膨らませ，国際競争力を弱めてしまうのではないか。企業がつぶれたら，元も子

---

　7)　(1人当たりの労働時間を短縮して) より多くの労働者で仕事を分かち合うこと。

もなくなるではないか。しかし，バブル崩壊以降，とりわけ大企業はバブル期を上回る巨額の利益を上げている。これは，これまでみてきたように正規雇用を削減しつつ長時間労働を強い，多数の労働者を失業状態に陥れ，非正規雇用を劣悪な雇用環境のもとに置き，そして下請企業に単価切下げを押しつけることによってもたらされたものである。ここに雇用環境を大幅に改善する原資がある。個々の企業にとってみれば，雇用環境の改善はコスト増を意味する。しかし，マクロ的には消費需要の増大がもたらされるのであるから，生産が増加し，雇用環境の全面的な改善により減った利潤の一部が回収されることになる。

(間宮賢一)

# 第3章　企業の変容

## 1　日本型企業

### 1.1　日本企業の実態

　ひと口に企業といっても家族経営の個人商店から何万人の従業員が働く大企業までさまざまである。日本企業の実態を2006年「事業所・企業統計調査」（総務省）の資料にもとづいてみてみよう。事業所数でいうと，日本には572万2615の事業所が存在し，その内訳は，個人企業が273万5131，株式会社が257万1265，合名・合資会社が2万3548となっている。事業所の大半は個人企業と株式会社によって占められている。つぎに従業員数についてどうかというと，5433万8425人が事業所に勤めており，その内訳は，個人企業に755万8976人，株式会社に3966万7394人，合名・合資会社に15万8788人となっている。従業員の73％が株式会社に勤務している。これらの数字から，事業所の数では個人企業が最も多いが，その多くは零細であり，従業員数でみた経済全体に及ぼす影響力という点では株式会社が経済の中心を占めていることがわかる。株式会社が日本企業の中心を占めている実態を踏まえ，この章では株式会社に焦点を当て，日本企業が長期不況を境にどのような変容を遂げたかを考える。

### 1.2　日本型企業の特徴

　株式会社のしくみについては第1部第1章「企業」で説明をしたが，いまいちどその要点を整理しておこう。株式会社の構造はつぎのようになっている。株式会社に出資した株主が取締役を選任し，選任された取締役が代表取締役を選任し，代表取締役が会社を代表するとともに，取締役会で決定した業務執行の方針にもとづいて従業員に指示を与えて会社運営にあたる。株式会社の特徴は，①株主が株式会社の所有者である，②株主の代理人である経営者は株主の利益を最大にするように行動しなければならない，この2つに集約される。しかしこれは建前である。はたして現実の株式会社は建前どおりに運営されているのであろうか。

図 4.3-1　所有者別持株比率の推移

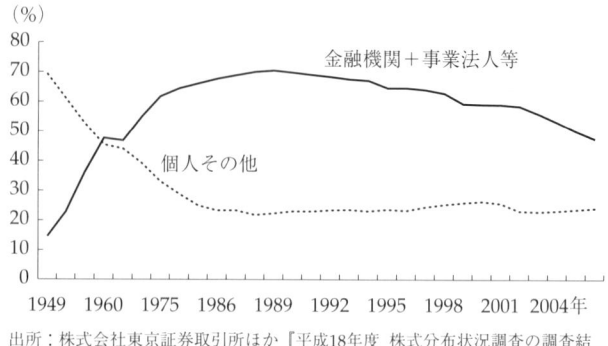

出所：株式会社東京証券取引所ほか『平成18年度　株式分布状況調査の調査結果について』(2007年6月15日)の資料による。

　図 4.3-1 は個人と企業（事業法人および金融機関）の持株比率の推移を示したものである。個人の持株比率は1949年の69.1％をピークに一貫して減りつづけ，ここ20年ほどは20％前半で推移している。対照的に，金融機関・企業の持株比率は増加し，1960年には個人の持株比率を上回り，1989年には70.8％を占めるまで増加している。会社が総株式数の半分以上を所有し，会社自らが会社の所有者になっている。これはどういうことなのであろうか。

　日本では，財やサービスの生産にたずさわることなく，もっぱらほかの会社の株式や債券を所有しその会社の経営を実質的に支配することを目的とする会社（純粋持株会社）の設立は独占禁止法第9条によって禁止されてきた。しかし財やサービスの生産を行う会社が本来の業務と兼営する形でほかの会社の株式を所有すること（事業兼営持株会社の設立）は認められてきた。法人企業が所有する株式の多くは会社と会社の相互持ち合いという形をとっている。株式の相互持ち合いの規模を示したのが図 4.3-2 である。ここで持ち合い比率とは株式市場の時価総額に占める持ち合い株式の時価総額の比率である。また持ち合い株主保有企業比率とは調査対象の上場企業数に占める持ち合い株主保有企業数の比率である。図 4.3-2 から，株式持ち合いは最近10年間で急激に低下しているとはいえ，依然としてほとんどの企業が持ち合い関係を維持していることがわかる。

　株式の相互持ち合いによってもたらされるものはなにか。株式には利潤証券と支配証券という2つの側面がある。前者は企業の上げた利益に対する配当請

図 4.3-2　持ち合い株主保有企業比率の推移

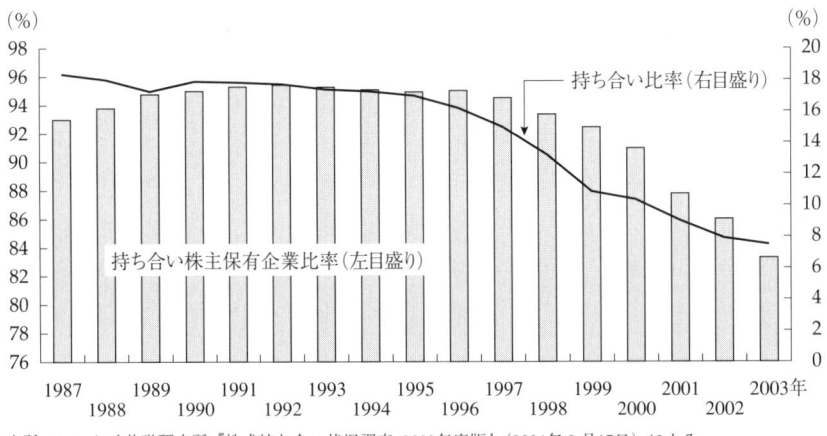

出所：ニッセイ基礎研究所『株式持ち合い状況調査 2003年度版』（2004年9月15日）による。

求権としての側面であり，後者は会社の所有・支配を意味している。法人が互いに株式を保有し合うのはそれによって配当を得るためではなく，相互に会社を支配するためである。つまり支配証券として株式を所有しているのである。たとえばA企業とB企業が同額だけ相互に株式を持ち合い，かつそれぞれが所有する株数が発行株数の過半数を超えているとすれば，両企業とも実質的には1円も払い込むことなく，株式を交換することで，A社はB社を所有しB社はA社を所有することになる。このような場合，A社とB社が互いに相手の経営方針を認め合うとすれば，経営者は他の株主の意向を無視して会社を運営することができるようになる。これは経営者による会社支配である。1円も出資しないというのは極端なケースであるが，この例から，株式を相互に持ち合うことで，経営者は株主の支配を受けずに会社を支配することができるということがわかるであろう。

## 1.3　銀行の株式取得

　アメリカでは商業銀行の株式取得は禁止されているが，日本では銀行も制限付であるが株式取得が認められている[1]。これは日本に特徴的なことであるので銀行の株式持ち合いについてもふれておこう。図 4.3-3 は銀行保有の持株比率の推移を示している。ここで持ち合い比率とは株式市場の時価総額に占める

図 4.3-3　銀行保有の持ち合い比率

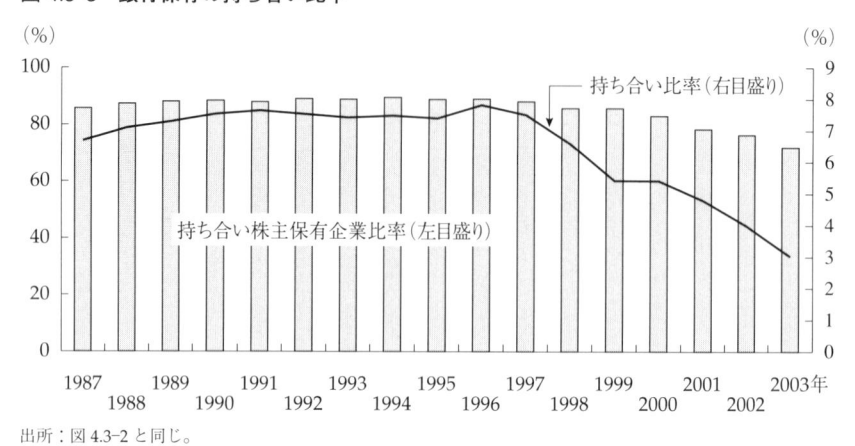

出所：図 4.3-2 と同じ。

銀行持ち合い株式の時価総額の比率である。また持ち合い株主保有企業比率とは調査対象の上場企業に占める持ち合い銀行株主数（株式持ち合いを行う株主のなかで銀行に属するもの）保有企業数の比率である。この図から銀行が企業との株式持ち合いを継続的に維持してきたことがわかる。ただし1990年代後半になると銀行は急速に持ち合い解消を進めている。この点についてはのちにふれる。株式の持ち合いを背景とした企業と銀行の密接な融資関係のことをメインバンク制と呼ぶ。日本型企業は，株式の相互持ち合いとメインバンク制という日本特有の制度に支えられて，会社中心主義の経営を行ってきた。

## 2　日本型企業の特徴

会社本位の企業経営がもたらした成果について考えてみよう。

**企業と株主の関係について**　図 4.3-4 は企業の当期利益と配当金の推移を示したものである。この図から企業利益が増えても企業は利益を株主に還元していないことが読み取れる。経営者は株主の利益を犠牲にして会社の利益を優先

---

1)　2001年11月以降，銀行等の株式保有額はコア資本（普通株式および税引き後留保利益から生じた公表準備金）の範囲内に制限され，それを超える所有は禁じられている。

図 4.3-4 当期利益と配当金

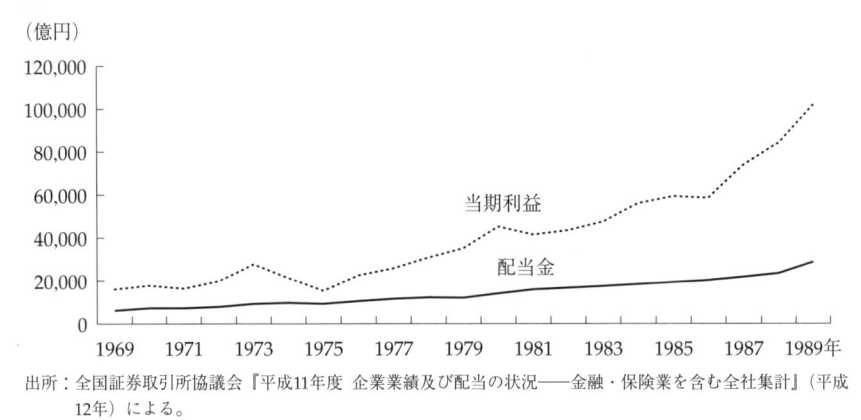

(億円)

出所：全国証券取引所協議会『平成11年度 企業業績及び配当の状況――金融・保険業を含む全社集計』(平成12年) による。

していることになる。このようなことが可能となるのは株式持ち合いを背景とした経営者支配が確立しているからである。

**企業と労働者との関係について** 終身雇用，年功序列による昇進・昇級，企業別組合，これら3つは日本的雇用システムの代名詞であり，日本型企業の特徴であるといわれている。これら3つ以外にも，大企業では社宅，保養所，病院施設，退職金，企業年金といったさまざまな福祉サービスが労働者に提供されている。これも日本的雇用システムのひとつである。経営者は日本的雇用システムによって労働者を会社中心主義に取り込んでいる。

**企業とメインバンクの関係について** 日本経済は1955年から第1次石油ショックまで年平均9％の高度経済成長を遂げたが，その間，企業は設備投資のために恒常的に資金を必要とした。しかし旺盛な資金需要を内部留保でまかなうことはできず，不足する資金をメインバンクを中心とした間接金融に頼らざるをえなかった。そのため企業は銀行と株式持ち合いにもとづく密接な関係を結び，長期安定的に資金を確保する途を選んだ。銀行も株式持ち合いをとおして大株主として貸出先企業を監視することで貸出リスクをカバーしたり，貸出先企業の主要な預金口座を引き受けて両建預金[2]で利ざやを稼いだり，融資

---

2) 融資した資金の一部を拘束性のある預金（定期預金や当座預金など）に預けさせること。その場合，実際に使用できる資金の実質的な金利は貸出金利が拘束性預金の金利よりも高いため名目の貸出金利よりも高くなる。

先企業へ従業員を派遣（出向）させることで人件費を削減したりと，大口融資先との関係を維持強化することが銀行の利益につながっていた。

**企業同士の関係について**　企業間の関係で注目すべきは企業系列の存在である。日本型企業は，親会社を頂点に一次下請，二次下請とピラミッド型に企業の系列を組織し，仕事を外部に順次下請に出すというしくみで生産を行っている。下位の下請になるほど零細で経営基盤が弱いので，安い価格で仕事を請け負わざるをえず，その分だけ親会社は安い費用で生産を行うことができる。系列を可能にしているのが企業相互の株式持ち合いである。過半数に満たない株式の所有で親会社は関係企業を系列化している。

## 3　日本型企業の変容

1990年代に入り，日本経済はかつてない長期の不況を経験した。長期不況をとおして日本型企業はどのように変容したのかをみていこう。図 4.3-5 は企業所得の推移である。バブル崩壊後，営業余剰と財産所得を合わせた企業所得は1994年に底を打ち以後上昇に転じている。企業の収益は長期不況の早い段階で回復しているが，その影響は他の経済主体にも及んでいるのであろうか。

配当額の動きについて。1993年から2002年にかけて企業の純利益が95.4％増加しているのに対して，配当額は11.5％の増加にとどまっている[3]。利益が伸びても配当額は低く抑えられている。雇用者報酬についてはどうか。図 4.3-6 は企業と家計の貯蓄額の推移を取り出したものであるが，長期不況をへて，企業の貯蓄額は増加し，家計の貯蓄額は減少し，2000年には企業の貯蓄額が家計の貯蓄額を上回り，この年を境に社会の貯蓄主体には家計とともに企業が加わった。これは，不況を契機に，企業が終身雇用制度をやめ，給与や昇進についても年功序列から成果主義・実力主義へと方向転換をし，企業の収益が雇用者報酬に反映されないしくみになったからである。

銀行との関係でも企業の資金調達構造は顕著な変化を示している。図 4.3-7

---

[3]　社団法人生命保険協会による上場・店頭時価総額1200社のアンケート調査（2003年実施）による。

図 4.3-5 企業所得の推移

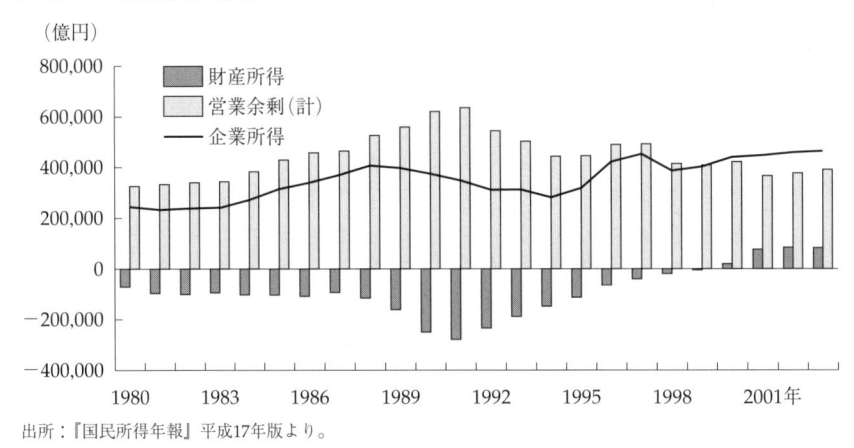

(億円)

出所：『国民所得年報』平成17年版より。

図 4.3-6 貯蓄額の推移

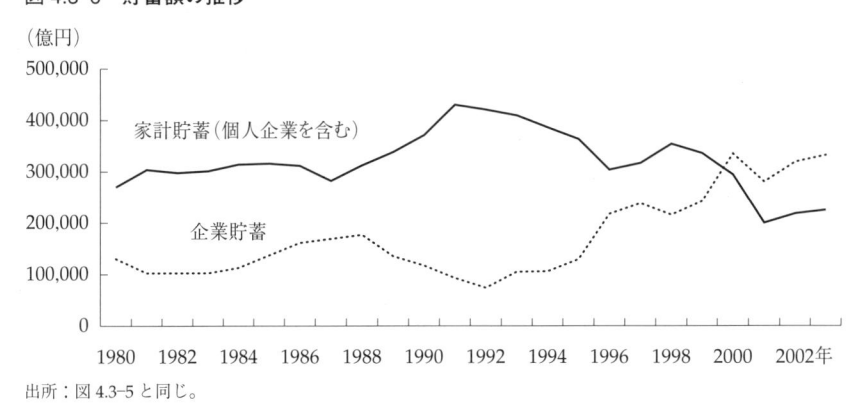

(億円)

出所：図 4.3-5 と同じ。

は所有者別持株比率の推移であるが，ここ10年で大きな変化が生じている。それは金融機関の持株比率が1989年の46％をピークに減りつづけ，2006年には24.6％まで低下している。これは，企業の銀行離れが進んでいることを意味している。この間の状況を確認するために，銀行からの長期借入金と企業の内部留保の推移を比較したのが図 4.3-8 である。長期不況に突入した1990年以降，不況を反映し，内部留保，企業の長期借入金のいずれも減りつづけたが，内部留保は1998年を底に上昇に転じ2004年には不況直前の水準にまで急激に回復し

196 第4部 現在の諸問題

図 4.3-7 所有者別持株比率

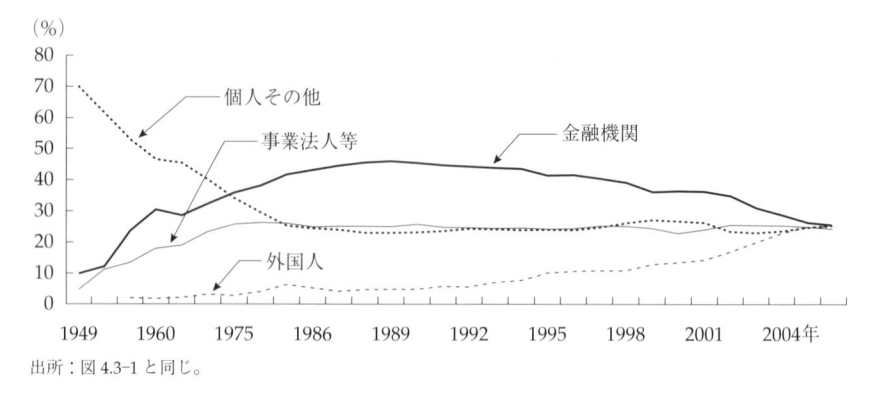

出所：図 4.3-1 と同じ。

図 4.3-8 資金調達の推移

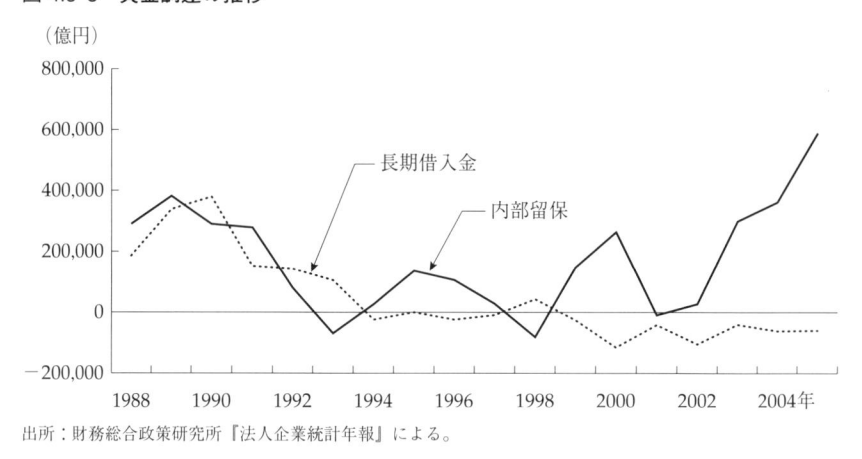

出所：財務総合政策研究所『法人企業統計年報』による。

ているのに対して，長期借入金は依然としてマイナスの状態がつづいている。内部資金の蓄積やエクイティー・ファイナンス（株式発行をともなう資金調達）など低コストで資本市場から資金を借り入れることができるようになったため，企業は銀行の融資を以前のように必要としなくなったからである。日本企業を特徴づけていたメインバンク制は過去のものとなりつつある。

　企業は利益が増大しても，それを配当に回すわけでなく，労働者の給与や待遇改善に支出するわけでもなく，いったいなにに使っているのであろうか。図 4.3-9 は国内企業間の M&A の件数の推移を示している。企業の収益の回復と

歩調を合わせるようにM&Aの件数が増加している。バブルの時代には不動産や株に向かっていた企業の余剰資金が不況を境にM&Aに向かっているものと思われる。

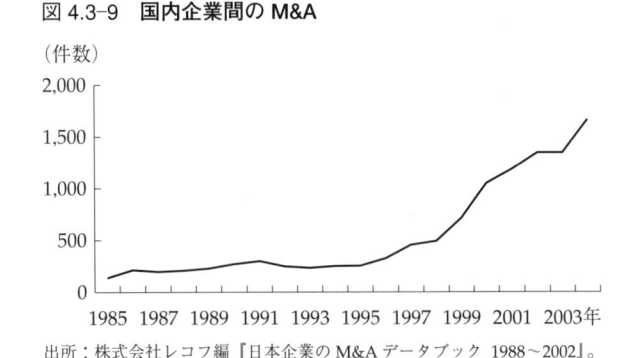

図4.3-9　国内企業間のM&A

（件数）

出所：株式会社レコフ編『日本企業のM&Aデータブック 1988～2002』。

　長期不況をへて，日本の雇用システムおよびメインバンク制は大きく変わった。しかしこれをもって日本企業が変容したということはできない。企業を捉えるうえで最も重要なことは誰がその会社を支配しているかであり，雇用システムや資金調達の方法は会社のあり方を決めるものではないからである。日本の企業は所有権をもたない経営者によって支配されてきたが，これは長期不況をへても変わっていない。経営者支配を背景に，内部留保を蓄えた企業は，家計部門の所得の伸び悩みをよそに，生産・販売のグローバル化にともなって激しさを増す企業間競争のなかで，モノづくりよりもM&Aに中心をおく経営に転換しているといえよう。

（宮本順介）

# 第4章　財政再建

## 1　財政危機の現状と財政再建の重要性

### 1.1　公的債務残高の現状

表4.4-1は，1985年度から直近の2005年度までの国と地方を合わせた公的債務残高の推移を示したものである。1985年度の公的債務残高は，204.8兆円で，1992年度は300.5兆円まで増加しているが，公的債務残高を名目GDPで割った債務残高・GDP比を見てみると，62.6%（1985年度），62.1%（1992年度）であり，1985年から1992年の間は，債務残高・GDP比に若干の変動はあるが，比較的安定した値で推移していることがわかる。しかし，その後，公的債務残高は，1993年度に333.1兆円に増加，債務残高・GDP比も69.3%と上昇に転じ始めた。2005年度の公的債務残高は758.2兆円まで大幅に増加し，債務残高・GDP比は150.6%までに上昇し発散傾向を強めた。

### 1.2　「財政危機論」の本質

このような日本の国家財政の現況を背景に，政府は「財政危機論」を前面に押し出し，一刻も早く財政再建を実現すべきであるとして財政収支バランスの回復を第一義的目標とした財政政策の展開をはかっている。しかし，政府がいう「財政危機論」のように，危機を過剰に演出することには問題がある。

本来，財政危機は，国が外国から借入を増やすことによって対外債務が大幅に増え，返済が困難になったときに発生する。これまで発生した中南米，韓国，ロシアなど国家の財政危機は，すべて外国からの借金大幅増によって対外債務問題が顕在化し，IMFの介

表4.4-1　日本の公的債務残高の推移

| 年度 | 債務残高<br>（兆円） | 名目GDP<br>（兆円） | 債務残高・<br>GDP比（%） |
| --- | --- | --- | --- |
| 1985 | 204.8 | 327.4 | 62.6 |
| 1990 | 265.8 | 450.0 | 59.1 |
| 1991 | 278.1 | 472.3 | 58.9 |
| 1992 | 300.5 | 483.8 | 62.1 |
| 1993 | 333.1 | 480.7 | 69.3 |
| 1994 | 367.6 | 487.0 | 75.5 |
| 1995 | 410.1 | 496.5 | 82.6 |
| 2000 | 645.9 | 504.1 | 128.1 |
| 2005 | 758.2 | 503.4 | 150.6 |

出所：財務省のホームページより。

入をもたらしたときに発生している。すなわち，国家の財政危機は対外債務問題をもたらすときが「真の危機」ということになる。しかし，日本の公的債務残高を構成している国債や地方債のほとんどは，日本国民によって購入されており，外国からの借入はほとんど問題にならない水準である。それどころか，日本は対外貸借についていえば，最大の資金の貸し手であることも忘れてはならない。日本の財政危機は「真の危機」ではないことは明確にしておく必要がある。

にもかかわらず，政府が財政危機を叫ぶのは，本格的な少子・高齢社会の到来のなかで，これまでの社会保障制度を前提とした場合，社会保障費の増大が不可避的であり，財政赤字が大幅に拡大するという認識にもとづく「危機」である。すなわち，政府にとっては，社会保障費の増大こそが「危機」の本質ということであり，社会保障費の抑制を国民に納得させるひとつの手段として「財政危機論」を展開しているといっても過言でない。

このように，日本の公的債務残高増大の現況は，「真の財政危機」ではないこと，政府がいう「財政危機」の本質には，社会保障費問題があることに留意する必要がある。

### 1.3　財政再建の重要性

それでは，日本の公的債務残高の増大を放置していおいて問題がないかといえば，そうではない。公的債務問題を放置すれば，マクロ経済へのネガティブ効果を通じて国民経済の混乱要因になる可能性がある。日本の公的債務残高の大半は国の借入金残高である国債残高である。国が借入金を調達するために発行する新規国債は，これまでのところ市中で消化されている。しかし，借入金残高が雪だるま式に増加すれば，将来の増税額が巨大化し増税要因がますます強くなり，国債市場では，「国の財政収支黒字化ができるであろう」という将来予想が修正され，国債に対する信頼性が低下，国債の価格暴落や金利の上昇を通じて，国債を市場で消化することの困難性が顕在化する可能性がある。

国債の市中消化が困難になれば，市中にいったん新規発行した国債を日本銀行が買いオペを実施して，事実上国債の日銀引受を強化することが考えられるが，その場合，買いオペによって民間に大量の貨幣が流通することになり，その結果，インフレーションが発生すると予想される。インフレーションの進行

は，名目 GDP を増加させるので，税収が大幅に増加して歳入増が期待できる。しかし，インフレの進行は当然インフレ期待を高め，その結果，金利が上昇して国債残高への利払いが増大すれば歳出も増加するので，結局，国債の事実上の日銀引受は，財政再建に寄与しないどころか，インフレーションと高金利の並存によって，日本経済に大きな混乱をもたらす可能性があることは否定できない。

したがって，巨額の財政赤字を放置する状況を是正して適正水準に債務を管理するための財政再建が不可欠であり，財政再建問題は，日本経済の抱える最大の政策課題のひとつである。

### 1.4 財政再建問題の基本的考え方

財政再建問題を考える場合，高齢社会のなかで社会保障費増は不可避であるにもかかわらず，財政収支バランスの回復を第一義的目標とし，社会保障費抑制に重点をおいた財政再建策をとることは正しくない。また，すべての国民がどの地域にいても福祉・教育などに関する行政サービスを平等に享受することを財政的に担保する現行の地方交付税交付金を機械的に削減すべきではない。地方交付税交付金を削減すると，自主財源基盤の弱い地方においては，財政赤字拡大が不可避である。財政赤字を是正するためには，福祉・教育など基本的人権に密接に関連する行政サービスの縮小を余儀なくされるという問題点をはらんでいる。

それでは，財政収支バランス回復を自己目的化した財政再建策ではなく，社会保障費の増大や現行の地方交付税交付金制度を容認しながら，債務管理を適正に行っていくための財政再建とは，はたして可能なのであろうか。

以下では，政府の財政再建策の内容とその問題点を明らかにしたうえで，今後の財政再建政策のあり方について具体的に議論する。そのなかでは，とくに政府の財政再建政策は，社会保障費抑制や地方交付税交付金削減だけにとどまらず，増税・保険料引上げなど多くの負担を国民に求める結果，国民生活に大きなしわ寄せをもたらすことを示す。そのうえで，国民生活を守ることを第一義的目標としながら債務管理を適正に行うための財政再建政策の具体的な方向性について明らかにする。

表 4.4-2　2006年度予算策定のための中期財政試算　　　　　　　　（単位：兆円）

|  | 2006年度 | 2007年度 | 2008年度 | 2009年度 | 2010年度 |
|---|---|---|---|---|---|
| 歳出 |  |  |  |  |  |
| 　国債費 | 18.8 | 21.0 | 20.8 | 21.7 | 22.8 |
| 　地方交付税交付金等 | 14.6 | 14.9 | 16.1 | 16.4 | 16.9 |
| 　一般歳出 | 46.4 | 46.9 | 48.1 | 51.4 | 52.6 |
| 　（社会保障費） | (20.6) | (21.1) | (22.0) | (25.1) | (26.1) |
| 　（公共事業関係費） | ( 7.2) | ( 6.9) | ( 6.9) | ( 6.8) | ( 6.7) |
| 　（その他歳出） | (18.6) | (18.9) | (19.2) | (19.5) | (19.8) |
| 合計 | 79.8 | 82.8 | 85.0 | 89.5 | 92.3 |
| 歳入 |  |  |  |  |  |
| 　税収 | 45.9 | 53.5 | 54.7 | 56.3 | 58.3 |
| 　その他収入 | 3.8 | 4.0 | 3.4 | 3.4 | 3.3 |
| 　公債金収入 | 30.0 | 25.4 | 26.8 | 29.9 | 30.7 |
| 基礎的財政収支 | −11.3 | −4.3 | −6.1 | −8.1 | −7.9 |

注：歳出＝国債費＋地方交付税交付金等＋一般歳出
　　　　ただし，国債費＝元金償還額＋利払い
　　　　　　　　　　利払い＝利子率×前年度国債残高
　　　　　　　　　一般歳出＝社会保障費＋公共事業関係費＋その他歳出
　　　歳入＝税収＋その他収入＋公債金収入
　　　基礎的財政収支＝（税収＋その他収入）−（地方交付税等＋一般歳出）
出所：財務省のホームページより。

## 2　中長期財政試算の分析フレームワーク

### 2.1　予算策定のための財務省「中期財政試算」

　財政再建政策のあり方を議論するためには，中長期の財政見通しや政策変更が財政に与える効果などを試算することが不可欠であり，そのための分析フレームワークが必要である。政府が行う種々の財政試算は，財務省が毎年の予算編成のさいに明らかにする，当初予算が後年度の歳出・歳入に与える影響を試算する「中期財政試算」の分析方法が使用されるのが一般的である。表4.4-2は，2006年度の当初予算が，中期的に財政に与える影響を具体的数値で示した「中期財政試算」であるが，以下では，表4.4-2を参照しながら，財政試算の分析フレームワークを説明する。

## 2.2 「中期財政試算」の説明

**財政収支バランス**　表 4.4-2 において，歳出は「国債費」，「地方交付税交付金等」および「一般歳出」（社会保障費，公共事業関係費，その他歳出）の和として，他方，歳入は「税収」，税収以外の「その他収入」および「公債金収入」の和で示され，当然ながら歳出と歳入は等しい。

**経済指標の前提条件**　中期財政試算では，いくつかの経済指標について前提をおくが，主なものは名目経済成長率，名目金利であり，それ以外に，消費者物価上昇率や税収の所得弾性値などが仮定として与えられる。

**歳出**　歳出のうち，一般歳出は政府が種々の議論を通じて政策的に決定するので外生的に与えられる。「国債費」は元金償還額と利払い費の和であるが，国債は60年償還を基本としているため，毎年返還しなければならない元金償還額は前年度の国債残高に60分の1を掛けて概算することができる。また，利払い費は前年の国債残高に金利を掛けることで概算される。「地方交付税交付金等」は国税[1]の一定割合の額であり，地方公共団体の財源不均衡を調整し，どの地域においても一定の行政サービスを提供できるような財源を保障するものであるが，これは，地方交付税交付金の所得弾性値×名目経済成長率 で計算される変化率をもとに概算される。このようにして，まず歳出の合計額が求められる。

**歳入**　一方，「税収」はやはり 税収の所得弾性値×名目経済成長率 で計算される変化率をもとに概算され，「その他収入」は，前年度予算を参考に決める。「公債金収入」は，すでに試算された歳出から「税収」と「その他収入」を差し引いた差額として決まり，当年度の中央政府の借金を示し，新規国債の発行によって借入金を調達する。なお，当年度末の国債残高は前年度の国債残高から本年度償還する元金償還額を引いて，新たな借入を示す当年度の公債金収入を足したもので決まる。

**基礎的財政収支**　基礎的財政収支（プライマリーバランス）は，歳入のうち「税収」と「その他収入」から，「地方交付税等」と「一般歳出」を差し引いたものであり，財政構造の基本的状況を示す。

---

[1] 所得税，法人税，酒税，消費税およびたばこ税など。

以上のような手続きをへて，表4.4-2の数値が決まる。本章の第4節で行ういくつかの財政再建政策の財政に与える影響の試算は，この「中期財政試算」のフレームワークをもとにしている。

## 3 政府の財政再建政策の基本戦略

### 3.1 政府の財政再建の目標と到達

**財政再建の目標**　政府の財政再建計画は，小泉内閣で提起された「構造改革と経済財政の中期展望」(2002年1月) の枠組みにそって，一般歳出の増加を抑制し，2010年までに基礎的財政収支（プライマリーバランス）の均衡を実現し，その後，国債残高・名目 GDP 比をある数値目標に収束させるという2段階の目標設定にもとづいて，現在実行されている。

**財政再建の進捗状況**　現在の進捗状況は表4.4-2で確認することができる。表によると，2006年度当初予算では，「一般歳出」46.4兆円，「国債費」18.8兆円で歳出合計か79.8兆円になっている。これに対して，歳入では「税収」と「その他収入」の合計が49.7兆円で，歳出合計から「税収」と「その他収入」を差し引いたものが「公債金収入」で30兆円に及んでいる。

「公債金収入」の増大は国債残高の増大をもたらすが，財務省の「公債金収入」の予想は，2007年度は25.4兆円とやや減少するが，その後，26.8兆円 (2008年度)，29.9兆円 (2009年度)，30.7兆円 (2010年度) と増加する。基礎的財政収支は2006年度11.3兆円の赤字であるが，2007年度は景気回復による税収増で4.3兆円まで赤字は縮小すると予想しているが，その後6.1兆円 (2008年度)，8.1兆円 (2009年度)，7.9兆円 (2010年度) と赤字は増加傾向を示している。

### 3.2 新たな財政改革の方向性

**「歳出・歳入一体改革」論**　このままでいくと2010年代初頭に基礎的財政収支を均衡させるという当初の公約達成は困難であるとして，政府は，さらなる財政改革を実行するために，「歳出・歳入一体改革にむけた取組」[2]にもとづいて，改めて財政再建の方向性を示した。

---

2)「経済運営と構造改革に関する基本方針2006」，平成18年7月7日閣議決定。

それによると，2011年に国・地方の基礎的財政収支を確実に黒字化し，2010年代初頭から2010年代半ばにかけて，国・地方の基礎的財政収支の黒字幅を一定程度確保して，債務残高・GDP 比の発散を止め，安定的に引き下げる，とこれまでの目標をあくまでも堅持するとしている。

**「改革の 7 つの原則」**　目標達成のため，「改革の 7 つの原則」を示し，成長力の強化，資産圧縮，地方交付税交付金の適正化，歳出削減の徹底を行い，その後，必要と判断される歳入増について税制上の措置をとることなどを明言している。

具体的には，2011年度に国・地方の基礎的財政収支を確実に黒字化することを目的に，名目経済成長率を着実な 3 ％程度と前提して，目標達成に必要な国および地方の歳出削減または歳入増を示す「要対応額」は16.5兆円としている。「要対応額」のうち少なくとも11.4兆円から14.3兆円は歳出削減で対応し，「要対応額」を満たさない部分は，歳入改革による増収措置で対応するとしている。

2011年度に基礎的財政収支を均衡させるために16.5兆円の歳出削減を行う場合，たとえば，社会保障費を含むすべての経費を一律に18％削減する必要があることを強調する。この場合，社会保障の分野においては，2011年度に，①医療・介護に係る自己負担を約 2 倍に引き上げる，②基礎年金支給開始年齢を69歳程度に引き上げる，③約20万人の児童保育のとりやめ，④児童手当の支給対象年齢の小学 4 年までの引下げ，などの制度改革をすべて行う必要があるとしている。

**一般消費税の税率アップ**　しかしこのような削減を行うことは現実には不可能であるため，歳出だけでなく歳入の面も含めて改革を行うことが不可欠であるとして，一般消費税の税率アップの必要性を強く打ち出している。閣議決定では，社会保障における自己負担を一層求めるとともに一般消費税の税率アップによる増税を同時に行うことを公約としており，国民への負担増強化によって財政再建を目指そうとしていることは明らかである。

はたして国民への負担増を最小限にして財政再建をすることはできないのであろうか。以下では，2011年度から2050年度までの長期間の財政試算をもとに財政再建政策のあり方について具体的に検討する。

表 4.4-3　主な前提条件

| | 現状維持型ケース | 政府型ケース | 国民負担抑制型ケース |
|---|---|---|---|
| 名目経済成長率 | 3％ | 3％ | 3％ |
| 名目金利 | 4％ | 4％ | 2.3％ |
| 社会保障費 | 2025年まで「厚生労働省」試算 2026年以降3.5％の伸び率 | 2025年まで「厚生労働省」試算 2026年以降3％の伸び率 | 2025年まで「厚生労働省」試算 2026年以降3.5％の伸び率 |
| 公共事業関係費 | 3％の伸び率 | 3％の伸び率 | 2010年水準で据え置き |
| その他歳出 | 3％の伸び率 | 3％の伸び率 | 2010年水準で据え置き |
| 地方交付税交付金 | 3.6％の伸び率 | 1％の伸び率 | 3.6％の伸び率 |
| 増税政策 | 導入しない | 2009年消費税率3％アップ | 導入しない |
| 社会保障公費の国・地方の分担率 | 国：地方＝7.5：2.5 | 国：地方＝7.5：2.5 | 国：地方＝7：3 |
| 国有資産売却 | なし | 2011年から合計14兆円売却 | 2011年から合計14兆円売却 |

## 4　財政再建に関する政策シミュレーション

### 4.1　政策シミュレーションのための前提条件

　財政の長期見通しの試算について，このままいけばどうなるかという「現状維持型」ケース，政府が現在考えている政策を実行することを想定した「政府型」ケースおよび国民の負担増を最小限に抑制した「国民負担抑制型」ケースの3つについて行う（表4.4-3参照）。

　**「現状維持型」ケースの前提条件**　「現状維持型」ケースにおける試算では，2011年度以降の名目経済成長率3％，名目金利4％，税収は，前年の税収に名目経済成長率×所得弾力性（1.1）の伸び率で増加すると想定する。「社会保障の給付と負担の見通し」（厚生労働省，平成18年5月）で，直近の社会保障制度改革の効果および名目経済成長率の修正を考慮して試算された社会保障費公費負担をもとに，2025年度までの「社会保障費」を算出し，2026年度以降については

2025年度の前年比増加率で機械的に2050年度まで延ばす。「公共事業関係費」，「その他歳出」は名目経済成長率の伸び率で，「地方交付税交付金」は名目経済成長率×税収の所得弾力性(1.2)の伸び率で増加すると想定する。

「政府型」ケースの前提条件　「政府型」ケースが「現状維持型」ケースと相違する主な点は，2009年度に一般消費税率を3％アップして8％にし，3％アップによって2009年度には6兆円の増税が実現する，地方交付税交付金の伸び率を経済成長率より低く1％とする，社会保障費については，2025年度まで「現状維持型」ケースと同じであるが，2026年度以降経済成長率の伸び率で抑制する。

「国民負担抑制型」ケースの前提条件　「国民負担抑制型」ケースは，名目金利を直近の実績値である2.3％という低金利を想定，増税は行わない，地方交付税交付金は従来どおりの基準で配分，公共事業関係費・その他歳出は2010年水準で据え置く。社会保障費については，「現状維持型」ケースと同じ伸び率を確保する。なお，「政府型」ケースと「国民負担抑制型」ケースはいずれも行政改革の一環として国有資産の売却を2011年度から7年間，毎年2兆円で合計14兆円実施すると想定している。

3つのケースの試算結果は以下のとおりである。

## 4.2 「現状維持型」ケースの試算結果（表4.4-4参照）

2011年度以降，基礎的財政収支が，8.2兆円赤字（2011年度）から，11.3兆円赤字（2015年度）と増加，2050年度には43.4兆円もの赤字となる。これは，税収の増加率に比して，社会保障費の伸び率が高いことを反映して歳出の伸び率が上回ることによる。

その結果公債金収入が増え，それが債務残高を増やすことによって国債費が増え，さらに歳出を増やすという悪循環に陥る。公債残高は，2050年度には4775兆円までに増加，財政破綻は明らかである。このようなケースは放置できず，財政再建のための政策が不可欠であることがわかる。

## 4.3 「政府型」ケースの試算結果（表4.4-5参照）

2009年度に消費税率を3％アップすることの効果によって，税収が大幅に増加し，2011年度には，政府の目標どおり基礎的財政収支はほぼ均衡する。2012年度以降は歳出のうちとくに地方交付税交付金が大幅に抑制されることによっ

表 4.4-4 「現状維持型」ケース　　　　　　　　　　　　　　　　（単位：兆円）

| 年度 | 歳入 | | 公債残高 | 公債残高・ | 基礎的財政収支 |
| --- | --- | --- | --- | --- | --- |
| | 税収等 | 公債金収入 | （年度末） | GDP 比 | |
| 2011 | 63.6 | 43.2 | 649.6 | 1.1 | −8.2 |
| 2015 | 72.4 | 54.4 | 802.7 | 1.2 | −11.3 |
| 2020 | 85.1 | 71.0 | 1,048.5 | 1.4 | −14.7 |
| 2025 | 100.0 | 91.4 | 1,365.4 | 1.5 | −17.9 |
| 2030 | 117.6 | 116.6 | 1,768.8 | 1.7 | −21.3 |
| 2040 | 162.4 | 188.4 | 2,927.5 | 2.1 | −30.4 |
| 2050 | 224.4 | 301.4 | 4,774.7 | 2.6 | −43.4 |

| 年度 | 地方交付税交付金 | 一般歳出 | | | 国債費 | 歳出合計 |
| --- | --- | --- | --- | --- | --- | --- |
| | | 社会保障費 | 公共関係事業 | その他歳出 | | |
| 2011 | 17.5 | 27.0 | 6.9 | 20.4 | 35.0 | 106.8 |
| 2015 | 20.2 | 32.8 | 7.8 | 23.0 | 43.1 | 126.8 |
| 2020 | 24.1 | 40.1 | 9.0 | 26.6 | 56.4 | 156.1 |
| 2025 | 28.7 | 47.9 | 10.4 | 30.8 | 73.5 | 191.4 |
| 2030 | 34.3 | 56.8 | 12.1 | 35.8 | 95.3 | 234.2 |
| 2040 | 48.8 | 79.7 | 16.3 | 48.1 | 157.9 | 350.8 |
| 2050 | 69.5 | 111.8 | 21.9 | 64.6 | 257.9 | 525.8 |

て，基礎的財政収支は2015年度にも黒字を維持してその後増加傾向を示す．

　しかし，このケースでは社会保障費の増加などによって一般歳出が大幅に増加すること，金利が高いことによる利払い増による国債費が増えること，などの理由で公債金収入の増加傾向が相当期間持続し，その結果債務残高も相当の規模に達する．ただし，債務残高・GDP 比は最高時の1.2から収束傾向を示すので，財政再建は可能であるということになる．

　このように，地方交付税交付金の抑制と一般消費税の税率アップを基本的な政策の柱とした場合，政府の考える財政再建は軌道に乗る可能性がある．しかし，一般消費税率の3％アップは，2009年度から毎年国民に6兆円の負担増を求めるものであり，少なく見積もっても2050年度までを累計すると約240兆円（2009年度価格）の金額にのぼり，消費税の逆進性を考えると，低所得者への影響が深刻になると予想される．また，これからの日本経済の成長を考えた場合，少子・高齢化の一層の進行によって家計消費支出にデフレ圧力がつねにはたら

表 4.4-5 「政府型」ケース (単位：兆円)

| 年度 | 歳入 | | 公債残高 | 公債残高・ | 基礎的財政収支 |
| | 税収等 | 公債金収入 | (年度末) | GDP 比 (%) | |
|---|---|---|---|---|---|
| 2011 | 71.0 | 34.5 | 631.1 | 1.1 | −0.1 |
| 2015 | 80.5 | 39.5 | 737.0 | 1.1 | 0.7 |
| 2020 | 92.2 | 47.5 | 892.0 | 1.2 | 1.2 |
| 2025 | 108.4 | 53.2 | 1,066.8 | 1.2 | 5.2 |
| 2030 | 127.4 | 56.8 | 1,249.2 | 1.2 | 11.9 |
| 2040 | 176.1 | 58.1 | 1,597.7 | 1.2 | 30.7 |
| 2050 | 243.3 | 43.7 | 1,830.4 | 1.0 | 59.3 |

| 年度 | 地方交付税交付金 | 一般歳出 | | | 国債費 | 歳出合計 |
| | | 社会保障費 | 公共関係事業 | その他歳出 | | |
|---|---|---|---|---|---|---|
| 2011 | 17.1 | 27.0 | 6.8 | 20.2 | 34.4 | 105.5 |
| 2015 | 17.8 | 32.8 | 7.4 | 21.9 | 40.2 | 120.0 |
| 2020 | 18.7 | 40.1 | 8.2 | 24.1 | 48.7 | 139.8 |
| 2025 | 19.6 | 47.9 | 9.0 | 26.6 | 58.4 | 161.6 |
| 2030 | 20.6 | 55.5 | 10.0 | 29.4 | 68.8 | 184.3 |
| 2040 | 22.8 | 74.6 | 12.1 | 35.9 | 88.8 | 234.2 |
| 2050 | 25.2 | 100.3 | 14.8 | 43.7 | 103.0 | 287.0 |

くと予想される。それゆえ，その家計消費支出にさらに打撃を与え，デフレ圧力が強まり，政府が前提としている名目経済成長率3％自体が達成できない可能性があり，その場合，財政再建は再び振り出しということになる。

### 4.4 「国民負担抑制型」ケースの試算結果（表 4.4-6 参照）

このケースは，①一般消費税の税率アップによる増税はやらない，②国民負担をできるだけ増やさない，③地方交付税交付金についてはこれまでの算定方法を維持しながら地方への財源移転を保証する，というところに政策的な特徴がある。しかしこの場合，もし他の政策をとらなければ，財政的に破綻することは明らかである。

財政的破綻をまぬがれるための政策は，中央政府の歳出構造について公共事業費やその他歳出は2010年度水準で据え置き，社会保障公費負担の増加は容認するので，事実上社会保障優先の歳出構造への転換を意味することになる。

さらに，地方政府への地方交付税交付金の配分方式をこれまでどおりにする

表 4.4-6 「国民負担抑制型」ケース (単位:兆円)

| 年度 | 歳入 | | 公債残高 | 公債残高・ | 基礎的財政収支 |
| --- | --- | --- | --- | --- | --- |
| | 税収等 | 公債金収入 | (年度末) | GDP比(％) | |
| 2011 | 65.6 | 28.0 | 634.5 | 1.1 | −3.5 |
| 2015 | 74.4 | 29.9 | 707.2 | 1.1 | −2.6 |
| 2020 | 85.1 | 33.4 | 805.0 | 1.1 | −2.2 |
| 2025 | 100.0 | 33.8 | 903.2 | 1.0 | 1.3 |
| 2030 | 117.6 | 33.0 | 991.7 | 1.0 | 5.7 |
| 2040 | 162.4 | 27.3 | 1,118.9 | 0.8 | 16.8 |
| 2050 | 224.4 | 13.7 | 1,134.9 | 0.6 | 31.6 |

| 年度 | 地方交付税交付金 | 一般歳出 | | | 国債費 | 歳出合計 |
| --- | --- | --- | --- | --- | --- | --- |
| | | 社会保障費 | 公共関係事業 | その他歳出 | | |
| 2011 | 17.5 | 25.2 | 6.7 | 19.8 | 24.5 | 93.6 |
| 2015 | 19.9 | 30.6 | 6.7 | 19.8 | 27.3 | 104.3 |
| 2020 | 23.4 | 37.4 | 6.7 | 19.8 | 31.2 | 118.5 |
| 2025 | 27.5 | 44.7 | 6.7 | 19.8 | 35.1 | 133.8 |
| 2030 | 32.4 | 53.0 | 6.7 | 19.8 | 38.7 | 150.5 |
| 2040 | 44.8 | 74.4 | 6.7 | 19.8 | 44.1 | 189.7 |
| 2050 | 61.9 | 104.4 | 6.7 | 19.8 | 45.3 | 238.1 |

代わりに，社会保障公費負担の国と地方の負担比率を変える政策をとる。これは，社会保障のうち，中央政府は公的年金という現金給付に，地方政府は医療サービスや介護サービスなど現物給付に，相対的に重点化して，社会保障の分野でも国・地方の分権化を目指すことを意味する。したがって，地方政府では社会保障公費負担が増加することになり，地方政府もまた中央政府と同様社会保障優先の歳出構造に切り替えていくことになる。地方政府の社会保障費が増える分，中央政府の社会保障費の増加が相対的に小さくてすみ，歳出の増加を抑制することができる。

ただし，一般消費税の税率アップによる増税を行わないため，歳入の増加は相対的に緩やかであり，基礎的財政収支の均衡化は，「政府型」ケースと比較して，10年ほど遅れて2020年代にならなければ達成することができない。「政府型」ケースの公債金収入は2040年度58兆円に至り，それまでの期間中一貫して増加傾向を示している。その結果，債務残高は，1598兆円（2040年），1830兆

円（2050年）まで増加することになる。ところが，「国民負担抑制型」ケースでは，基礎的財政収支の均衡が遅れるにもかかわらず，公債金収入は，33.8兆円（2025年度）までは増加傾向を示すが，その後33兆円（2030年度）になり，減少傾向が顕著になる。その結果，債務残高も，1119兆円（2040年），1135兆円（2050年）と「政府型」ケースに比べても，大幅に減少している。これは，いうまでもなく，名目金利を4％ではなく，2.3％という低金利政策を維持したことに起因する。いくら基礎的財政収支の均衡を維持したとしても，金利が高ければ債務残高の増大に歯止めをかけることはむずかしく，低金利政策が重要であることを物語っている。

　以上のように，国，地方とも社会保障優先の歳出構造を維持し，それと低金利政策を結び付けた政策を実行すれば，国民の負担を抑制しながら，財政再建を実現できることがわかった。

　本試算では，一般消費税の増税はやらなくても財政再建が可能なことを示した。しかし，ここで前提とした「厚生労働省の見通し」における社会保障公費負担予想は，2004年度から2006年度にかけて行われた，公的保険制度の改革にともなう基礎年金給付額の削減や医療費や介護サービス費における高齢者の自己負担の増加を前提としたものであることに留意する必要がある。したがって，「国民負担抑制型」ケースにおける社会保障については，とくに高齢の低所得者に十分なサービスを提供できない内容になっている。高齢低所得者の老後生活を保障するためには，基礎年金の増加や介護・医療サービスの自己負担の削減を進めていく必要があり，そのための原資として一定の増税が必要である。しかしそのさいの増税は，税の所得再配分機能の強化を原則とすべきであり，大企業からの法人税の増徴，高額所得者からの所得税の増徴および資産課税などの強化によって実現すべきである。

（本田　豊）

# 第5章 少子・高齢社会と社会保障

　本章では，高齢者の老後保障に不可欠な社会保険制度（公的年金制度，医療保険制度，介護保険制度）について，各制度の概要，現状と課題を明らかにして，課題解決に向けた政府・厚生労働省の社会保険制度改革案を批判的に検討する。そのうえで，少子・高齢社会が進行するなかで今後の社会保険制度を考えた場合，すべての国民の基本的人権を保障するという視点から公的役割の拡大が不可欠であることを強調する。さらに，女性の要求や立場を十分に尊重した実効性のある少子化対策は，日本の社会経済システムの転換と密接に関連していることを明らかにする。

## 1　日本の将来人口の見通しと社会保障の課題

　**日本の将来人口**　「日本の将来推計人口（2006年）」によると，現在の日本の人口は1億2777万人であるが，2050年には9515万人へと約3200万人も大幅に減少すると予想している[1]。年齢構成をみてみると，年少人口（0～14歳），生産年齢人口（15～64歳），高齢人口（65歳以上）の構成比率は，2005年にそれぞれ，13.7％，65.8％，20.1％であるが，2050年にはそれぞれ，8.6％，51.8％，39.6％と変化し，高齢化率（65歳以上人口の全人口に占める割合）は，20.1％から39.6％へとほぼ倍増する。これから2050年頃まで日本社会は，本格的な高齢社会に突入するといういまだかつて経験したことのない事態が発生することになる。

　**高齢社会への対抗**　2050年以降日本は，人口減少はつづくが，高齢化率の上昇は止まり，人口構造が安定，少し若返ることになる。高齢社会は歴史的にみれば，これから50年間程度の一時的現象であるということができる。高齢社会においては，高齢者の老後生活の安定だけでなく，現役世代の生活向上を保障しながらいかに世代間の負担問題を考えていくかが重要であり，長期的視点から，世代を超えてみんなで知恵を出し合いながら対応策を考えていく必要が

---

　1）　国立社会保障・人口問題研究所。日本の人口は2005年国勢調査。

ある。

**少子化への対応**　将来人口の減少傾向が今後とも長期的に持続すると予想されるのは，1人の女性が一生の間に生む子供数の理論値を示す合計特殊出生率が上昇するという見通しがないことに起因する。たとえば，「日本の将来推計人口（2006年）」では，合計特殊出生率が長期的には1.26に収束すると仮定している。

人口の減少による国民生活への影響が危惧されているが，たとえ人口が減少しても，経済成長率の低下が緩やかに推移し，その結果1人当たりの所得を増やしつづけることができれば，国民生活の向上は可能である。しかし，50年足らずの間に3000万人以上の人口が減少するという事態は，国内需要の急速な収縮によって，人口減少率以上に経済成長率が低下し，日本経済が長期的衰退に陥り，国民生活に重大な影響を及ぼす可能性を否定できない。このような可能性を避けるためには，出生率を上げる努力を積み重ね，将来人口の減少に歯止めをかけるため，実効性のある少子化対策を実行していくことが必要である。

少子化対策という視点から現在の社会保障制度をみると，妊娠・出産・育児に関する保健指導を目的とした「母子保健」事業，保育に欠ける乳児や幼児を保育する「保育所」事業，「育児休業・介護休業制度」など限られた取り組みしか行われていないのが現状である。女性の要求や立場を十分に尊重した実効性のある少子化対策を確定し，実行することがもうひとつの重要な課題である。

## 2　老後生活保障の根幹としての公的年金制度設計に向けて

### 2.1　日本の公的年金の現状と問題

**日本の公的年金制度**　日本の公的年金の給付体系は，すべての国民に共通に給付される国民年金（基礎年金）と，それに上乗せして報酬比例の年金を支給する「被用者年金」の2階建ての体系になっている。「被用者年金」は，厚生年金や共済年金などと呼ばれている。

公的年金改革で，財政収支を議論する場合に使用される「国民年金」は，第1号被保険者（自営業者など）の保険料や老後に受け取る給付額などの収支状況を示す国民年金特別会計「国民年金勘定」である。

「厚生年金」は，民間サラリーマンが納める保険料や民間サラリーマンやその被扶養配偶者が老後に受け取る給付額などの収支状況を示す厚生保険特別会計「年金勘定」である。以下では断りのないかぎり，「国民年金」「厚生年金」はこの２つの勘定のことを意味する。

**年金制度改革の争点**　公的年金にかかる基本的問題点は，引退世代にこれまでの給付水準を維持しようとすれば，現役世代の保険料（率）を大幅に増やさなければ，公的年金制度の財政収支は破綻するというものである。公的年金の改革は，年金財政の長期的見通しをつくり直す財政再計算をもとに，５年おきに行われることになっているが，これまでの年金改革をめぐる議論は，いずれも引退世代への給付と現役世代の負担との関係をどのように見直すかということが主要な争点であった。

### 2.2　2004年公的年金改革の特徴

**年金改革４つのポイント**　直近の公的年金改革は2004年度に国会で承認され，2005年度から実施に移されている。2004年公的年金改革の主なポイントは，つぎの４点である。

① 最終的な保険料（率）を法律にもとづいて固定化し，その負担範囲で給付を行うという「保険料水準固定方式」を導入したこと。
② 社会・経済変動に柔軟に対応することができるように年金給付スライド率を調整して給付水準を自動調整できる制度にしたこと。
③ 厚生年金の給付水準の下限として，「所得代替率」[1]を50.2％にすると決めたこと。
④ 基礎年金への国庫負担割合を現在の３分の１から２分の１に2009年度までに引き上げること。

**給付伸び率の鈍化**　これまでは，すでに公的年金給付を受けている人の給付額は物価上昇率の分だけ増加し，実質給付額は維持されることが保障される物価スライド制であった。しかし，今回の公的年金改革によって，すでに年金給

---

1) 所得代替率とは厚生年金に加入していた「モデル世帯」の年金給付額が，現役世代男性の平均的手取り賃金の何パーセントにあたるかを示す値である。なお，ここでモデル世帯とは，男性の平均賃金（年収）で40年間働いた夫と，同年齢で仕事をもたず家事に専念してきた妻という世帯である。

付を受けている人の給付額の給付伸び率は，物価上昇率からスライド調整率を引いた伸び率にとどまるということになった。スライド調整率は，「公的年金全体の被保険者数の減少率＋平均余命の伸びを勘案した一定率（0.3％）」と定義されており，2025年までは平均年0.9％程度とみなしている。したがって，物価上昇率が1％であれば，給付伸び率は0.1％にとどまることになる。その結果，2023年までに所得代替率は現行の59.2％から50.2％まで調整されることになる。

**厚生年金給付見通し**　たとえば，夫が1941年度生まれの夫婦2人は2006年度から年金の受給資格が発生している。これまでの物価スライド制を前提とした場合，モデル世帯の実質標準年金給付額は維持されることになっていた。しかし，今回の年金改革の結果，標準年金給付額は2006年度22.7万円であるが，2006年度価格で評価した実質標準給付額は，2011年度には22万円で，20.8万円（2016年度），20.2万円（2021年度）まで落ち込み，実質標準給付額は，2006年度と比較して2021年度には約11％減少するという見通しである。

**国民年金給付の見通し**　1941年生まれで国民年金保険料を40年間納付した標準受給者の基礎年金給付額は，2006年度6.5万円であり，これまでの物価スライド制を前提とした場合，実質給付額は維持される。しかし，今回の年金改革の結果，実質給付額は2011年度に6.3万円と減少し，さらに6万円（2016年度），5.7万円（2021年度）と落ち込み，2006年度と比較して，2021年度には約12％減少することになる。

**保険料(率)見通し**　負担について，現役世代の厚生年金の保険料率（ボーナスを含む標準報酬に対する保険料支払の割合）は現行13.58％（本人負担6.79％）から毎年0.354％（本人負担0.177％）増加し，2017年以降は18.3％（本人負担9.15％）で固定化されることになる。国民年金の保険料の月額は，2004年度の1万3300円から，毎年月額280円（2004年度価格）値上げし，2017年度以降1万6900円（2004年度価格）で固定化するとしている。

## 2.3　2004年公的金改革の問題点と今後の改革の方向性

**基礎年金給付の引下げ**　今回の年金改革では，すでに厚生年金や国民年金を受給している人や近い将来受給者になる人の給付額は，実質的に10％前後削減されると予想されるが，とくに問題なのは，基礎年金についても10％前後削減

するという内容を含んでいることである。現在の1人当たり平均基礎年金給付額は，約4万5000円であり，これが実質的には4万500円までに引き下げられるということになり，高齢者の老後の生活に大きな影響を与えることになる。また，4万5000円はあくまでも平均給付額であり，その金額に満たない受給者も現在多数にのぼり，実質給付額削減で，基本的生存権さえ保障できない深刻な社会問題を発生させる可能性がある。

基礎年金は老後生活のセーフティネットの役割を担う最も重要な社会保障制度であり，少なくとも，その給付額については，現在の1人当たり平均の実質給付額を維持し，将来的にはすべての国民に標準受給者の6万5000円の給付額を実質的に保障・充実させるために努力していくことが必要である。

**保険料(率)引上げ**　保険料（率）については，2005年度から10年以上長期にわたって連続的に値上げするということになった。しかし，このような値上げは好ましくない。現役世代にとっては，保険料負担率の上昇が低くみえるが，これはボーナスを含めた全報酬額をベースとしているためであり，保険料額そのものの増額分は大きくなる。また，基礎年金給付に対する国庫助成を3分の1から2分の1にして，その財源として消費税率を上げることによって対応することになっており，消費税率の上昇による負担の増加が隠されていることにも留意する必要がある。

国民年金の保険額は所得に関係なく定額であり，負担の逆進性が強いことはいうまでもない。他方，小泉「構造改革」以降，労働市場の自由化とともに，正規労働者があまり増えず非正規労働者が大幅に増加し，低所得者層が固定化する傾向にある。すでに，低所得により，定額の保険料を支払うことのできない人が激増しており，それが保険料の未払率を高くしているひとつの要因であり，保険額の増加はさらに未払率を高め，国民年金の空洞化に拍車をかけることになる。さらに今後，正規労働者になれず高齢化していく人が激増し，無年金生活者問題が日本社会の大きな問題になる可能性も否定できない。

厚生年金の保険料率上昇は，とくに中小企業の負担を増やし経営に大きな影響を与える可能性がある。中小企業経営者が，派遣・パート・アルバイトなど厚生年金をかける義務のない非正規労働者を増やす形で対応すると，厚生年金は加入者の減少に歯止めがかからず，そのことが年金給付額の低下に影響を与

える可能性がある。

**年金改革の基本原則**　以上のような理由により，保険料（率）の値上げは極力避けることが望ましい。今後の公的年金改革にあたっては，すべての高齢者の老後生活保障と公的年金保険制度の財政的破綻の回避という2つの目標を同時達成するために，公費負担増など国家の関与を強めることがどうしても必要である。そのさいにはつぎのような原則で改革を行うことが望ましい。

①基礎年金給付額については，現在の給付額について実質的にこれを保障し，長期的には，すべての受給者に1人当たり6万5000円の給付額を実質的に保障する。
②保険料率については据え置き，保険料については当面価格上昇分だけの値上げにとどめる。
③厚生年金保険料の労使折半は維持し，企業に社会的責任を果たしてもらう。
④基礎年金の追加給付に必要な金額は，税の再分配機能を重視する視点で財源を確保する。
⑤厚生年金の長期的財政収支を維持するために，厚生年金（2階建分）の給付額については一定程度削減せざるをえないが，削減率については「歯止め指標」を設け，また計画的に積立金の取り崩しを行い給付に回す。

## 3　財政バランス優先の医療・介護制度からの脱却と公費負担の重要性

### 3.1　高齢社会のなかで必然的に増大する「国民医療費」

**国民医療費の構成**　医療保険制度の給付対象となっている医療費である「国民医療費」を，診療種類別にみると，一般診療医療費，歯科診療医療費，薬局調剤医療費，入院時食事医療費，などから構成されるが，その圧倒的部分は一般診療医療費であり，国民医療費の将来見通しを考えた場合，その動向を基本的に規定するのは一般診療医療費である（以下，表4.5-1参照）。

**加齢と一般診療医療費**　年齢階級別1人当たりの一般診療医療費は，44歳まではあまり変化しないが，45歳以降は加齢とともに急激に増加するという実態がある。たとえば，年齢階級別に1人当たり一般診療医療費（1998年）をみて

表 4.5-1　国民医療費の現況
国民医療費　　　　　　　　　　　　　　　　　　　　　　　　　　　　（単位：10億円）

|      | 一般診療医療費 | 歯科診療医療費 | 薬局調剤医療費 | 入院時食事医療費 | その他 | 合計   |
| ---- | ------ | ------ | ------ | ------ | --- | ---- |
| 1995 | 21,868 | 2,384  | 1,266  | 1,080  | 360 | 26,958 |
| 1996 | 22,979 | 2,543  | 1,445  | 1,078  | 476 | 28,521 |
| 1997 | 23,170 | 2,535  | 1,679  | 1,074  | 608 | 29,065 |
| 1998 | 23,483 | 2,520  | 2,002  | 1,073  | 747 | 29,825 |
| 1999 | 24,013 | 2,544  | 2,425  | 1,079  | 872 | 30,934 |
| 2000 | 23,961 | 2,558  | 2,808  | 1,003  | 29  | 30,358 |

1人当たり一般医療費　　　　　　　　　　　　　　　　　　　　　　　（単位：10万円）

|      | 0から14歳 | 15から44歳 | 45から64歳 | 65から69歳 | 70歳以上 |
| ---- | ------ | ------- | ------- | ------- | ----- |
| 1995 | 0.69   | 0.71    | 1.96    | 3.58    | 6.40  |
| 1996 | 0.76   | 0.72    | 2.01    | 3.70    | 6.59  |
| 1997 | 0.77   | 0.71    | 1.97    | 3.71    | 6.53  |
| 1998 | 0.77   | 0.71    | 1.93    | 3.82    | 6.51  |
| 1999 | 0.84   | 0.69    | 1.90    | 3.84    | 6.67  |
| 2000 | 0.88   | 0.72    | 1.87    | 3.72    | 6.32  |

出所：『平成12年度国民医療費』。

みると，0から14歳が約7.7万円，15から44歳が約7.1万円，45から64歳が約19.3万円，65から69歳が約38.2万円，70歳以上が約65.1万円となっている。0から14歳の1人当たり一般医療費を1とすると，15から44歳が約0.9倍，45から64歳が約2.5倍，65から69歳が約5.0倍，70歳以上が約8.5倍になっている。したがって，高齢化が進めば一般診療医療費が増加し，国民医療費が急増するのは不可避的現象であるということになる。高齢化の本格的進行のなかで，今後急増することが予想される国民医療費の負担問題にどう対応するかが，医療制度をめぐる基本的問題である。

### 3.2　日本の医療保険制度の問題点

**日本の医療制度**　日本の医療制度は，現在医療保険制度と老人保健制度の二本立になっており，医療保険制度は，職域保険と地域保険から構成される。地域保険における保険制度は国民健康保険である。職域保険には，健康保険，船員保険，国家公務員共済組合，地方公務員共済組合，私立学校教職員共済など

**表 4.5-2　主な医療保険制度の財政状況**

政府管掌健康保険　　　　　　　　　　　　　　　　　　　　　　（単位：10億円）

収入

|  | 保険料収入 | 国庫負担金 | その他 | 合計 |
|---|---|---|---|---|
| 1995 | 5,692 | 881 | 35 | 6,608 |
| 1996 | 5,800 | 923 | 29 | 6,751 |
| 1997 | 5,997 | 903 | 26 | 6,926 |
| 1998 | 6,052 | 898 | 30 | 6,981 |
| 1999 | 5,929 | 960 | 20 | 6,909 |

支出

|  | 医療給付費 | 老人保健拠出金 | 退職者給付拠出金 | その他 | 合計 | 収支差引 |
|---|---|---|---|---|---|---|
| 1995 | 4,643 | 1,713 | 380 | 158 | 6,894 | −285 |
| 1996 | 4,771 | 1,871 | 382 | 161 | 7,185 | −434 |
| 1997 | 4,576 | 1,897 | 395 | 161 | 7,028 | −102 |
| 1998 | 4,319 | 2,090 | 422 | 160 | 6,990 | −10 |
| 1999 | 4,258 | 2,355 | 475 | 154 | 7,243 | −334 |

国民健康保険　　　　　　　　　　　　　　　　　　　　　　　（単位：10億円）

収入

|  | 保険料 | 国庫支出金 | 療養給費交付金 | 地方負担 | その他 | 合計 |
|---|---|---|---|---|---|---|
| 1995 | 3,093 | 2,976 | 854 | 757 | 527 | 8,207 |
| 1996 | 3,231 | 3,069 | 889 | 824 | 529 | 8,542 |
| 1997 | 3,382 | 3,105 | 911 | 828 | 487 | 8,713 |
| 1998 | 3,420 | 3,127 | 1,039 | 856 | 555 | 8,997 |
| 1999 | 3,502 | 3,430 | 1,173 | 913 | 519 | 9,537 |

支出

|  | 保険料給付 | 老人保健拠出金 | その他 | 合計 | 収支差引 |
|---|---|---|---|---|---|
| 1995 | 5,448 | 1,985 | 483 | 7,916 | 290 |
| 1996 | 5,641 | 2,167 | 483 | 8,291 | 250 |
| 1997 | 5,640 | 2,230 | 502 | 8,372 | 342 |
| 1998 | 5,770 | 2,451 | 513 | 8,734 | 263 |
| 1999 | 5,949 | 2,789 | 519 | 9,257 | 280 |

資料：『社会保障統計年報』（平成12・13年版）。

があるが，このうち，健康保険を構成する政府管掌健康保険と組合管掌健康保険への加入者が圧倒的に多い状況である。

老人保健制度による高齢者医療給付総額のうち，患者負担分を除いた額の負担率をみると，公費33％，保険料拠出金67％であり，保険料拠出金のうち国保が24.5％，政府管掌20％，組合17％（1999年度）となっている。

**医療保険制度の財政収支**　医療保険制度のうち，政府管掌健康保険は，医療給付費だけであれば保険料収入で十分まかなうことができるが，老人保健拠出金があるために資金不足が発生し，それを国庫負担で補うという財政構造になっており，財政収支は赤字基調である。

国民健康保険は，保険料収入だけでは保険料給付額を補塡できず，構造的に赤字状況である。それに老人保健拠出金を支出しなければならないので，さらに赤字が増えることになる。赤字補塡のため，国庫支出金だけでなく，地方負担金も使われている。したがって，高齢社会の本格化にともない老人保健制度への拠出金増大は，とくに政府管掌健康保険制度および国民健康保険の財政破綻をもたらす可能性がある（表4.5-2参照）。

### 3.3　医療制度改革案の問題点と公費負担の意義

**「医療制度改革大綱」**　このような各医療保険制度の財政問題を是正するために，政府・厚生労働省は，「医療制度改革大綱」を決定し，(1)安心・信頼の医療の確保と予防の重視，(2)医療費適正化の総合的推進，(3)超高齢社会を展望した新たな医療保険制度体系の実現，という3つの基本的考え方を提起して，医療制度改革の推進をはかっている。

**地域医療の空洞化**　基本的考え方のうち，(1)においては，急性期病院から回復期病院を経て早期に自宅に帰れるような診療計画表（これを「クリティカルパス」と呼ぶ）を作成し，このクリティカルパスを，地域の関連医療機関が共有利用して医療行為を実施するとともに，退院後は在宅医療や在宅療養ができるように地域医療連携体制の強化を謳っている。さらに，日本人の3大死亡要因であり，医療費増大の原因になっている脳卒中・虚血性心疾患・がんなどの病気を減らすため，これらの病気を誘引する大きな原因となっている生活習慣病を克服するための予防対策の推進を打ち出している。

地域医療機関の連携や生活習慣病克服のための予防対策の推進自体は，好ま

しいことである。いうまでもなく,「クリティカルパス」による医療機関の連携を推進する場合,症状の段階に対応する地域医療機関が受け皿としてしっかり存在することが必要である。しかし,現実にはこの構想の根幹を担うべき地域の急性期病院が医者や看護士不足などによって機能を果たしえないという地域医療の空洞化現象に目を向けることが先決課題である。さらに問題なのは,そのような地域連携がうまく機能していないにもかかわらず,入院日数の削減やリハビリ期間の削減など医療費削減の推進はどんどん進んでおり,「安心と信頼」ではなく「不安と不信」を助長する可能性が高い。

**病床数の削減**　(2)において,医療費削減のための取り組みの大きな柱は,生活習慣病対策と平均在院日数の短縮の取り組みである。平均在院日数短縮のため,地域連携や在宅療養推進以外に高齢者の療養病床削減を提案している。さらに,高齢者の患者負担増を決定し,70～74歳の高齢者患者自己負担を1割から2割負担とした。

平均入院日数短縮のための病床数の削減提案に対して,日本医師会は,人口の高齢化が進行するなかで入院を必要とする患者数を推計し,つぎのような見解を示している。

①必要急性期病床数（一般病床）は,2025年には107.9万床でありこれは2005年の104.7万床よりやや増加するが,少なくとも現状の病床数を維持することが必要である。

②必要慢性期病床数（医療療養病床）は,2025年に少なくとも33.5万床であり,2005年の25.4万床と比較しても,削減ではなく増床すべきである。

このように,日本における医療活動の中核部隊である日本医師会が,医療費抑制を目的とした病床数削減提案は,必要な医療サービスの給付を受けることのできる国民の権利を制約する重大な問題を含んでいると警告している点はきわめて重要である。

**後期高齢者の大幅負担増**　(3)については,これまでの老人保健制度にかわる新しい「独立制度」を設けることとしている。この「独立制度」の特徴は,その運用にあたって,各保険制度からの拠出金や公費（税金）以外に,後期高齢者にも保険料の支払を義務づけるというものである。この制度が実施されれば,後期高齢者は介護保険料だけでなく医療保険料も年金から天引きされると

いうことになり，大きな負担になることは不可避である。高齢者患者は，コスト負担の心配から医療サービスを受けることができないケースが続出し多くの悲劇を生み出す可能性がある。

**公費負担増の必要性**　高齢社会の本格化のなかで，国民医療費は不可避的に増大せざるをえないし，予想される各医療保険制度の財政赤字問題に適切に対応することが必要である。しかし，財政収支の改善を第一優先課題にして，医療サービスの切り捨てや高齢者へ負担の大幅増を求めることは，生存権にかかわる重大な問題をはらんでいる。必要とされる医療サービスをすべての国民に保障することは国の責務であり，そのことを前提に財政問題を解決するために，公費負担を抜本的に増やす方向で医療制度改革を行う段階にきている。

### 3.4　介護保険制度の運用状況と問題点

**介護保険制度の概要**　介護保険制度は，老後の安心を支えるために介護サービスの給付を公的に支援し，「介護の社会化」を実現するために2000年に創設された。提供される介護サービスは，特別養護老人ホーム・老人保健施設・療養型病床群で給付される施設入所サービスと在宅サービスに区分されるが，この制度の主眼は在宅サービス給付の促進にあった。

施設の場合は施設の種類ごとに決められた入所者1人当たり給付額の範囲で必要なサービスが提供され，在宅サービスは介護の程度によって異なり，要支援および介護度1から介護度5の6段階で保険適用の給付限度額が設定された。

介護サービス供給にともなう費用負担について，まず1割は利用者負担になり，あとの9割は税金と保険料で負担するしくみになっている。税金および保険料による負担のうち，国が25％，都道府県12.5％，市町村12.5％であり，第2号被保険者（40歳から64歳以下の国民）が33％，残り17％を第1号被保険者（65歳以上の国民）が負担するということになっている。

**介護サービスの利用状況**　介護サービスの利用実績について，2000年4月と2005年4月を比較すると，施設サービス利用者数は52万人（2000年）から78万人（2005年）と50％増加，在宅サービス利用者数は97万人（2000年）から251万人（2005年）と149％増加し，トータルでみた利用者数は，149万人（2000年）から，329万人（2005年）と増加し，介護保険制度が定着していることがわかる。

**介護保険制度「改革」**　介護保険制度利用者の増大とともに，介護給付の総

額が3.6兆円（2000年）から7.1兆円（2006年予算見込み）と大幅に膨らむ見込みとなっている。

このような状況のなかで、介護給付額の抑制を目的に、「持続可能な介護保険制度の構築」をスローガンにした介護保険制度改正が行われ、2005年10月から実施された。制度改革の主な特徴として、介護度別に利用者を見た場合、軽度者（要支援・要介護1）の大幅な増加に対応するために、①軽度者対象の「新予防給付」を創設し、介護予防ケアマネジメントを担う組織として「地域包括支援センター」を設置したこと、②在宅との公平性を理由に、施設給付の見直しを行い、居住費用や食費を保険適用外としたこと、などを指摘することができる。

**介護サービス利用率の低迷**　高齢化の進展のなかで、介護保険制度の利用者は大幅に増えているが、その実態は、多くの問題点を抱えている。

厚生労働省が実施した「77保険者を対象とした介護保険利用者アンケート調査結果」（『高齢社会白書』平成14年版所収）によると、保険の範囲で利用可能な給付サービスのうち実際の利用率は40％強にとどまっている。このことは、利用者にコスト意識が強く働いており、老後の生活費のうち介護サービス購入に支払可能な金額にはおのずから限度があり、その範囲でしかサービスを利用できない実態があると解釈できる。現在の介護実態は、家族の献身的な介護を前提に現在の制度を利用しているということであり、「介護の社会化」という目標には程遠い状況にあることがわかる。

さらに、介護認定を受けながらサービスを購入していない人が23.6％存在することも、コスト意識が強く働いていることを意味し、低所得者への「しわ寄せ現象」が生まれていることは黙過できない。また、介護度が高くなれば施設入所へのニーズが高まり、施設入所待機者が急増しているのに、その受け皿が不十分であるため、在宅サービスの利用者数が急増していることに十分留意する必要がある。

**財政優先の制度設計の克服**　介護の実態は家族の介護を前提に、過剰な家族の負担を軽減するために現在介護保険制度を多くの人が利用し、利用者の費用負担可能な範囲でのサービス購入と家族介護の組み合わせによるやりくりが、それなりにうまくいっていることを示す。しかし、高齢社会が本格化するなか

で，家族による介護はますます「老老介護」の実態を強めると予想される。そのような状況のなかで，利用料金や保険料負担がさらに高くなれば，家族で購入可能なサービス量が減少し，家族による介護負担が増加，虐待や介護の放棄など痛ましい事態が続出する可能性が予想される。

現行の介護保険制度は，財政収支バランスの維持を最優先した制度設計になっている。そのために，介護体制の充実のために地域における全体の介護サービス量を増やそうとしても，介護サービスを増やせば給付サービスを受ける当事者の負担額および保険料が増加するため，それが介護サービスの購入を抑制し，介護サービスの供給量を増やそうとしても増やせないという発足当初からの制度的欠陥を内包している。

医療サービスと同様に必要とされる介護サービスをすべての国民に保障することは国の第一義的責務であり，財政収支バランス優先の制度設計を改善するために，公費負担を抜本的に増やす方向で介護保険制度についても改革をお行うことがどうしても必要である。

## 4　少子化対策の切り札としての福祉優先の社会経済システム構築

### 4.1　少子社会に関する意識の国際比較

内閣府は，日本，韓国，アメリカ，フランス，スウェーデンの5ヵ国の，20歳から49歳までの男女を対象とした「少子社会に関する国際意識調査」(2005年10月～12月調査実施) の結果概要を公表している。5ヵ国のうち，韓国は日本より出生率が低く，アメリカ，フランス，スウェーデンは日本より出生率が高いのが現状である。

**産みたい子供数**　調査項目のなかで，「全部で何人子供がほしいか」という問いに対して，日本は「2人」が50.4％と一番高く，つぎに「3人」が33.7％で，「2人以上子供がほしい」というのが90.1％に達している。この状況を他の国と比較すると，スウェーデン89.1％，韓国88.1％，フランス81.4％，アメリカ79.2％であり，日本では多くの若い世代が2人以上子供を持ちたいという要求があることがわかる。

「さらに子供を増やしたいか」という問いに対して，日本では，「今よりも子供は増やさない，または増やせない」が53.1％，「希望数になるまで子供を増やしたい」が36.4％などとなっている。「希望数になるまで子供を増やしたい」という割合を他国と比較すると，スウェーデン69.1％，アメリカ62.5％，フランス49.9％，韓国26.8％であり，日本や韓国は，希望になるまで子供を増やすことが難しいという現実があることがわかる。

**出生率低下の要因** 「希望する子供の数を増やせない」理由について，日本では，「子育てや教育にお金がかかりすぎる」が断然トップで56.3％である。この傾向は韓国でも同様68.2％であるが，フランスやスウェーデンでは，13.3％と13.6％であり，経済的理由で希望する子供の数を断念する割合は少ないということがわかる。したがって，日本で出生率を上げるためには，子育てや教育にかかる費用を抜本的に下げることが不可欠であるということになる。

「子どもを育てやすい国か」という質問に対して，そう思わないというひとの割合は，韓国79.8％，日本50.3％，フランス30.5％，アメリカ18.5％，スウェーデン2.3％という順位になっており，日本は韓国についで子供が育てにくい国になっている。

未婚者の結婚促進の施策として，日本では，「夫婦がともに働ける職場環境の充実」をあげる人が43.8％で一番多く，つづいて「安心して雇用機会を提供する」が35.5％であるが，たとえば，スウェーデンでは「安心して雇用機会を提供する」が36.2％であるのに対して「夫婦がともに働ける職場環境の充実」は13.7％と割合が小さくなっている。

以上のような国際比較分析の結果として，日本で出生率低下をもたらしている主要な要因は，①子供を養育・教育する経済的負担が大きいなど子供を育てにくい状況があること，②女性が働きながら子育てできる職場環境や雇用機会の保障が不十分であること，の2点に集約することができる。

### 4.2 少子化対策の基本的方向性

**多様な経済的支援の必要性** ①の問題については，子供にかかる養育・教育費負担を抜本的に減らす必要がある。若い夫婦世帯が子供を生む時期というのは，一般的には，世帯当たり所得水準がまだ低く，かつ住宅ローンや賃貸料などの必要経費がかさみ，生活の余裕ができにくい時期である。そのようななか

で，希望する子供を産むということになれば，子供の養育費の増大によってますます生活が苦しい状況に追い込まれるということは想像に難くない。したがって，若い夫婦世帯が，希望する子供を産むことで子育てに生きがいをもち，子育てに喜びを実感できるように多様な経済的支援を行う必要がある。

　子供を産むことによって発生する養育費への公的補助制度の充実，安心して子供を預けることができる質の高い保育施設や学童保育所施設を低コストで利用可能にすること，子供のすこやかな成長を保障するために誕生から義務教育終了までの医療費無料化，などが政策の柱になると考えられる。

　**福祉優先の社会経済システムへの転換**　②の問題は，大企業中心の経済成長戦略を最優先する現行の日本の経済社会システムによってもたらされた帰結である。女性の子育て時間を権利として労働条件のなかに明文化して認め，また，産休制度を充実して，産休明けに職場に復帰できるしくみなどを実質的に機能させることが必要である。少子化へ真剣に対応しようとすれば，現在の経済社会システムを福祉優先の経済社会システムに転換することが不可欠であるといわざるをえない。

（本田　豊）

# 第6章　金融再編

金融再編とは，時代の変化に対応して従来の金融システムから別の金融システムに編成し直すということである。それゆえ，この章の課題はつぎの4点である。①改革以前はどのような金融システムであったのか。②金融再編をもたらした時代の変化とはなになのか。③誰のためになにを目指してどのように編成し直されようとしているのか。④再編の方向性は妥当か。

## 1　日本型の金融システム

第2次世界大戦後の日本の金融システムは，戦前のたび重なる金融恐慌の教訓と戦後復興のための資金の集中管理制度の影響を受けて形づくられた。その最大の特徴は，競争を制限し，部分的に国家管理のもとにおく規制と慣行にある。

### 1.1　3大規制

第1に，業務分野規制である。金融機関は法律で業務範囲が制限されており，業務範囲の逸脱や兼業が許されなかった。規制の目的は，銀行は貨幣の一部である預金を扱うので，銀行の貸出を短期間で確実に回収できるものに限定して経営の健全性を確保することである。業務分野規制では，長短金融の分離，銀行・信託の分離，銀行・証券の分離の原則のもとで金融機関を棲み分けした。さらに，同じ銀行であっても，営業の拠点や範囲によって，都市銀行・地方銀行・第二地方銀行・信用金庫・信用組合などに細分された。

第2に，金利や手数料に関する競争制限的な規制（金利・手数料規制）である。金利や手数料は法律や行政当局・関係者間の協議によって決められたのである。

第3に，海外との金融取引を制限して，国内と海外との金融市場を分断する

---

1) 海外との取引における支払や決済のことである。通常，米ドル預金の口座振替によって行われるので，外国為替は米ドルと理解してよい。

規制（内外市場分断規制）である。銀行の外国為替取引[1]は輸出入のような実需に対してのみ認めるといった外国為替管理によって行われた。

### 1.2 日本型システムの形成

以上のような3大規制のもとで，銀行を中核とする間接金融中心のシステムが形成されてきた。その特徴は，証券市場を通じての資金の流れが中核的な役割を担うアメリカ型と大きく異なっている点である。加えて，つぎのような特徴も有していた。第1に，護送船団方式である。これは効率の低い中小金融機関でも利潤を確保できるようにし，金融機関が破綻しないためのしくみである。第2に，企業の資金調達が銀行借入に大きく依存するということだけにとどまらず，メインバンク制と呼ばれる融資額の大きい銀行と借入企業との間に密接な関係が結ばれてきた。こうした背景に，戦後に解体された財閥が，旧財閥系銀行を中心に相互に株式を持ち合い，企業グループとして再結成されたという事情がある。メインバンクは，取引企業に役員を派遣したり，経営危機に陥ったりしたときに救済するといったことまで関与した。第3に，公的金融機関による資金調達と民間への貸付という公的金融の存在である。民間金融を補完する公的金融の占めるウェイトが非常に大きいのである。

こうした日本型システムの利点は，金融システムの安定化につながったことである。しかし今日では，厳格な規制，手厚い保護および監督当局である大蔵省の強い権限が金融機関の自主性を損ない，金融のダイナミズムを失わせた，とする意見が主流になってきた。

## 2 金融再編の第1段階

金融再編は，1970年代の終わり頃から進展した金融の自由化および国際化に始まり，1990年代前半の金融制度改革法案の成立でいったん終結する。この期間を再編の第1段階とみなして，その契機と歩みを概観する[2]。

### 2.1 金融の自由化・国際化の契機

自由化と規制緩和は同じ意味であり，金融の自由化とは金融に関する規制を

---

2) 補注1の第1段階での金融再編の経緯を参照。

緩和することである。金融自由化の2つの契機がともに「国債化」と「国際化」であることから，「2つのコクサイ化」といわれる。国債化とは，政府の財政悪化による1975年からの大量の赤字国債発行のことである。円滑に国債を市中消化（売却）するために，金利規制を緩和して市場の需給状況に応じて自由に金利が決まる国債流通市場を形成せざるをえなくなった。また，政府は銀行と証券会社に国債の販売促進との抱き合わせで，業務分野規制の緩和につながる資金集めの便宜を与えた。

金融自由化のより一層の推進を決定的にしたのが，アメリカ政府からの「日本金融を国際化せよ」という外圧であった。1983年に訪日したレーガン大統領は，①外国金融機関の日本への進出を許可すること，②対外金融取引をより活性化すること，③日米円ドル委員会を設置して日本の金融自由化のスケジュールを策定すること，を強く要求したのである。1984年には同委員会による報告書と日本政府の金融自由化の方針が公表された。第1段階の期間における金融自由化・国際化の具体的な措置とスケジュールが決まった。

## 2.2 第1段階での出来事

第1段階の特徴は，ゆっくりと段階的な自由化策がとられたことである。1980年頃から始まった預金金利の完全自由化に十数年を費やし，業務分野規制は1992年の金融制度改革関連法でようやく新しい金融制度の枠組みが示された。この法律は1993年から施行されたが，銀行，証券会社および信託銀行は業務内容がかなり限定されているものの業態ごとに子会社を設立して相互に参入できるようになった。しかし，次節以降で述べるように，数年後にはあらためて大改革に取り組まざるをえなくなるのである。

補注1の表にはない第1段階における金融再編関連の出来事のうち，つぎの2点をあげておこう。1970年代の低成長経済への移行は，企業の投資意欲を落ち込ませ，大企業を中心に資金の借入から返済に転じさせた。大企業相手の都市銀行など大手銀行[3]は新たな融資先を開拓する必要に迫られ，それまで地銀・信金・信組などが担ってきた中小企業向けや住宅ローンに求めた。顧客を奪われた中小金融機関は不動産などのリスクの高い分野へ押しやられた。こう

---

3) 都市銀行，長期信用銀行，信託銀行の21行（1993年末時点）である。

して銀行間の貸出先獲得競争が激化し，1980年代後半のバブル経済の一因にもなった。経営基盤の弱い信組や信金などのなかに経営破綻する機関が出たが，護送船団方式のもとで吸収合併による救済という形がとられた（表4.6-1）。また，同表によれば，大手銀行，地方銀行，証券会社の数はほとんど変化していないこともわかる。

表 4.6-1　金融機関数の推移（年末）

|  | 1980 | 1985 | 1990 | 1993 |
|---|---|---|---|---|
| 全国銀行 | 150 | 149 | 147 | 143 |
| 　都市銀行 | 13 | 13 | 12 | 11 |
| 　地方銀行 | 63 | 64 | 64 | 64 |
| 　第二地方銀行 | 71 | 69 | 68 | 65 |
| 　長期信用銀行 | 3 | 3 | 3 | 3 |
| 　信託銀行 | 7 | 7 | 7 | 7 |
| 中小金融機関 | 5,544 | 4,981 | 4,227 | 3,749 |
| 　信用金庫 | 461 | 456 | 451 | 429 |
| 　信用組合 | 476 | 448 | 407 | 383 |
| 　労働金庫 | 47 | 47 | 47 | 47 |
| 　農協 | 4,560 | 4,030 | 3,322 | 2,890 |
| 証券会社 | 225 | 212 | 210 | 213 |

出所：日本銀行『経済統計年報』より作成。

　もうひとつの点は，1988年に先進国間で，国際業務を営む銀行は自己資本比率を8％以上[4]に保つことが合意されたことである。自己資本比率規制とかBIS規制と呼ばれる。この規制は，のちに邦銀の行動の大きな制約条件になる。

　当時の自己資本比率の算出式は，つぎのとおりである。

$$自己資本比率 = \frac{自己資本額（基本項目＋補完項目－控除項目）}{ウェイトづけされた資産額}$$

　　基本項目：貸借対照表の資本の部（資本金・準備金・剰余金等）
　　補完項目：株価含み益の45％など
　　ウェイトづけされた資産：貸出×100％＋住宅ローン×50％＋国債×0％＋……

## 3　日本版ビッグバン

　バブルの崩壊によって引き起こされた問題とともに，バブルのおかげで一時

---

[4]　国内業務のみの銀行であれば，4％以上を確保することが要件とされている。また，規制の実施は1993年からである。のちに，自己資本比率の算出方法は改定された。

的に覆い隠されていた日本経済の諸問題が一気に噴出することになる。金融分野に関しても例外ではない。金融再編の第2幕のスタートである。

### 3.1 大改革に向かわせた要因

(1) **不良債権問題の浮上** 第1に，不良債権の発生とその処理問題である。不良債権が原因で破綻する金融機関が出始めた。1995年，複数の銀行の子会社である住宅金融専門会社（住専）各社の破綻が発覚した。同年12月，強行採決により6850億円の公的資金が投入されるという異例の法案が可決された。これらの出来事から，バブル期の銀行貸出が利払いや元本返済が滞る不良債権となり，その額が巨額に上るのではないかという憶測が飛び交った。

(2) **企業再編の必要性** 不良債権を借り手の企業からみると過剰な債務である。メインバンクは自らの損失の処理で精一杯という状況で，関連企業の救済に乗り出す余裕はなくなった。企業グループ内にあっても，どの企業を助けて，どの企業を切り捨てるかという選別を迫られた。加えて，株価の低迷によって，持合株式に含み損が発生し，それらの株式の売却すら避けられなくなった。要するに，銀行の不良債権処理は企業再編と分かちがたい関係にあるのである。

(3) **金融の国際競争力の低下** バブル崩壊によって，日本の金融は国内的にも国際的にも信用が失墜した。その原因は銀行や証券会社の不祥事や不正行為の発覚もさることながら，もっと根本的な弱さにあった。バブル期の日本の大手金融機関は国際的にも破竹の勢いがあったが，それは急激な円高と国内資産価格の高騰に頼った貸出シェアなどの量的拡大であった。外国の多国籍金融機関は，新金融商品・サービスの開発，資産やリスクの管理手法の提案，企業再生やM&Aに対するアドバイスなど，高度な金融サービスの提供に重点を移していたのである。また，シンガポール市場などの新興市場に顧客を奪われ，日本の国際金融市場としての地位も揺らいだ。

日本の金融の地盤沈下を食い止めて国際競争力を回復しなければ，日本の経済が立ちゆかなくなる，という財界や政府の危機感こそが改革に突き進む最大の要因である。要因の(1)と(2)は，日本型では駄目だという認識をもたらすきっかけと改革に乗り出す絶好の機会を与えた。

### 3.2 日本版ビッグバン

日本政府は，アメリカ政府との協議[5]を重ねたうえで，日本の金融を短期間

のうちにアメリカ型のシステムに変える方針を固めた。それが当時の橋本首相が1996年11月に表明した「日本版ビッグバン」[6]である。首相は，「2001年までに日本の金融分野全般の規制撤廃と金融行政の大転換を行う金融大改革」を実施すると宣言したのである。この大改革の目標は，東京市場をニューヨーク・ロンドンに並ぶ国際金融市場にすることであった。

　大改革の基本的な考え方は，つぎのとおりである。当時の状況では，不良債権が原因で銀行から企業への貸出のルートに機能不全を起こしている。その治療が企業再編にまで及ぶので，このルートを修復するには時間がかかる。他の処置としては，つぎの4つが候補になる。第1の方法は，証券市場を活性化させて直接金融による資金の流れを大きくすることである。第2は，市場型間接金融の流れを創り出し，集まりすぎる預金を貸出ではなく証券市場に流し込むことである。第3に，海外から資金を自由に調達できるようにすることである。第4に，日本に未成熟な企業再生ビジネスに長けた外資の投資ファンドを招き入れて M&A を活発化し，ひいては企業再編の弾みをつけることである。政府は，間接金融から直接金融へのシフトを中心にすべての処方を採用した。

　日本版ビッグバンの主な内容は補注2に掲載したとおりであるが，つぎの2点を指摘しておこう。第1に，外国為替管理法の改正によって，内外金融市場が一体化し，資金や資本の流出入が自由になっただけでなく，外国の金融機関の参入が非常に容易になった。つまり，日本の金融はグローバルな金融競争のなかに組み込まれた。第2に，金融持株会社の解禁と業務制限の緩和により，メガバンクに代表される金融コングロマリットをつくりだす条件が整ったことである。日本版ビッグバンは，2001年に発足した小泉内閣で構造改革[7]に引き継がれた。

---

5)　改革内容の多くは，日米包括経済協議において，1995年2月に日米両政府で合意された「金融サービスに関する措置」に盛り込まれている。

6)　ビッグバン（big bang）とは宇宙大爆発のことであるが，それだけ大きな改革という意味である。イギリスが1986年に行った証券大改革をビッグバンと名づけたのを真似して，日本でも使用した。

7)　「金融再生プログラム」（2002年10月），「リレーションシップバンキングの機能強化に関するアクションプログラム」（2003年3月），「金融改革プログラム」（2004年12月）。

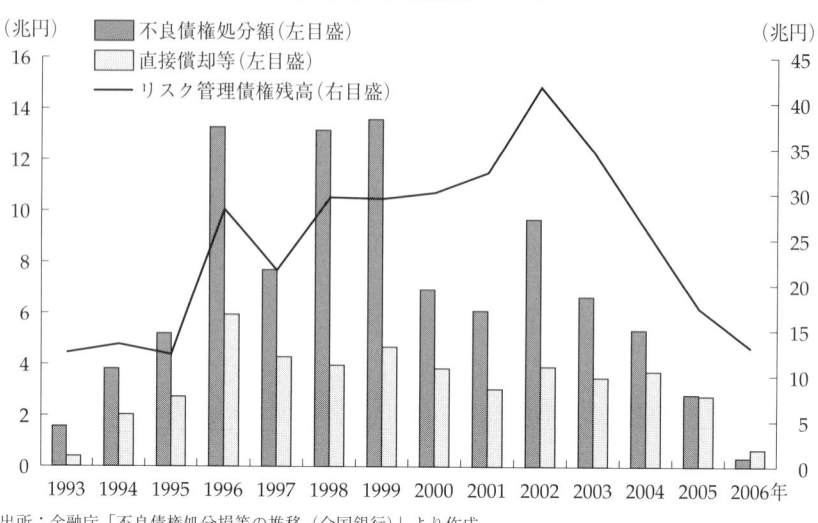

図 4.6-1　不良債権残高と処理額の推移 （全国銀行ベース）

出所：金融庁「不良債権処分損等の推移（全国銀行）」より作成。

## 4　不良債権処理から金融機関再編へ

1990年代後半からは不良債権処理と金融自由化が同時進行する。両者が相まって日本の金融は大きく再編された。

### 4.1　不良債権処理

**不良債権額の推移**　不良債権[8]とは，銀行側からみれば利払いや元本の返済が滞っている貸出のことである。図 4.6-1 は，不良債権額としてリスク管理債権を示した[9]。不良債権額は1996年度の多額の処理によって少し減少する。しかし，2002年まで処理を行っているにもかかわらず額が増えつづけている。その原因は，長引く不況の間に経営状態が悪化して新たな不良債権が発生してしまったことにある。2002年に，当時の小泉内閣は大手銀行に対して2004年度末

---

[8]　不良債権の中味は借入企業が倒産してしまってまったく回収不能となったものから企業の利払いが数ヵ月遅れているものまで幅広い。

[9]　1996年の不良債権額の急増は，1995年度までの公表額には含められていなかった金利減免債権（利子支払を減額あるいは免除した貸出）分が加えられたためである。

までに貸出額に占める不良債権額の割合を示す不良債権比率を半減させるよう迫った。その強制的な処理策によって不良債権額は大幅に縮小する。

　**不良債権処理と貸し渋りの発生**　不良債権を処理する主な方法は，貸倒引当金を積む間接償却と貸出額を貸借対照表から消し去る直接償却である。2006年3月末までの直接償却等の累計だけで約100兆円に達する。どちらの処理方法にしても損失額となって銀行の利益を減じるから自己資本も減少する。他方で，BIS規制により，自己資本比率の低下は避けなければならない。そこで，不良債権を処理しつつ自己資本比率を高めるために分母となる貸出額を減らした。これが，銀行による「貸し渋り」や「貸しはがし」である。とくに銀行借入依存度の大きい中小企業がその影響をまともに受けた[10]。

　**公的資金の注入**　1997年11月に都市銀行の一角である北海道拓殖銀行，4大証券会社のひとつである山一証券が破綻した。政府は「日本発の金融恐慌」は起こさないという決意のもとに，銀行への公的資金の注入に踏み切った。それにもかかわらず翌年秋には日本長期信用銀行と日本債券信用銀行が公的管理へ移され，金融不安に陥った。公的資金として用意された金額は，総額で70兆円である。2002年までで銀行から注入の申し出があった金額は10.5兆円程度で，そのほとんどは大手銀行である[11]。見過ごしてならない点は，つぎの2点である。第1に，税金を注ぎ込んだにもかかわらず，不良債権問題の責任は誰にあったのかが不問に付されたことである。第2に，公的資金注入の目的である。当初は「預金者・借り手の保護」と「金融システムの安定化」であったが，途中から「銀行の競争力強化」が加わっているのである。なぜ税金を使って銀行の競争力を強化しなければならないのか。政府は国民の金融不安を逆手にとって，金融大改革の目的にすり替えたのである。

### 4.2　金融機関の再編

　金融機関の再編はどうであっただろうか。政府のねらいは，日本の金融の国際競争力を回復させることである。そのためには，日本の大手金融機関を米の

---

10) 銀行業界はもとより政府も貸し渋りを認めていなかったが，小泉内閣のときに「貸し渋りホットライン」が設置された。

11) これとは別に，預金保険機構による破綻金融機関を救済する金融機関に対する「資金援助」という公的資金注入があり，1992年度から2002年度までの累積額は約25兆円に達する。

表 4.6-3　大手銀行21行の再編状況

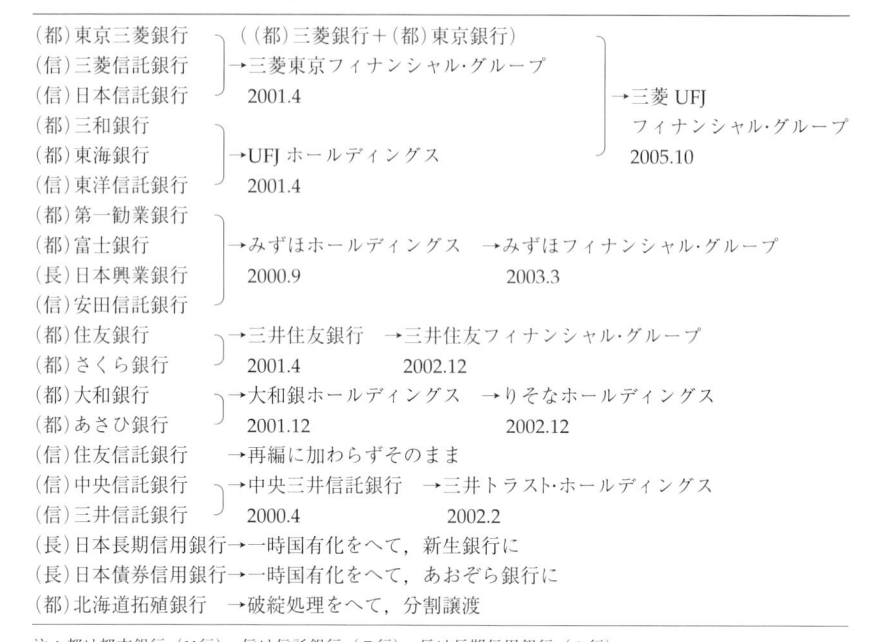

| | | | |
|---|---|---|---|
| (都)東京三菱銀行 | ⎫ | ((都)三菱銀行＋(都)東京銀行) | ⎫ |
| (信)三菱信託銀行 | ⎬ | →三菱東京フィナンシャル・グループ | ⎬→三菱 UFJ |
| (信)日本信託銀行 | ⎭ | 2001.4 | ⎪ フィナンシャル・グループ |
| (都)三和銀行 | ⎫ | | ⎪ 2005.10 |
| (都)東海銀行 | ⎬ | →UFJ ホールディングス | ⎭ |
| (信)東洋信託銀行 | ⎭ | 2001.4 | |
| (都)第一勧業銀行 | ⎫ | | |
| (都)富士銀行 | ⎬ | →みずほホールディングス　→みずほフィナンシャル・グループ | |
| (長)日本興業銀行 | ⎪ | 2000.9　　　　　　　　2003.3 | |
| (信)安田信託銀行 | ⎭ | | |
| (都)住友銀行 | ⎫ | →三井住友銀行　→三井住友フィナンシャル・グループ | |
| (都)さくら銀行 | ⎭ | 2001.4　　　　2002.12 | |
| (都)大和銀行 | ⎫ | →大和銀ホールディングス　→りそなホールディングス | |
| (都)あさひ銀行 | ⎭ | 2001.12　　　　　　　　2002.12 | |
| (信)住友信託銀行 | | →再編に加わらずそのまま | |
| (信)中央信託銀行 | ⎫ | →中央三井信託銀行　→三井トラスト・ホールディングス | |
| (信)三井信託銀行 | ⎭ | 2000.4　　　　　　　2002.2 | |
| (長)日本長期信用銀行 | | →一時国有化をへて，新生銀行に | |
| (長)日本債券信用銀行 | | →一時国有化をへて，あおぞら銀行に | |
| (都)北海道拓殖銀行 | | →破綻処理をへて，分割譲渡 | |

注：都は都市銀行（11行），信は信託銀行（7行），長は長期信用銀行（3行）。
出所：相沢幸悦『平成金融恐慌史』（ミネルヴァ書房，2006年）の174ページをもとに各銀行HPを参照して作成。

図 4.6-2　金融持株会社によるコングロマリット

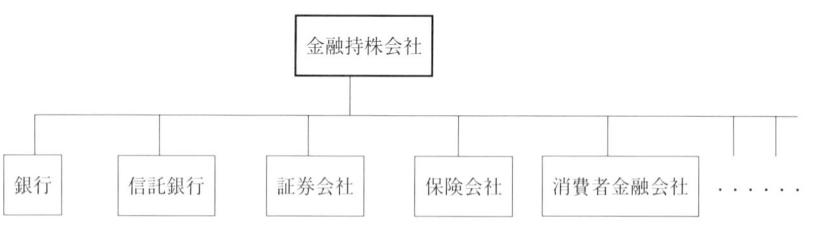

```
            ┌──────────┐
            │ 金融持株会社 │
            └──────────┘
    ┌────┬────┬────┬────┬────┬──
  ┌──┐ ┌────┐ ┌────┐ ┌────┐ ┌──────────┐
  │銀行│ │信託銀行│ │証券会社│ │保険会社│ │消費者金融会社│ ……
  └──┘ └────┘ └────┘ └────┘ └──────────┘
```

シティ・グループなどのような国際的金融コングロマリットに変身させる必要があった。そこで，政府が誘導して半ば強制的に大手銀行の合併再編，さらに進めて金融コングロマリット（メガバンク）を育成した。表4.6-3は大手銀行の再編状況を示したものであるが，表4.6-1と比較すると短期間のうちに数が激減している。加えて，図4.6-2のような金融持株会社制度を利用した複数の

図 4.6-3 地域金融機関数の推移

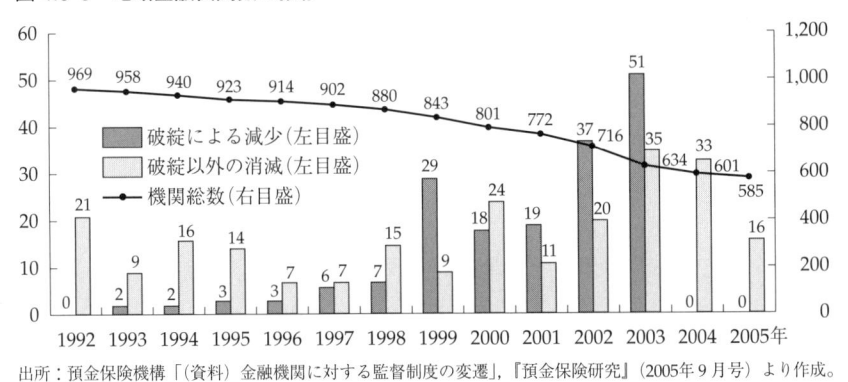

出所：預金保険機構「(資料) 金融機関に対する監督制度の変遷」、『預金保険研究』(2005年9月号) より作成。

金融サービス業にまたがる大規模な金融グループが出来上がっている。

　大手銀行の再編にめどをつけたのち，中小の再編に着手した。図4.6-3をみると，金融機関総数は1992年から2005年までに約4割減少している。1999年から2003年にかけての減少数が多く，とりわけ2002〜03年のそれが著しい。その間は，吸収合併によるよりも破綻して消滅する数が多かったこともわかる。

　最後は，郵便貯金に代表される公的金融機関の民営化や統廃合である。資金の逃げ場を残しておいては，証券市場に資金が流れ込まない恐れがある。育て上げたメガバンクをより強大にしなければならない。国民が望んでもいないのに，郵政は2007年10月から完全民営化されることが決まった。9つの政府系金融機関に関しても，統合・民営化などの法案が2007年春に可決された。

　金融再編劇に国民は主人公たり得ただろうか。主人公でなくともその恩恵を受けただろうか。金融再編の妥当性を判断するには，再編にともなって何が起きているのかを知る必要がある。そこで，次章で資金市場の検討をしたのちに判断をくだそう。

## 補注
### 1　第1段階の金融再編の経緯

**業務分野規制の緩和**

| | |
|---|---|
| 1983年4月 | 銀行による公共債の窓口販売の開始 |
| 1984年4月 | 証券会社，普通預金を組み合わせた資金総合口座の取扱開始 |
| 1989年5月 | 金融制度調査会「新しい金融制度について」の中間報告 |
| 1991年6月 | 金融制度調査会「新しい金融制度について」を答申 |
| 1992年6月 | 金融制度改革関連法の公布（1993年4月施行） |

**預金金利の自由化**

| | |
|---|---|
| 1979年5月 | 譲渡性預金（CD）の導入 |
| 1985年3月 | 市場金利連動型預金（MMC）の導入 |
| 　　　10月 | 10億円以上定期預金金利の自由化 |
| 1989年6月 | 市場金利連動型定期預金（小口MMC）の導入 |
| 1993年6月 | 小口定期預金金利の完全自由化 |
| 1994年10月 | 流動性預金金利の完全自由化 |

**内外市場分断規制の緩和**

| | |
|---|---|
| 1980年12月 | 新外国為替管理法の施行＝対外資本取引の原則自由化 |
| 1984年5月 | 「日米円ドル委員会報告書」 |
| | ユーロ円市場の拡充，実需原則の撤廃，円転規制の廃止など |
| 　　　5月 | 大蔵省「金融自由化及び円の国際化についての現状と展望」 |
| | 非居住者ユーロ円債の発行解禁など |
| 1986年12月 | オフショア市場の創設 |

出所：日本銀行金融研究所『新版わが国の金融制度』（1995年）の年表より作成。

## 2 日本版ビッグバンの主な内容

1) 内外金融市場の一体化
改正外国為替法の施行＝内外資本取引の自由化（98／4）

2) 業務分野の規制緩和
金融持株会社の解禁（98／3）
業態別子会社に対する業務制限の自由化（99／10）
銀行本体による投資信託の窓口販売の解禁（98／12）
銀行本体による保険の窓口販売の解禁（01／4）
証券総合口座の導入（97／10）

3) 証券業の競争の促進・証券市場の育成
有価証券の定義の拡大（98／12）
証券デリバティブの全面解禁（98／12）
資産担保証券の認可など債権の証券化（98／9）
証券会社の登録制への移行（98／12）
株式委託売買手数料の自由化（99／10）
証券取引所集中義務の撤廃（98／12）
証券取引所の改革（98／12）
店頭市場の改革（98／12）
金融先物取引にかかわる環境整備（98／12）

4) 投資家への適切な情報提供
会計基準・会計制度の見直し
ディスクロージャー制度の見直し

5) 金融行政の公平性・透明性の確保
早期是正措置制度の導入（99／4）
金融監督庁の発足（大蔵省の改組）（98／6）→金融庁（00／7）

出所：鹿野嘉昭『日本の金融制度（第二版）』（東洋経済新報社，2006年）を参考にして作成。

（伊藤国彦）

# 第7章　資金市場

　日本の家計全体の金融資産は約1500兆円ある。負債を差し引いてもおよそ1200兆円だから,単純計算で国民1人当たり1000万円の純資産を保有している勘定になる。多くの国民の実感からはほど遠いが,日本が金融資産大国であることは間違いない。金融資産にはいく種類もあって選択できるから,日本の家計金融資産がどの資産に流れるかで,国内はもとより国外にも大きな影響を与える。今後の低成長経済を前提にすると,汗して蓄えてきた巨額の金融資産をどう活用するかが,問われている課題である。

　この章では,金融市場全体が鳥瞰できる資金循環統計などを利用して,国際的な資金の流れを含む資金市場の構造と動向を知ることによって,前章の課題に対する答えを探る。

## 1　1500兆円の家計金融資産

　1500兆円という金額は,日本銀行(以下,日銀)が作成している資金循環統計によるものである。金融統計利用の若干の留意点を説明しておいて,家計部門の資産構成をみてみよう。

### 1.1　金融資産・負債差額と資金過不足

　金融統計を利用するさいには,ある期間で測定できるフローの数値とある時点でないと測ることができないストックの数値との区別が大切である。残高はストックであり,その増減がフローである。

　以下で,資金過不足と資産・負債差額という用語が出てくるが,両者はフローとストックとの関係である。資産残高から負債残高を引いた額が金融資産・負債差額である。そして,金融資産・負債差額の増減分,つまり資産の増減分と負債の増減分との差が資金過不足である。資金過不足が正となる主体を資金余剰主体(黒字主体・資金運用者),逆に負となる主体を資金不足主体(赤字主体・資金調達者)という。なお,資金過不足は各部門のISバランスを金融面から捉えたものであり,両者の金額は一致する。

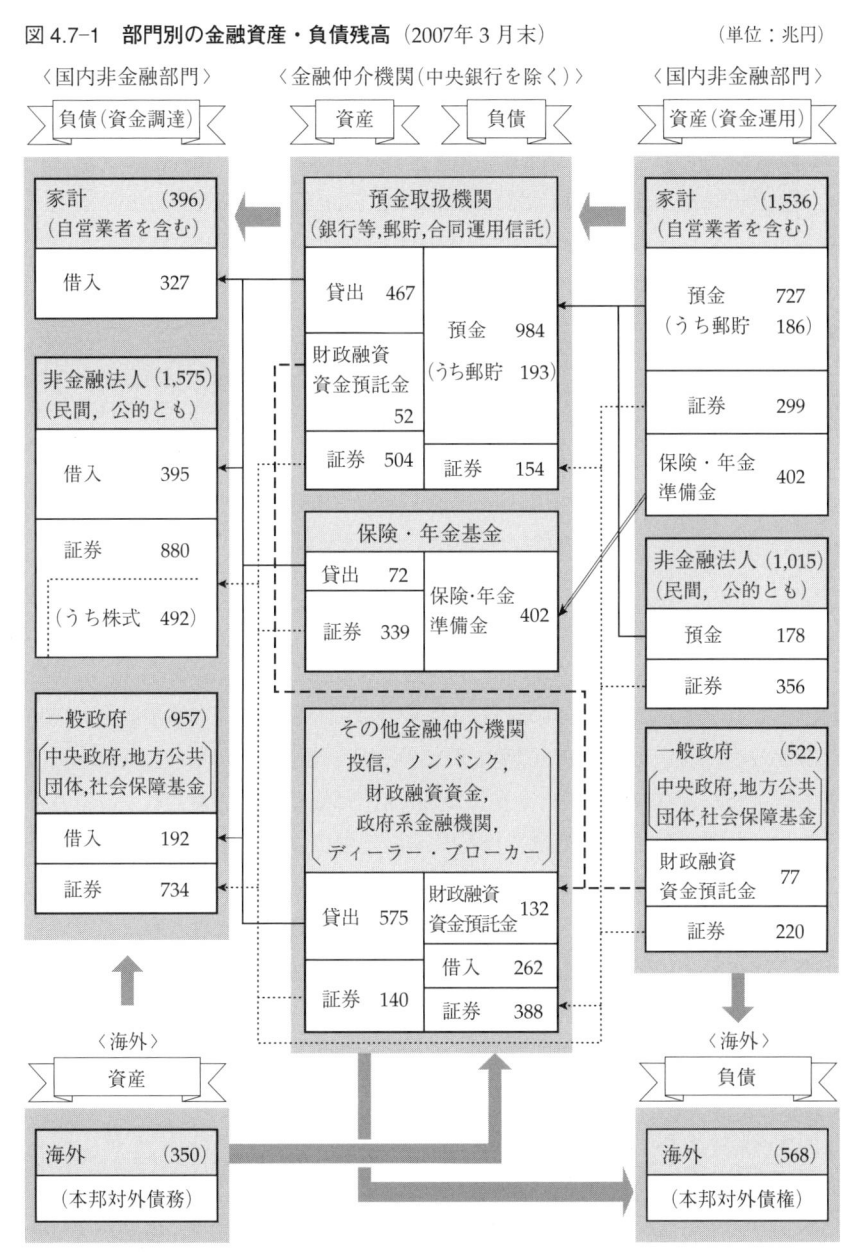

図 4.7-1　部門別の金融資産・負債残高（2007年3月末）　　　　（単位：兆円）

〈国内非金融部門〉　　〈金融仲介機関(中央銀行を除く)〉　　〈国内非金融部門〉
　負債（資金調達）　　　資産　　　　負債　　　　　　　　　資産（資金運用）

**預金取扱機関**（銀行等，郵貯，合同運用信託）

家計　(396)
（自営業者を含む）
借入　327

非金融法人　(1,575)
（民間，公的とも）
借入　395
証券　880
（うち株式　492）

一般政府　(957)
（中央政府,地方公共団体,社会保障基金）
借入　192
証券　734

預金取扱機関
貸出　467
財政融資資金預託金　52
証券　504
預金　984
（うち郵貯　193）
証券　154

保険・年金基金
貸出　72
証券　339
保険・年金準備金　402

その他金融仲介機関
（投信，ノンバンク，財政融資資金，政府系金融機関，ディーラー・ブローカー）
貸出　575
証券　140
財政融資資金預託金　132
借入　262
証券　388

家計　(1,536)
（自営業者を含む）
預金　727
（うち郵貯　186）
証券　299
保険・年金準備金　402

非金融法人　(1,015)
（民間，公的とも）
預金　178
証券　356

一般政府　(522)
（中央政府,地方公共団体,社会保障基金）
財政融資資金預託金　77
証券　220

〈海外〉　　　　　　　　　　　　　　　　〈海外〉
　資産　　　　　　　　　　　　　　　　　　負債

海外　(350)
（本邦対外債務）

海外　(568)
（本邦対外債権）

出所：日本銀行調査統計局「資金循環統計（2007年第1四半期速報）：参考資料」より。

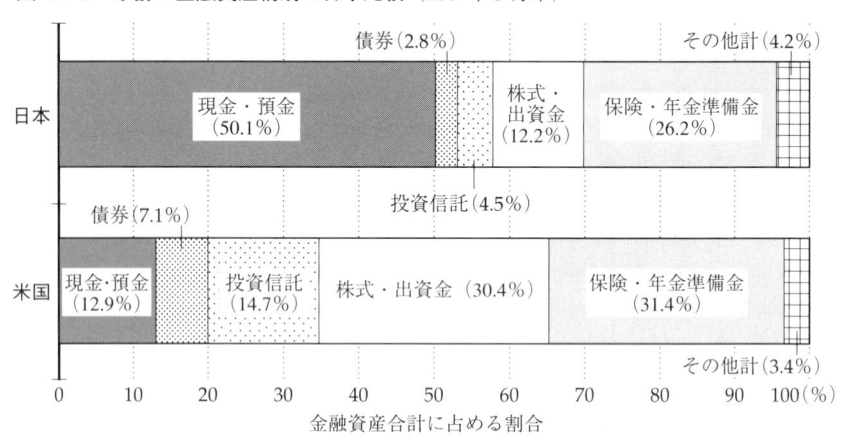

図4.7-2　家計の金融資産構成の日米比較（2007年3月末）

日本：現金・預金（50.1%）／債券（2.8%）／株式・出資金（12.2%）／保険・年金準備金（26.2%）／その他計（4.2%）

米国：現金・預金（12.9%）／債券（7.1%）／投資信託（14.7%）／投資信託（4.5%）／株式・出資金（30.4%）／保険・年金準備金（31.4%）／その他計（3.4%）

金融資産合計に占める割合

注：「その他計」は、金融資産合計から、「現金・預金」、「債券」、「投資信託」、「株式・出資金」、「保険・年金準備金」を控除した残差。
出所：日本銀行HP、「資金循環の日米比較：2007年Q1」（2007年6月15日）。

## 1.2　家計の金融資産

　図4.7-1に各部門の資産・負債残高が示されている。家計の資産は、右側の列の一番上の部分に記載されている。家計の金融資産残高は2006年度末で1536兆円である。家計資産は1990年度末に1000兆円を突破し、2005年には1500兆円を上回った。資産の構成では、預金が727兆円と最も比重が大きく、つづいて保険・年金準備金の402兆円となっている。証券での運用は債券、株式・出資金および投資信託の合計で299兆円である。日米で比較すると、家計の資産構成の違いは一目瞭然となる（図4.7-2）。保険・年金準備金にはそれほどたいした違いはないが、現金・預金と証券の構成比が日米では逆転している。日本は銀行預金型で、アメリカは証券型である。金融のアメリカ型への改革は、日本の家計に資産を郵貯を含む銀行預金から証券での運用にシフトさせることを意図している。

　図4.7-1の左上に家計の負債があり、396兆円（うち借入327兆円）となっている。資産と負債の差額は1140兆円である。1500兆円の家計資産は資金の宝庫であり、資金調達者にとっては資金源として、金融機関にとっては巨大な市場としてきわめて魅力的である。

図 4.7-3　部門別資金過不足の推移

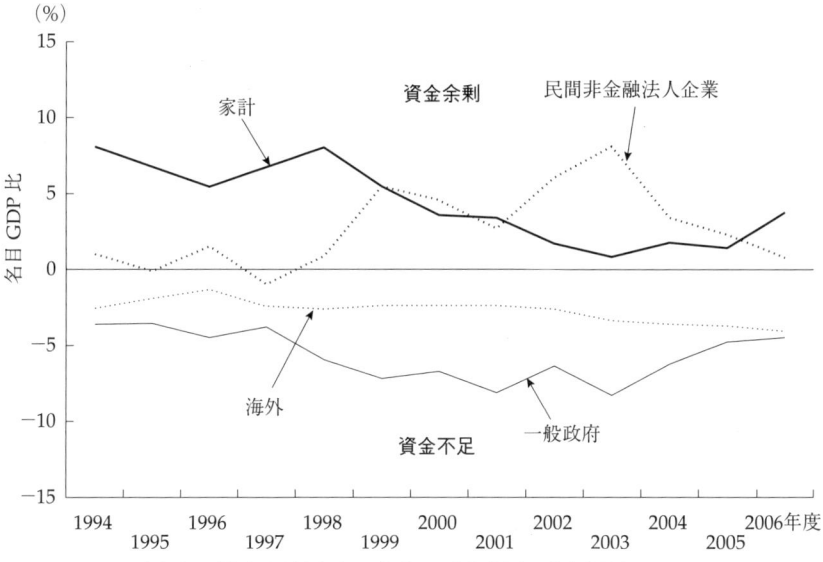

出所：日本銀行調査統計局「資金循環統計（2007年第1四半期速報）：参考資料」より。

## 2　部門別資金過不足の推移

巨額の金融資産は過去のフローの累積である。他の部門も含めて資金過不足がどのように推移してきたかをみよう。

**家計**　1980年代には対名目 GDP 比で10％前後の資金余剰がつづいていたが，1994年度頃から低下傾向に転じた。2003年度までその傾向は変わらず，景気の回復によって2006年度には上向いた。それでも，1980年代の半分の5％程度である。低成長下で家計の金融資産蓄積のペースが落ち込んだことがうかがえる。

**企業**　企業は1980年代半ばから90年代初めにかけて，積極的に設備投資を行ったので5％を超える資金不足であった。ところが，バブル崩壊後の過剰設備の解消とリストラで，1998年度からは黒字になっている。企業の黒字は2000年代の景気回復とともに余剰が縮小してきているが，企業が借入を抑制して，資産運用を増やしていることを示唆している。

**政府** 1980年代の財政再建とバブル景気によって,資金不足を徐々に解消してきたが,1991年度をピークに資金不足が雪だるま式に増え,資金不足状態がつづいている。1990年代半ばからは,国内最大の赤字主体となったままである。

## 3　資金フローの金融仲介ルート

1990年代半ば以降,家計と企業が黒字主体であり,政府と海外が赤字主体であることがわかった。つぎに,資金運用者から資金調達者にどのようなルートで資金が流れ,どのような資産・負債構造になっているかをみよう。

### 3.1　資産・負債の構造

図4.7-1には,資金運用者と資金調達者との間に金融仲介機関が明示されている。この図を使って,部門別の資産・負債残高の構造をみよう。右側の家計の預金は,中央の列の預金取扱機関(銀行等)に預けられているから,そこに矢印で結ばれる。同様に,保険・年金準備金は保険(会社)・年金基金に向かって矢印が描かれている。証券に関しては,金融債や投資信託のように一部は仲介機関の発行した証券が保有され,非金融法人企業の株式などは証券市場を通じて取得されるので,点線が直接に企業につながっている。逆に,左側の列は各部門の負債構成である。家計は327兆円の借入があり,借入先は預金取扱機関やその他金融仲介機関のノンバンク(消費者金融会社など)である。

### 3.2　銀行・ノンバンク・ファンド

どの金融仲介機関が資金の吸引力があるかを各機関の負債残高で比較すると,預金取扱機関1138兆円(49.0％),保険・年金基金402兆円(17.3％),その他金融仲介機関782兆円(33.7％)となっている。時系列でみると,わずかずつ預金取扱金融機関の比率が下がり,その分残り2つの機関が微増している。

銀行についてもう少し詳しくみておこう(図4.7-4)。1980年代後半のバブル期に民間銀行[1]の貸出が急増し,1990年代は700兆円弱で横ばい,90年代終わりから2004年度にかけて100兆円程度減少する。2002年からの貸出減少は金融

---

1)　図4.7-4の銀行等には,国内銀行・在日外銀・農林水産金融機関・中小企業金融機関が含まれる。

図 4.7-4　民間銀行と公的金融機関の貸出額の推移

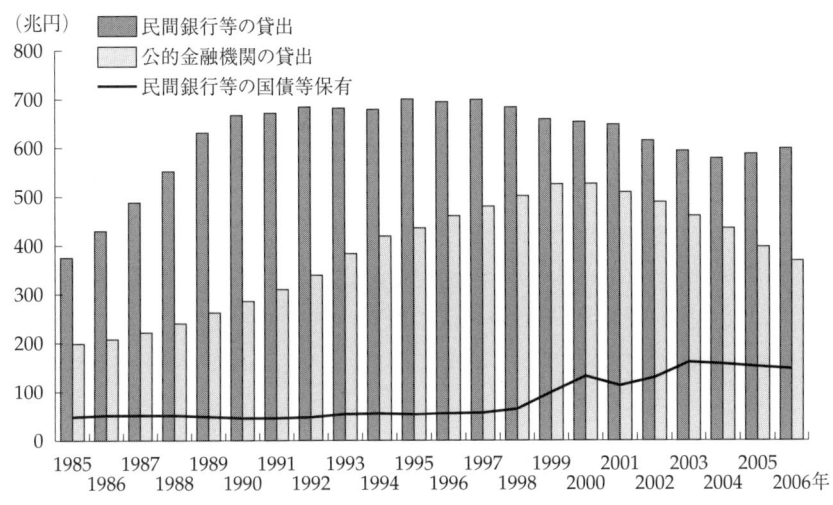

（兆円）
凡例：
- 民間銀行等の貸出
- 公的金融機関の貸出
- 民間銀行等の国債等保有

出所：日本銀行HP，資金循環統計より作成。

再生プログラムによる大手銀行の不良債権比率を半減する期間と対応している。不良債権処理が一段落した2005年度から再び増加に転じた。公的金融機関の貸出は2000年度まで増加傾向にあり，1990年代における民間銀行の貸出抑制（貸し渋り・貸しはがし）を補って資金を供給する役割を果たした。

もうひとつ興味深いことがある。図に実線で示した民間銀行による国債での運用が1998年度あたりから急増して，かつてより100兆円程度増えたのである。銀行でさえ安全な国債で運用している[2]さなかに，政府は国民には「リスクを恐れるな」と煽っていたことになる[3]。

---

[2]　国債での運用は自己資本比率を下げないという点も，銀行が大量に国債を保有した理由である。

[3]　たとえば，2001年6月に公表されたいわゆる「骨太の方針」のなかに「預貯金中心から株式などへの投資優遇」が謳われている。

## 4 証券（株式）市場

### 4.1 株式の保有状況

誰が株式を保有しているのだろうか。表 4.7-1[4]によると，この10年間で金融機関は42.8％から32.9％へと10％も保有を減らしている。事業法人についても 4 ％ほど減って2006年度末では約 2 割の保有になった。両者ともに，持合株式の解消や外国人（主に外国の金融機関や企業）による日本株の取得が影響している。事実，外国人の保有割合は倍以上に伸びて 3 割近くになっている。IT バブルや近年の株価回復によって個人投資家が急増しているといわれるが，保有割合からするとほとんど変化がない。ということは，長期保有でなく短期間に買ったり売ったりを繰り返す個人投資家が増えたということを示唆している。

### 4.2 M&A の活発化

もうひとつの特徴として，M&A の活発化をあげることができる（図 4.3-9 参照）。1990年代の終わり頃から急速に件数が増加した。ライブドアや村上ファンドの話題で誰もが知るところとなった。M&A 総件数は，2003年1728件，2004年2211件，2005年2725件，そして2006年2775件と年間3000件に迫る勢いである。

この背景には，①企業のリストラと事業再編，②生き残りをかけた合併，③破綻・倒産した金融機関や企業の事業再生，④日本企業の海外進出といった国内の事情がある。しかし，事業再生に"ハゲタカ"と恐れられたアメリカの

表 4.7-1　所有者別株式保有比率の推移（単位：％）

|  | 金融機関 | 事業法人 | 個人・その他 | 外国人 |
|---|---|---|---|---|
| 1997 | 42.8 | 24.6 | 19.2 | 13.4 |
| 1998 | 41.6 | 25.2 | 19.1 | 14.1 |
| 1999 | 37.3 | 26.0 | 18.1 | 18.6 |
| 2000 | 39.8 | 21.8 | 19.6 | 18.8 |
| 2001 | 40.1 | 21.8 | 19.8 | 18.3 |
| 2002 | 40.0 | 21.5 | 20.8 | 17.7 |
| 2003 | 35.7 | 21.8 | 20.7 | 21.8 |
| 2004 | 33.9 | 21.9 | 20.5 | 23.7 |
| 2005 | 33.0 | 21.1 | 19.2 | 26.7 |
| 2006 | 32.9 | 20.7 | 18.4 | 28.0 |

出所：東京証券取引所「平成18年度株式分布状況調査」より作成。

---

4）　対象となる株式は，日本の 5 つの取引所に上場されている国内会社の株式である。

図 4.7-5　世界ヘッジファンドの資産規模とファンド数の推移（推計値）

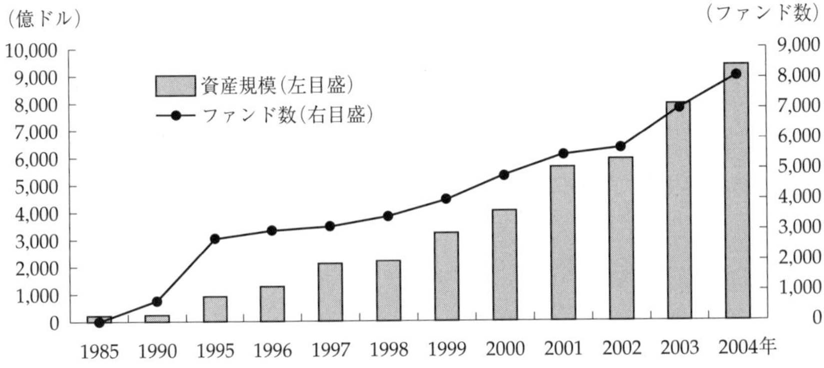

出所：Hennesse Group LLC, Hedge Fund Research, International Financial Services, London.

ファンドが乗り出す，単に自分の会社を大きくする，経営状態に問題はないが株価が割安でお買い得といった，儲かればよしとするケースもある。事実ここ数年，買収企業の経営を目的としない投資ファンドによる買収が300件以上になっている[5]。

## 5　金融派生商品市場

金融の自由化・国際化にともなって，株価だけでなく金利，為替レートなどが変動するようになった。そのため，規制時代には気にしなくてよかった価格変動リスクが発生する。1980年代に金融リスクの増大に対処する手法として，金融派生商品（デリバティブ）[6]が開発された。

1990年代以降，世界的にデリバティブ市場の規模が急拡大し，同時にヘッジファンド[7]数も急増している（図 4.7-5）。また，ある機関[8]の調べによると，1990年頃から日本の投資家（保険会社・銀行・年金基金など）によるヘッジファンドへの投資が増えており，2003年末の投資額は約4兆円である。

---

[5]　M&Aの総件数とともに，株式会社レコフの調べ。
[6]　第1部第4章の補注を参照。
[7]　デリバティブを駆使して稼ぐ投資ファンドである。
[8]　オルターナティブ・インベストメント・プロダクツ株式会社による調べ。

デリバティブはリスクを回避するために開発されたが，投機にも使える。デリバティブには取引額のほんの一部を証拠金として差し出せば契約ができるものがあるが，それを利用すれば元手の数十倍，数百倍の取引契約ができる。うまくいけば莫大な収益が得られるが，失敗すれば損失額は元本どころではない[9]。デリバティブを使ったヘッジファンドによる資金の運用が，通貨危機や金融危機の発生原因のひとつになっている。

## 6　国際的な資金の流れ

### 6.1　日本と海外との関係

図 4.7-1 に戻って，日本と海外との関係をみる。2006年度末時点で，日本は海外に568兆円の対外債権残高（約100兆円の外貨準備を含む）を有し，350兆円の対外債務を負っている。対外資産・負債のフローを捉えているのが，国際収支表における資本収支[10]の外貨準備増減である。そして，つぎの関係が成り立つ。

$$\text{国内貯蓄} - \text{国内投資} = \text{経常収支}$$
$$= -(\text{資本収支} + \text{外貨準備増減}) = \text{海外の資金過不足} \quad (4.7\text{-}1)$$

図 4.7-3 にみる海外部門の資金過不足は海外の立場に立ってみているので，日本の経常収支の黒字が海外の資金不足として表現されているのである[11]。

### 6.2　国際資金循環

国際間の資金の流れは，各国間でのネットワークになっている（図 4.7-6）。加えて，一方的に流れたきりになるのではなく資金が国際間を循環している。

国際的な資金の流れを規定する主な要因は，つぎの3つである。第1に，国際間での投資収益率の格差の存在である。資金は収益率の低い国から高い国に移動する。代表例が為替減価率を考慮した金利差である。金利差からすると，

---

[9] そうしたデリバティブがあたかも新金融商品のような装いで企業や家計に販売されている。たとえば，EB債・デリバティブを組み込んだ預金・FXなどである。

[10] 資本収支は日本の対外債務増減（資本輸入）から対外債権増減（資本輸出）を引いた額である。

[11] 日本の対外資産（対外債権）は海外の対外負債（対外債務），逆は逆である。

図 4.7-6　日・米・EU・アジア間の資金の流れ（2003年）

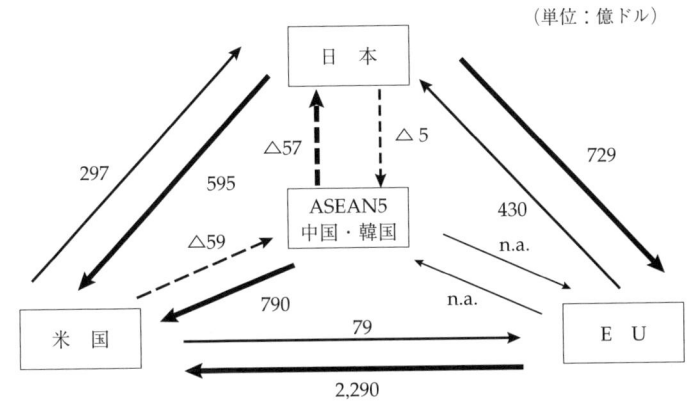

(単位：億ドル)

[図：日本・米国・EU・ASEAN5中国・韓国間の資金の流れを示す図
- 日本→米国：297
- 米国→日本：595
- 日本→EU：729
- 日本↔ASEAN5中国・韓国：△57、△5
- ASEAN5中国・韓国→米国：△59
- 米国→ASEAN5中国・韓国：790
- ASEAN5中国・韓国→EU：430、n.a.
- 米国→EU：79
- EU→米国：2,290]

資本収支のうち証券投資

注：△印は回収。
出所：財務省国際局「最近の国際金融の動向について」（平成17年3月）より。

資金は超低金利の日本から米・EUへと流れる環境にある（図4.7-7）。

　第2の要因が各国の生産・支出，貿易などの構造である。(4.7-1)式からわかるように，資本収支は国内貯蓄投資差額（ISバランス）や経常収支と深く関係している。外貨準備を一定とすると，経常収支が黒字ならば必然的に資本収支は赤字である。

　第3に，金融における規制や慣習である。1980年代以降，各国とも自国に外資を呼び込むために競って金融の規制緩和を進めてきた。しかしそれだけでは不十分で，法律で自由な金融取引が認められても，その国の取引慣習や国民の意識が変わらないと資金の流れの障害になる。

### 6.3　アメリカへの資金還流

　図4.7-6をみると，日本・東アジア諸国・EUのすべてからアメリカに多額の資金が流れている。実は，アメリカにドルが還流するしくみができ上がっているのである。

　**経常収支赤字のファイナンス**　アメリカは1985年に世界一の債務国に転落したが，その後も経常収支赤字が増えつづけて，対外債務が累積的に積み上がっていった。2001年以降の経常赤字の推移をみると，年間に数千億ドルのペース

図 4.7-7　日・米・ユーロの政策金利の動向

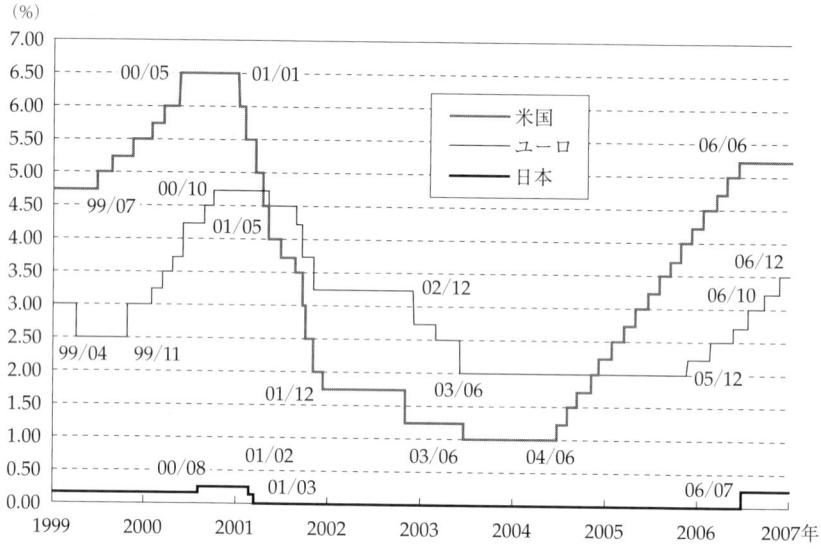

出所：財務省国際局「最近の国際情勢について」平成19年1月17日より。

で増加している（第2部第6章表2.6-2を参照）。2006年には8000億ドルを超えた。アメリカはどうあっても世界各国からその赤字分を資金調達する必要がある。できなければ、国家破綻である。他国は共倒れとならないようにアメリカに資金供給をつづけるしかない。

　**ドル価値の維持**　日本をはじめ多くの国がドル建ての債権を保有している。ドルの値下がりはドル建て資産価値の減少につながる。また、ドルは国際通貨であり、輸出代金の自国通貨での換算額も目減りする。日本や中国などの対米輸出に頼る国々は、大量のドル買いを行って、ドル価値を維持しようとしている。通貨当局に買われたドル（外貨準備）は再び米国債などで運用される。その額は日本、中国[12]ともに100兆円を突破している。

　**国際金融の仲介国としてアメリカ**　アメリカは経常収支の赤字をファイナン

---

12)　中国は、見かけは大胆に金融自由化を進めているが、依然として国家管理が強く、いたってマイペースである。

スする以上に資金を集めている。なぜか。その理由はヘッジファンドのような高度な金融技術をもち，高い収益率を上げる金融機関が多いからである。世界から資金を集めて内外で運用し，高収益を稼ぎ出すのである。

　この章のまとめをしておこう。
　①アメリカは，巨額の経常収支赤字をファイナンスしつづけることができるように海外からの資金を確保し，かつ米金融機関が海外で稼ぐことのできるグローバル金融の構造を構築したい。そのために，日本の家計資産と金融市場は是非とも必要であるから，日本をその構造に組み込みたい。②日本の政府や財界はそれが時代の流れと捉えて，乗り遅れまいと必死にアメリカ追随の金融改革に邁進してきた。③しかしながら，いまのところ日本の家計の資産構成に大きな変化はみられない。④現れた変化は，短期的な売買やハイリスク＆ハイリターン商品に引き込まれる人や企業が増えたこと，外資勢の参入を促したこと，M&A やデリバティブ取引が活発化したこと，投資ファンドが表舞台に出てきたことなどである。
　この方向に突き進んでよいのか。そもそもアメリカがこのまま経常収支の赤字を拡大しつづける構造は維持不可能である。そうすると，②の日本の政府や財界の選択もいずれ頓挫する。③の状況からして，日本の国民の多くは①②の流れにまだ与していないが，徐々に④のマネーゲーム的状況が拡がりつつある。
　今後の日本経済は低成長を基調とすると予想されるので，資産の追加的な増加に期待できない。国民がこれまで汗して蓄えてきた金融資産をどのように有効に使うかが問われている。ただひたすらため込むのも能がないし，まして国民すべてがマネーゲームに参加する必要もない。1500兆円の家計資産は，国民全体で生活水準を維持し，幸せに暮らすために使うのが最もよい。どうせなら，その資金が地方の再建，貧困国への支援，東アジア諸国との連携，世界の環境保全に役立つように使われて，その目標を達成できればなおよい。

（伊藤国彦）

# 第8章　企業の多国籍化と経済のグローバル化

　人類は未知なるものの踏破を夢見つづけてきた。地中海からインドへの大遠征，シルクロード，アメリカ新大陸発見，世界一周など冒険とロマン，そして富と名誉を求めてフロンティアに驀進してきた。夢とは裏腹に世界はやはり広かった。世界を舞台に持続的に活動することはできなかった。世界の一体化など夢の夢かと思われていた。しかし，時代は一変し，その夢が実現に向かっている。グローバル化である。

　グローバルとは，文字通り世界・地球である。グローバル経済とは世界が一体化された経済のことである[1]。そのような経済システムは未だ実現していないが，それに向かう過程にあることは否定できない。すなわち，グローバル化が進展しているのである。現在，グローバル化経済として進展していることは，①世界の市場経済化，②企業の多国籍化，③世界金融システムの一体化と世界的なマネーゲームである。

　この章では，第1に，企業の多国籍化が投資国と受入国に及ぼす影響，第2に現在のグローバリズムがアメリカン・グローバリズムであること，それが今後どのように展開されるかを検討する。

## 1　日本企業の多国籍化

### 1.1　多国籍化の進展

　日本企業の多国籍化は，まず資源確保を目的にして展開された。たとえば，鉄鉱石や木材を求めての日本企業のインドネシア進出であり，中近東での原油確保のための企業設立などである。これは，資源・素材→加工という垂直型の多国籍化であった。

　ついで，低コストの労働を求めての多国籍化であった。アジアの労働者の賃

---

1) 厳密にはグローバル経済とは，世界連邦が成立し世界貨幣が供給され世界政策が実行されている経済である。各国は世界連邦の1つの州として，その歴史・文化などの独自性が認められるのであろう。

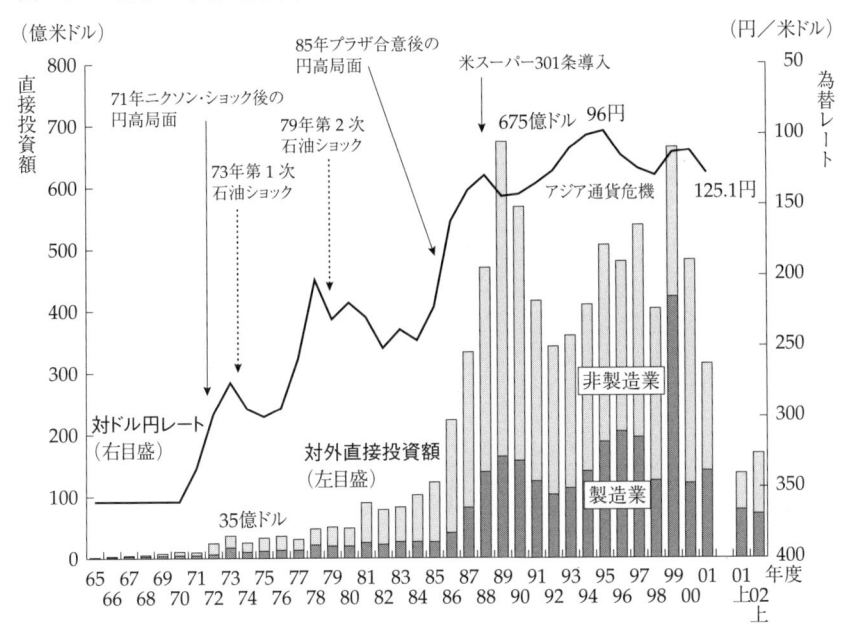

### 図 4.8-1　日本の対外直接投資と為替レートの推移

（億米ドル）・（円／米ドル）

注記：
- 71年ニクソン・ショック後の円高局面
- 73年第1次石油ショック
- 79年第2次石油ショック
- 85年プラザ合意後の円高局面
- 米スーパー301条導入
- 675億ドル　96円
- アジア通貨危機
- 125.1円
- 対ドル円レート（右目盛）
- 対外直接投資額（左目盛）
- 非製造業
- 製造業
- 35億ドル

出所：対外直接投資額は「対外直接投資届出・報告実績」（財務省）。

金は日本の労働者の10分の1から100分の1ぐらいである。労働使用的な工程はアジアで行い，資本使用的な工程は本国で行うのである。

そして，市場を目的とした多国籍化である。これは①先進資本主義諸国間での市場獲得競争や②大規模な市場をもつ中国への進出である。①の例として，日本の自動車会社がアメリカやヨーロッパに子会社をつくり，そこで生産と販売を行う。逆にアメリカやヨーロッパの自動車会社が日本に子会社をつくり，生産と販売を行うのである。これは水平型の多国籍化といえよう。

1985年のプラザ合意以降，日本の対米輸出に対する批判攻撃を避けるために，日本はアメリカへの直接投資を増やした。また，円高を背景にして直接投資・多国籍化が急増する（図4.1-1ならびに図4.8-1）。

それでは，円高は多国籍化をなぜ進めるのか。第1に，円高になると，日本からの輸出は困難になる。そこで，日本企業は外国に進出するのである。日本企業の多国籍化が顕著になったのは1980年代後半の円高期であった。

表 4.8-1　海外生産比率の推移　　　　　　　　　　　　　　　　　　　　　　（単位：％）

| 年度 | 1996 | 1997 | 1998 | 1999 | 2000 | 2001 | 2002 | 2003 | 2004 | 2005 |
|---|---|---|---|---|---|---|---|---|---|---|
| 製造業計 | 10.4 | 11.0 | 11.6 | 11.4 | 11.8 | 14.3 | 14.6 | 15.6 | 16.2 | 16.7 |
| 食料品 | 3.9 | 2.7 | 2.8 | 2.8 | 2.7 | 4.5 | 4.6 | 4.9 | 4.4 | 4.2 |
| 繊維 | 7.0 | 7.4 | 8.2 | 8.2 | 8.0 | 6.7 | 6.6 | 8.4 | 7.3 | 6.3 |
| 木材紙パ | 2.8 | 3.7 | 3.4 | 3.4 | 3.8 | 3.8 | 4.3 | 3.8 | 4.2 | 3.0 |
| 化学 | 9.1 | 11.0 | 10.6 | 10.3 | 11.8 | 12.6 | 13.4 | 13.6 | 15.3 | 14.8 |
| 石油石炭 | 2.7 | 1.7 | 2.3 | 1.2 | 1.4 | 1.5 | 2.0 | 1.6 | 1.8 | 2.6 |
| 鉄鋼 | 10.8 | 11.6 | 9.8 | 8.9 | 14.0 | 16.2 | 8.9 | 9.4 | 10.6 | 9.6 |
| 非鉄金属 | 10.0 | 9.8 | 8.5 | 9.8 | 9.4 | 10.2 | 10.1 | 7.9 | 9.4 | 10.2 |
| 一般機械 | 10.4 | 10.3 | 12.5 | 11.0 | 10.8 | 10.2 | 10.1 | 10.7 | 11.7 | 12.9 |
| 電気機械・情報通信機械 | 16.5 | 17.8 | 17.2 | 17.6 | 18.0 | 21.6 | 21.0 | 23.4 | 9.5 / 33.1 | 11.0 / 34.9 |
| 輸送機械 | 19.9 | 22.0 | 23.5 | 23.4 | 23.7 | 30.6 | 32.2 | 32.6 | 36.0 | 37.1 |
| 精密機械 | 7.9 | 8.4 | 9.3 | 11.0 | 11.2 | 12.0 | 12.9 | 12.8 | 12.4 | 13.8 |
| その他の製造業 | 4.1 | 4.0 | 4.4 | 4.2 | 4.4 | 4.4 | 5.1 | 5.0 | 6.2 | 7.2 |

注：国内全法人ベースの海外生産比率＝現地法人(製造業)売上高／(現地法人(製造業)売上高＋国内法人(製造業)売上高)×100
出典：国内法人売上高：法人企業統計（財務省）。
出所：経済産業省「2005年度 海外事業活動基本調査」。

表 4.8-2　海外従業者数の推移　　　　　　　　　　　　　　　　　　　　　　（単位：万人）

| 年度 | 1996 | 1997 | 1998 | 1999 | 2000 | 2001 | 2002 | 2003 | 2004 | 2005 |
|---|---|---|---|---|---|---|---|---|---|---|
| 北米 | 62.6 | 66.3 | 64.6 | 74.1 | 78.3 | 68.3 | 67.2 | 67.3 | 65.5 | 62.8 |
| アジア | 156.9 | 161.3 | 154.2 | 180.0 | 203.8 | 192.3 | 214.3 | 246.6 | 277.3 | 305.3 |
| ヨーロッパ | 32.1 | 32.4 | 35.3 | 38.3 | 40.2 | 35.8 | 39.1 | 41.0 | 44.4 | 43.8 |
| その他 | 22.9 | 23.5 | 20.9 | 23.6 | 22.9 | 21.1 | 19.9 | 21.6 | 26.6 | 23.7 |
| 全地域計 | 274.5 | 283.5 | 274.9 | 316.1 | 345.3 | 317.5 | 340.6 | 376.6 | 413.9 | 435.6 |

出所：経済産業省「2005年度 海外事業活動基本調査」。

　第2に，円高のさいには，輸出で稼いだ資金（ドル）を円に換えるならば為替差損をこうむる。たとえば，1ドルが120円であったとき，1万ドルは円に変えると120万円である。円高になり，1ドルが100円になると，1万ドルは100万円に下がってしまう。20万円の損失となる。円高になれば，ドルを円に換えると為替差損を生じる。これを避けるためには，ドルをドルで使うことである。ドルのドル表示価値は不変なのである。すなわち，ドルが通じる地域，アメリカや発展途上国で生産活動を行えばよいのである。

### 1.2　多国籍企業の影響

　**空洞化**　1985年から急増した直接投資は，いったん90年の不況で減るが，その後，変動しつつも高水準を維持している。そして，直接投資によって海外生産比率が増えている（表4.8-1）。生産の海外シフトによって，現地会社の従業者が増えている（表4.8-2）。

　生産拠点の海外シフトによって，経済空洞化が生じないかどうかが懸念されている。空洞化とは，製造業が海外にシフトし，国内生産比率が低下し，その結果，日本においてはサービス業が主となり，いずれ貿易赤字になるだろうというものである。

　これに対して，直接投資の流れも貿易と同じであり，国内の比較劣位産業が海外移転するのであり，比較優位産業は存続するのだから心配ないという意見がある。しかし，表4.8-1が示しているように，輸送機械，情報通信機械，化学，精密機械，一般機械，電機機械など国際競争力の強い比較優位産業の海外生産比率が高くなっており，楽観視できないのである。

　また，直接投資受入国は資本導入によって経済を発展させ，その国の需要は日本の商品にも向けられるので，日本の輸出が増えて，経済は成長し貿易収支を黒字化させる，という意見もある。しかし，日本の国際競争力，製造業能力が高ければ，輸出が増えるかもしれないが，国内の生産能力と国際競争力が低下すれば，日本の直接投資に端を発した需要は日本以外の国に奪われてしまうのである。また，日本企業の海外子会社からの輸入（逆輸入）が増えている。これは企業内国際分業であるが，輸入であることに変わりはない。したがって，国内において「ものづくり」能力がしっかりしているかどうかが鍵となる。

　**受入国への影響**　多国籍企業は受入国にとってどうであろうか。証券投資は利子や売買益の大きい国に投資される。利益があると予想されるならば大量の資金が投入されるが，ほかによい儲け口があるとなると，他の国に資金を動かすのである。証券投資は極めて移り気であり不安定である。

　直接投資は経営権支配を目的としたものであり，それは証券投資に比べて長期・安定的である。先進国から発展途上国への直接投資は，先進技術の導入，ノウハウの獲得などによって受入国の経済成長に有益である。また，多国籍企業は収益を現地に再投資するケースが多い。したがって，投資受入国は先進国

からの直接投資を歓迎している。

　しかし，多国籍企業は大きな力をもっているので受入国の政治・経済に多大な影響を与える。その国の政策や針路を動かしかねない。一国の独立が損なわれる危険性がある。

　また，多国籍企業は得られた利潤をいつまでも現地に再投資するわけではない。世界的視点からみて有利だから現地に再投資するのである。ほかに有利な生産拠点があれば，多国籍企業は現地設立会社を売り飛ばし，有利な国に投資するのである。

## 2　経済のグローバル化

### 2.1　グローバル化の展開

　経済の発展にともなって経済活動は国際化・世界化するが，それは昔からあったことである。かつての国際的活動と現在のグローバル化とはどこが違うのか。国際化・グローバル化の段階的な展開をみておこう。

　**自国生産・貿易**　経済の国際化は，まず貿易関係を通して行われる。どの国も経済の発展とともに必要な財をすべて自国で調達することはできなくなる。また，できたとしても，非常に効率性の悪いものである。そこで，必要な財を外国から輸入することになる。輸入決済のためには輸出が必要となる。輸出は輸入決済のために必要であった。

　しかしながら，国内需要を超えて生産力が増大すると，需要確保のために貿易が行われる。すなわち，利潤確保のために輸出が行われる。輸出が自己目的化されるのである。

　**外国生産・利潤送金**　生産拠点を外国に移し，現地で生産するほうが合理的な場合がある。先進各国は発展途上国に進出し，現地労働者を雇用し，現地で物資を調達しながら生産活動を行い，利潤を獲得する。得られた利潤は本国に送金し本国の経済厚生を高めようとした。この典型が帝国主義国だった。進出された国々はこの帝国主義的な進出に対して抵抗を行った。

　**外国生産・世界的活用**　現在の多国籍企業は世界的視点で利潤獲得行動を行っている。資金，資源，労働力，技術，市場を求めて企業活動は世界的な規

模で行われている。得られた利潤は必ずしも本国（本籍国）に送金されるわけではない。税率の安い国に本社を置き，ひとまずそこに資金をプールし，最も有効な資金の活用をはかるのである。

## 2.2 アメリカン・グローバリズム

現在は未だ文字通りのグローバル経済ではないが，世界経済の一体化は進んでいる。ソ連や東欧の社会主義国の崩壊，中国やベトナムなどの市場経済化によって，世界経済は市場経済が支配したかにみえる。市場にゆだねておけばうまくいくという市場原理主義が風靡（ふうび）している。

しかし，市場経済といっても，それぞれの国によって市場のあり方は異なっている。歴史，文化の異なる市場なのである。取引慣習や法律などは異なっているのである。それを一本化しようとするのがグローバル・スタンダードであり，アメリカン・スタンダード，アメリカン・グローバリズムである。すなわち，商取引の慣行や法律などをアメリカ流に一元化しようとしているのである。

現在，世界の主潮流になっているアメリカン・グローバリズムの推移を簡単に見ておこう。

（1）第 2 次世界大戦後，資本主義経済における覇権（はけん）をアメリカが握った。ライバルのイギリスなどは戦争の惨禍（さんか）によって経済力が打撃を受けていた。世界の金量の70％ほどがアメリカに集中した。各国はアメリカの援助なしに経済を再建できなかった。アメリカが覇権を握ったのは自然の流れといえよう。

アメリカの覇権体制は紆余曲折をたどりながら強化されていった。ブレトンウッズ体制は世界の成長を支えた。アメリカはドルが国際通貨であるという特権を最大限利用した。世界各国に資本輸出を行い，企業と資産を買収した。軍事力を強化するために，また旺盛な投資・消費欲を満たすために，国内生産能力以上に財・サービスを消費した。その結果が貿易赤字である。恒常的な貿易収支赤字によって金保有量は減少した。ついに1971年，アメリカは金とドルの交換性を打ち切った（ニクソン・ショック）。アメリカは対外債務が生じても金を渡す必要がなくなった。「ドル本位制度」が成立したのである。

（2）ドルが金との関係を打ち切ったことで，アメリカは浪費的な政策を打ち出した。財政の大幅赤字と貿易赤字は加速した。それを資本収支黒字で乗り切ろうとした。国内高金利によってドル高を維持した。世界各国から資本が流入

した。その結果，貿易赤字と財政赤字という「双子の赤字」に陥ったのである。1985年，双子の赤字を解決するために先進資本主義主要国は，円高・ドル安によってアメリカの貿易赤字を縮小しようとしたのである（プラザ合意）。

（3）1990年代に入って，ソ連が崩壊し唯一の覇権国になったアメリカは浪費経済に突入した。国内需要は旺盛で貿易赤字を気にすることなく過剰支出を行った。国内所得は増えつづけた。これが「ニューエコノミー」である。1980年代には双子の赤字が国際的な大問題であったが，いまはそれほど問題視されていない。多国籍企業は世界にはばたいている。国際資金は昼夜，眠ることなくマネーゲームに踊っている。国際的な投資ファンドは巨額の資金を運用し莫大な利益を得ている（投機失敗で倒産もしている）。M&Aが世界的に行われている。

## 2.3 反・非アメリカン・グローバリズム

現在の世界の動きはアメリカン・グローバリズムを機軸に展開されている。日本やイギリスのようにアメリカに追随し，その枠のなかで利益を得ようとする勢力があると同時に，アメリカン・グローバリズムを全面的に受け入れない勢力や反対する勢力もある。

（1）EUは共通通貨としてのユーロをもっている。これは画期的なことといえよう。というのは，貨幣発行権は国家権力の象徴だからである。歴史的にかなりの期間にわたって対立関係にあったドイツやフランスを含めて参加各国が共通通貨をもったのである。これは，国家権力の部分的ではあるが制限である。このような制限を認めるようになったのは，アメリカへの対抗，少なくともアメリカに席巻されることへの抵抗である。アメリカン・グローバリズムの進行がなければ，共通通貨の是認はなかったであろう。EUは，アメリカに反旗を翻すことはなくとも，一方的な要求を受け入れることはないだろう。

（2）中国は経済的にも高成長を遂げ，経済大国になった。中国の経済発展はアメリカや日本などの先進資本主義国からの資本の受け入れ，技術導入に支えられている。そして，アメリカや日本に対して貿易黒字になっている。

中国は資本主義国と協調しつつも，アメリカの覇権のもとに屈服することはない。少し以前ならば，東アジアの経済的盟主は日本であったかもしれないが，日本がアメリカに追随していること，日本の経済成長が停滞していること，中

国の経済力が急速に伸びてきていることから，経済的な盟主の立場は中国にとって代わられる。

（3）政治経済的システムを異にするのがイスラム圏である，中近東は原油産地であり，古くは石油資本のメジャー，いまはアメリカ新保守主義勢力の経済的基盤である。原油採掘，石油生産，輸送，販売などでアメリカと利害関係をともにする側面があるが，中近東の資源をなぜ外国に利用させ巨万の富を稼がしているのかという不満があり，また宗教的にも生活慣習的にもアメリカン・グローバリズムとなじまないところが多々ある。むしろ，反発している。アメリカ流のルールを押しつけようとしても，それを受け入れることはないだろう。

## 3　グローバリズムの問題点

### 3.1　経済格差

アメリカン・グローバリズムの理論的基礎組みは市場原理主義にある。それは，①需給不均衡などの調整は政府が介入するのではなく市場に任せるべきであり，そうすればうまくいく，②各個人は自らの才覚と努力と責任において競争すべきである，競争こそが創造と発展を生みだす，③福祉政策は人々を怠惰にさせる，貧困は「弱いもの」の自己責任である，生活困窮者に対しては権利ではなく慈悲として一定の社会保障をなせばよい，④「強いもの」が引っ張っていけば経済は発展する，という見解をもっている。

このような見解のもとで競争があおられるのだから，一部は利益を得るかもしれないが，多数は経済的に落ちぶれていく。経済格差が激しくなるのである。

次章で検討するように，これまで日本は比較的平等の国といわれてきたが，アメリカン・グローバリズムを積極的に受け入れていくなかで格差が拡大してしまった。だが，競争主義，マネーゲームは日本になじむだろうか。敗戦後の生活困窮から立ち上がり世界的に経済大国になったのは，協調主義，ものづくりのゆえでなかっただろうか。大きな転換点に差しかかっているといえよう。

### 3.2　マネーゲーム

グローバリズムのなかで大企業は莫大な利益を得ているが，日本は低成長である。企業の設備投資意欲は冷めている。企業は資金過剰部門になり，それを

資産運用に回している。また，アメリカは外国（とくに日本）に比べて高金利であり，国家信用を背景にして世界から資金を調達し，それを世界的規模で運用し利益を得ている。アメリカ金融市場には資金運用に関するノウハウ，人材が集まっているのである。

　日本は国内金利がほとんどゼロであるので，外国で運用する動きが顕著になってきた[2]。これまでも日本は対米貿易黒字で得た資金をアメリカの証券，安全な財務省証券（TB）に投資していた。それによって，アメリカの貿易収支赤字をカバーしていたのである。最近では，リスクはあるが収益の高い株式や外債への投資が増えている。いずれにせよ，日本はアメリカへの資本輸出によってドル金融体制を維持しているのである。

　日本のアメリカ金融資産への投資は安全であろうか。たしかに，アメリカは信用をもっている。巨額の貿易赤字を出しながらも資本収支黒字でまかなっている。ドル高傾向を維持している。しかし，これはいつまでもつづくだろうか。アメリカの累積的な（事前的）国際収支の赤字はドルに対する不安感を醸成しないだろうか。国際金融資本の行動は，これまでも多くの国を金融危機に陥れた。世界的なマネーゲームを動かしてきた投資ファンド会社の倒産も例外ではない。世界的なマネーゲームは突然ドル危機をもたらすかもしれない。国際資金をアメリカと運命共同体的に運営している日本はもろに影響を受け，為替差損をこうむる危険性がある。

## 3.3　人類・国・企業の矛盾

　国家の利益という意味での「国益」の追求が世界の紛争や戦争を引き起こし，地球的規模で環境を破壊してきた。そして，多くの人命が奪われ，人類の貴重な財産・資源が失われてきた。

　グローバル化の担い手である多国籍企業は，この「国益」の枠から離れ世界・地球の利益を追求しているのだろうか。多国籍企業は2つの側面をもっている。ひとつは，本国（本籍地）やアメリカの政治的軍事的な権力を背景に活動している点である。そのかぎりで「国益」やアメリカの利益を無視できないのである。他方，多国籍企業の特徴は国境を超え「国益」を超えて自己の利益

---

[2]　国際投資機関は低利の日本で資金を調達し，高利の国や地域で運用している。

を追求するところにある。それは企業利益の追求であるから世界の利益の追求でないことはいうまでもない。

　国益にはもうひとつの意味がある。それは国民の利益，つまり国民生活の向上である。現在のグローバル化はアメリカの権力を背景にして進んでいる。ここから，アメリカン・グローバリズムと日本の国益＝国民の利益＝国民生活の向上との間に矛盾が生じている。たとえば，日本はアメリカに財・サービスを輸出し，アメリカの生産能力以上の過剰支出と世界軍事体制を支えてきた。また，貿易黒字で得た外貨（ドル）をアメリカに投資してアメリカのドル体制を維持することに貢献してきた。日本を含めて世界からアメリカに集められた資金は再投資される。それは日本の国富や企業の買収のためにも使われているのである。アメリカ系多国籍企業は，日本国民が長期間にわたって蓄積してきた国富を買収しているのである。これは日本の国益に相反する行為といえよう。

　グローバル化とともにナショナリズムが台頭している。これは，多国籍企業と国益との矛盾から生じたという側面もあるが，それだけではない。グローバル化の展開とともに，活動が世界的になればなるほど，誰のために，なんのために行動しているのかというアイデンティティの問題が生じてくる。たとえば戦争や紛争処理を考えてみよう。その活動はきわめて危険であり生命の保証はない。兵士は誰のために犠牲になるのだろうか。国家や家族のためという想いが不可欠なのである。また，世界に飛翔している企業戦士を考えてみよう。彼らは自らの活動が国家や家族と深い絆をもっていると信じ，それが安心感を与え，世界的活動を鼓舞するのである。このナショナリズムは国民の利益，国益と一致したものとはいい難い。

　国益は国民生活を基礎にしなければならない。人類益は抽象的なものではない。それは人間の，国民の幸せなのである。諸国民間の利害は相反する場合もある。その調整と解決はむずかしいかもしれないが，不可能ではない。世界的視点・人類の視点から解決しなければ人類の存在は不可能になるのである。

　　　　　　　　　　　　　　　　　　　　　　　　　（菊本義治）

# 第9章　格差社会

　格差社会，ワーキング・プア（働く貧困層），下流社会といった言葉が新聞紙上をにぎわしている。これまで「一億総中流社会」とか「平等社会」といわれ，世論調査もそれを支持してきたのに，最近の調査では圧倒的な人が「不満」を示し，「生活の悪化」を訴えている。

　格差が存在することを否定する人はいないが，①格差は拡大したのか，②格差拡大は重要問題か「見せかけの問題」か，③格差拡大があったとして原因はなにか，④格差拡大をどのように評価すべきか，について見解が異なっている。

　この章では格差拡大の実態，その原因，格差をめぐる価値観について論じる。

## 1　格差拡大の実情

### 1.1　指標でみた格差

　格差を測る指標はいくつかある。その代表的な指標から格差が拡大しているかどうかを調べてみよう。

　**ジニ係数**　ジニ係数は不平等を測る指標として最も用いられている。それは0と1の間の数値を取り，大きくなるほど不平等とされる[1]。ジニ係数を求める基礎データはいくつかあり，それぞれに長所と短所をもっているが，どのジニ係数をみても1980年代後半から格差は大きくなっている（図4.9-1）。

　**格差率**　所得の第1分位（最貧困層）と第5位（最富裕層）の比率（格差率と呼ぼう）をみたものが図4.9-2である。再分配前のデータをみると，1980年代から格差は拡大し始め，97, 98年頃から，そして小泉構造改革内閣が成立する2001年から急速に拡大している。

　再分配後所得の格差率はかなり改善されているが，それでも上昇傾向を示している。

---

1)　ジニ係数とは，任意の2個人（ないしは世帯）の所得格差をすべてとり，その平均を全個人（世帯）の平均所得で割ったものである。たとえば，ジニ係数が0.3ならば，個人間（世帯間）の平均的な所得格差は平均所得の30％になる。

図4.9-1　各調査によるジニ係数

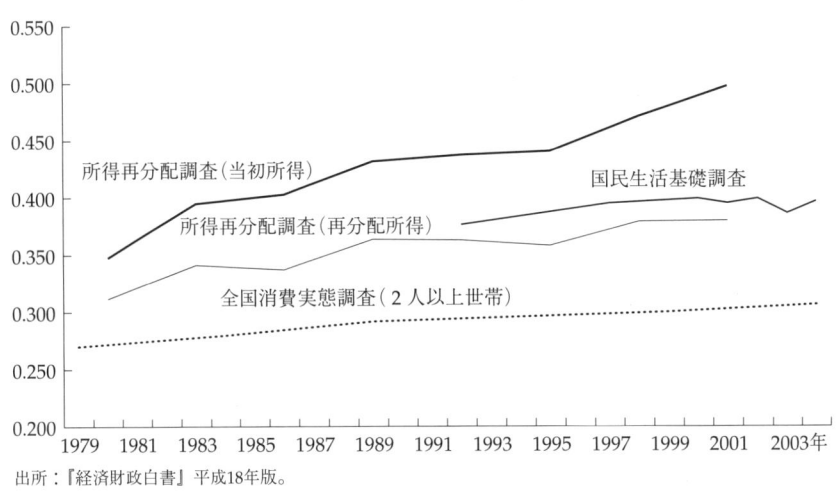

出所：『経済財政白書』平成18年版。

図4.9-2　格差率

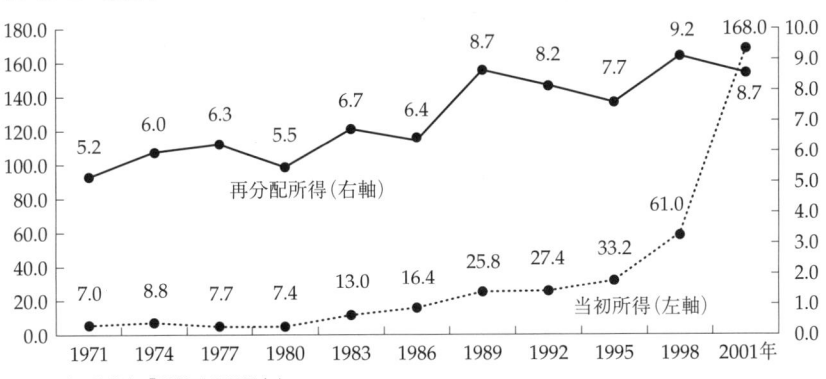

出所：厚生労働省「所得再分配調査」。

**生活保護世帯数の増加**　1957〜84年の生活保護世帯数は微増しているけれども，それが全世帯に占める割合（保護率）は減少していた。それは高度経済成長のゆえであった。1980年代の半ばから，生活保護認定が厳しくなったので保護率は大幅に減少した。しかし，①生活保護を受けることは施しを受けることで屈辱であり，できるかぎり保護を受けたくないという国民意識，②保護認定の厳しさにもかかわらず，1990年代に入ってから生活保護世帯数も保護率も上

表 4.9-1　給与所得者の所得分布構成　　　　　　　　　　　　　　　　　　（単位：%）

|  | 男 | | | 男女合計 | | |
|---|---|---|---|---|---|---|
|  | 1997 | 2001 | 2005 | 1997 | 2001 | 2005 |
| 100万円以下 | 2.4 | 1.9 | 2.5 | 7.3 | 6.9 | 7.9 |
| 200万円以下 | 4.4 | 5.0 | 6.4 | 10.6 | 12.2 | 13.9 |
| 300万円以下 | 8.1 | 10.1 | 11.5 | 14.2 | 15.3 | 15.8 |
| 400万円以下 | 15.7 | 17.4 | 17.8 | 17.1 | 17.5 | 17.2 |
| 500万円以下 | 18.1 | 18.0 | 17.6 | 14.7 | 14.6 | 14.2 |
| 600万円以下 | 14.9 | 14.5 | 13.5 | 11.0 | 10.7 | 10.1 |
| 700万円以下 | 10.8 | 9.9 | 9.1 | 7.6 | 7.0 | 6.4 |
| 800万円以下 | 8.0 | 7.2 | 6.8 | 5.5 | 5.0 | 4.6 |
| 900万円以下 | 5.5 | 5.0 | 4.5 | 3.7 | 3.4 | 3.0 |
| 1000万円以下 | 3.7 | 3.3 | 3.1 | 2.5 | 2.2 | 2.1 |
| 1500万円以下 | 6.9 | 6.1 | 5.4 | 4.6 | 4.1 | 3.6 |
| 2000万円以下 | 1.3 | 1.2 | 1.1 | 0.9 | 0.8 | 0.7 |
| 2500万円以下 | 0.3 | 0.3 | 0.3 | 0.2 | 0.2 | 0.2 |
| 2500万円超 | 0.2 | 0.3 | 0.4 | 0.2 | 0.2 | 0.2 |

出所：国税庁「民間給与実態統計調査結果」。

昇しつづけている。2005年には保護世帯は104万世帯になっている。高齢世帯，ハンディキャップ世帯，母子世帯で増えている。

**給与所得者の所得分布**　給与所得者の格差はどのようになっているだろうか。表4.9-1は非正規雇用比率が増える1997年，小泉内閣が成立した2001年，そして現在（2005年）を比較している。年収2000万円以上の層（男性）は97年0.5%，2001年0.6%，2005年0.7%と微増しているが，その他の層は全体として貧しいほうにシフトしている。たとえば年収300万円以下は14.9%，17.0%，20.4%と増えている。400万円以下の層は30.6%，34.4%，38.2%と増えつづけている。年収400万円以上2000万円までの層の比率も低下している。貧困化が進んでいるといえよう。

給与所得者全員をとっても同様である。年収300万円以下は32.1%，34.4%，37.6%になっている。400万以下は49.2%，51.9%，54.8%と増えている。年収400万円から2000万円までの層の比率は低下し，2000万円以上は同じである。

**国際比較**　世界的に見て日本の格差はどの程度であろうか。OECDによると，日本のジニ係数はOECD 25ヵ国のうち第10位である[2]。

図 4.9-3　年齢別所得格差：雇用者

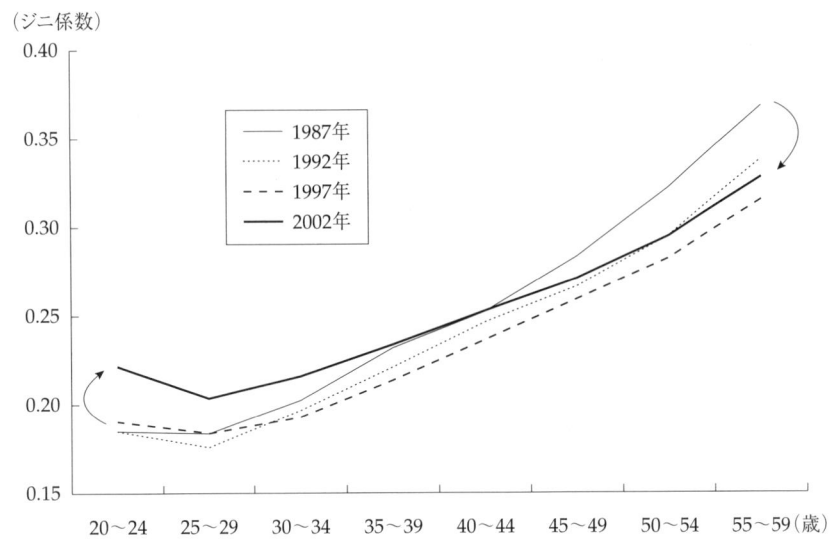

(ジニ係数)

凡例：1987年／1992年／1997年／2002年

横軸：20〜24　25〜29　30〜34　35〜39　40〜44　45〜49　50〜54　55〜59(歳)

注：正規雇用者，非正規雇用者を合わせた雇用者全体の所得にもとづく。
出所：総務省『就業構造基本調査』，同『労働力調査』から野村證券金融経済研究所作成『中期経済予測 2006〜2010』より。

2002年の厚生労働省調査では，日本の貧困率[3]は15.3で，OECD のなかでメキシコ，アメリカ，トルコ，アイルランドにつづいて第5位だった。格差の大きな国であることを示している。

## 2　人口構成の変化と格差拡大

### 2.1　「高齢化が原因」という見解

なぜジニ係数が高くなったのかについて，高齢化社会のためだ，という主張がある。すなわち，高齢層は他の層に比べて格差が大きく，その高齢層の割合が大きくなったのだから，社会全体の格差も大きくなったのだ，というのであ

---

2)　内閣府『経済財政白書』(平成18年版)による。
3)　所得順に並べて真ん中の人の所得，すなわち中位値の半分以下の所得しかない人の割合。

図 4.9-4　ジニ係数（等価所得）

(1)「全国消費実態調査」（総世帯）によるジニ係数

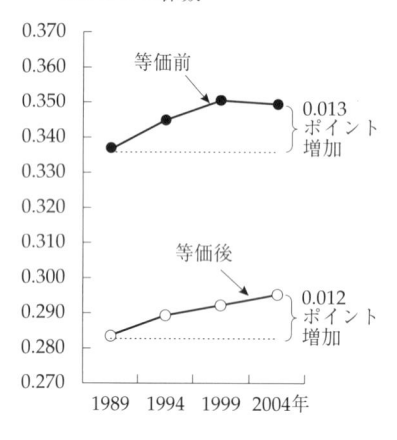

(2)「所得再分配調査」（再分配後所得）によるジニ係数

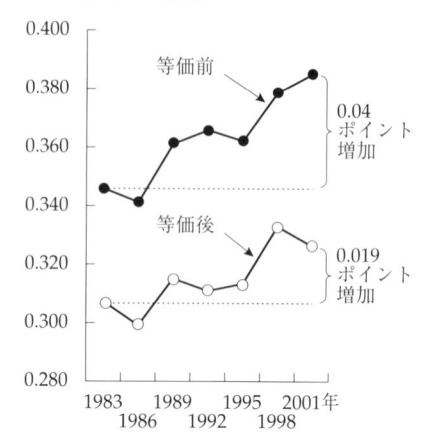

出所：『経済財政白書』平成18年版。

る。格差は人口問題であり「見せかけの問題」という。

　高齢層の格差が大きいことは事実だが，高齢層の格差は時系列的には低くなっており，若い層の格差が大きくなっているのである（図4.9-3）。したがって，高齢化が「格差社会」の一因としても，それが根本ではない。若い層の格差拡大こそが問われなければならない。

### 2.2　「単身世帯の増加が原因」という見解

　格差を測る統計データとして世帯をとっているが，単身世帯が増えれば一般的に世帯の所得も少なくなり，格差が拡大したように見えるというのである。この意見は否定できないが，格差の根本的な原因ではない。というのは，世帯数を考慮しても格差の拡大は否定できないのである。世帯数を調整したジニ係数（等価ジニ係数）[4]でみても図4.9-4のように格差拡大を否定できない。

---

[4]　たとえば，基準年は3人世帯の所得が340万円であったが，比較年では2人世帯の所得が308万円であったとしよう。3人世帯の生活費は2人世帯の1.5倍ではない。もっと安いだろう。3人のルート（$\sqrt{3}$）を取り1.7人，2人のルート（$\sqrt{2}$）をとり1.4人とし，基準年は1人当たり200万円，比較年は220万円とするのである。

## 3 格差社会の根本原因

### 3.1 格差の原因

格差社会をもたらした原因について考えてみよう。

**非正規労働の増加** すでにみたように，1997,98年頃から急速に格差は拡大している。1995年に旧日本経済団体連合会（日経連）が『新時代の「日本的経営」』という報告書を発表し，これまでの終身雇用制度と年功序列型賃金制度の見直しを唱えた。その後，非正規労働が急速に増加したのである。

非正規労働者の増加は格差を拡大する。第1に，非正規労働者の労働条件は正規労働者に比べて悪い。格差拡大の主原因は非正規労働の増加である。現在，日本では3人に1人が非正規労働者である。若年労働者や女性労働者は2人に1人が非正規労働者である。

第2に，非正規労働者間の格差は正規労働者間の格差よりも大きいのであり，そのウェイトが大きくなるのだから社会の格差も拡大するのである。

**リストラ・失業** 長期不況を乗り切るための「減量政策」がリストラを推進させた。新規採用も抑えられ失業率は上昇した。また，「成果主義賃金」の名のもとに賃金は切り下げられた。これが格差拡大をもたらしたのである。

**社会保障の切下げ** 1973年は「福祉元年」とされ，国民の「健康で文化的な生活」を保障する方向に大きく踏み出したが，1973年の石油ショックによって「元年」だけで終わり，その後，健康保険料率の引上げ，自己負担率の1割→2割→3割への引上げ，年金保険料の値上げ・支給水準のカット・支給開始年齢の引上げ（60歳から65歳へ）など社会保障水準は低下の一方である。

生活保護の基準を厳しくした結果，一時は生活保護世帯数は減少したが，長期不況のなかで増えつづけている。1992年度で58万6千世帯，その後年々上昇し1.7倍になっている。

### 3.2 低成長下の分配問題

現在，「いざなぎ景気」（1965年10月～70年7月）を超える好況期だと政府は述べている。しかし，好況感を味わえないのが正直なところである。なぜだろうか。

表 4.9-2　GDP，給与総額，実質賃金率年平均上昇率

|  | 実質 GDP | 現金給与総額 | 実質賃金率 |
|---|---|---|---|
| 1965～1975 | 2.1倍　7.7% | 4.3倍　15.8% | 1.9倍　6.7% |
| 1995～2005 | 1.1倍　1.1% | 1.04倍　0.4% | 1.06倍　0.6% |

注：GDP は「国民経済計算長期時系列 68SNA」，現金給与総額（決まって支給する現金給与総額（民・公計10人以上））は厚生労働省「賃金構造基本統計調査」，実質賃金率は現金給与総額を総務省「総合物価指数（持ち家の帰属家賃を除く）」で割ったもの。名目 GDP の場合1965～75年は4.5倍，総合物価指数は，1965～75年は2.4倍である。

「いざなぎ景気」の時期は，ものづくりがしっかり行われ高度成長が実現していた。表4.9-2 に示されているように，1965～75年の10年間に実質 GDP は2.1倍（成長率7.7%）になった。

当時，企業の投資意欲は旺盛で，企業の資金は足りず銀行から借入していた。利潤も賃金も上がった。そして，労働組合の賃金要求は旺盛であった。実質賃金率は1.9倍になった。お互いがぶつかり合っていた。その結果，賃金と物価の悪循環が起こった。すなわち，労働者は賃金上昇を要求し，企業はある程度賃上げを受け入れるが，同時に物価を上げて利潤を取り戻す。これが1960年から70年代の初めにかけて高度成長のなかで起こった。ところが，高度成長が破綻して，経済停滞下の物価上昇というスタグフレーションが生じた。

最近10年の特徴は低成長である（実質 GDP で1.1倍，年成長率1.1%）。いざなぎ景気の時期とは違って，好況感というものがまったくない。しかし，利潤は増大している。経常利益は2001年から増加しつづけ2003年には最高値を記録した。それから4年，毎年最高記録を更新しつづけている。

労働市場は正規・非正規の二重構造になっている。正規労働と非正規労働では労働条件がまったく違う。労働組合は保身で精一杯である。大企業の横暴にものをいう人が少なくなった。弱い者の味方や立場に立つ人が少なくなった。その結果，格差社会がでてきたのである。高成長の時期には，ある程度弱い者の要求を認めたほうがよいが，低成長では，そのような余裕はない。奪い合いをやるしかない。しかも，低成長期においても財政赤字や貿易黒字などで高利潤を維持できていた間は富める者と貧しい者の矛盾は緩和されるが，それができなくなると，強い人が弱い人から奪い取る，お互いが分かち合うのではなく，弱いところから強いところへ再分配される格差社会を生み出す。これが格差社

会の根本原因である。

### 3.3 いろいろな格差

格差は所得格差だけではない。資産格差，地域格差などもある[5]。

そのなかで重要な格差は決定権格差である。すなわち，重要な決定に参加している人と参加していない人の違いである。ものごとを決めるチャンネルにみんなが入ることができるかどうかである。

## 4 格差社会肯定論

格差の実態を否定できなくなると，「格差があってなにが悪いのか」という主張が登場してきた。格差があるからこそ活力が生まれ成長ができるのだ，というのである。「平等社会」の社会主義経済の破綻を見よ，という。「儲けてなにが悪いのか」とうそぶく。

ソ連や現存社会主義は平等社会ではない。それは，生産手段の共同所有制度を国家所有制度と解した中央集権型の経済であった。所得格差も大きい。社会主義＝平等社会＝活力のない社会，という論理は成立しないのである。

どんなことをしても儲ければよいという考えは，資本主義経済においても認められていない。法律に違反することはできない。社会に対して大きな影響力を与えており，また，社会から多くの利便を得ている企業には企業としての社会的倫理がある。企業は利潤追求という私的・利己的目的だけではなく，社会への貢献・国民生活向上という社会的・利他的目的もあるのである。

働いても働かなくても所得は同じ，という平等を認める人は少ない。違いとしての格差を一般的に認めるのか，認めないのかが問題ではない。「がんばっても，がんばっても，働いても，働いても楽にならない」点が問題なのである。他者を儲けの対象，攻撃の対象として見る点が問題なのである。

「機会の平等が大事であり，結果の不平等はやむをえない」という意見もあるだろう。億万長者になりたいと思っている人もいるだろう。しかし，機会の平等は保障されているだろうか。図 4.9-5 は，どれだけの割合の人が同じ所得

---

5) 1億円以上の資産をもつ富裕層は141万人（世界の富裕層の16.2%）である。

図 4.9-5　所得階層の固定化

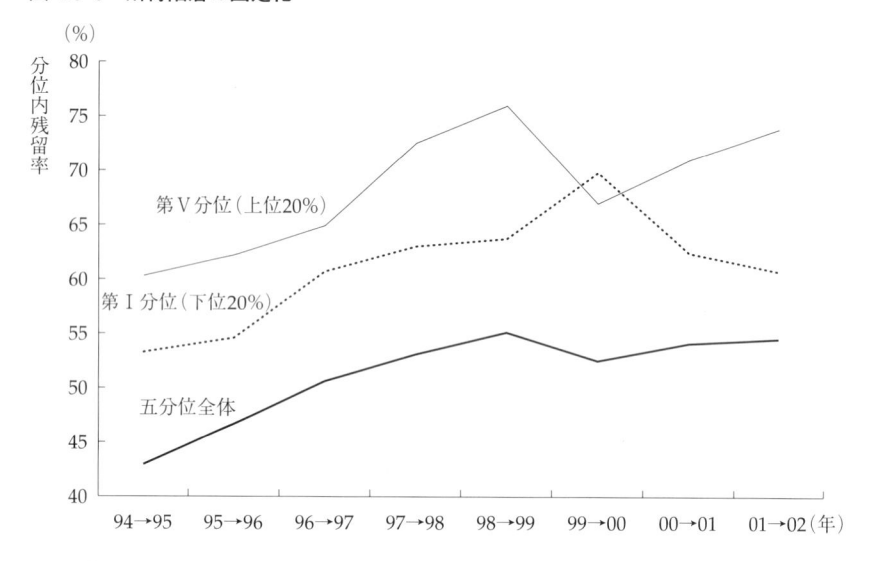

(%)
縦軸：分位内残留率

グラフ系列：
- 第Ⅴ分位（上位20%）
- 第Ⅰ分位（下位20%）
- 五分位全体

横軸：94→95　95→96　96→97　97→98　98→99　99→00　00→01　01→02（年）

注：1)「分位内残留率」とはある年から翌年にかけて同一の所得階層に残留した家計の割合を指す。
　　2)「五分位全体」は第Ⅰ～Ⅴ分位の各分位に残留した世帯の割合。
出所：財団法人家計経済研究所『消費生活に関するパネル調査』（野村證券金融経済研究所，前掲書より）。

階層にとどまっているかを示している。数値が大きいほど固定化が進んでいるのである。結果の不平等の継続は機会の不平等をもたらし，格差を固定化するのである。出自や教育，コネクションなどによって格差が固定化されるのである。ほどほどの格差は必要かもしれないが，最も重要なのは，がんばったら報われるという社会でなければならない点である。

　夢を見ることはだいじだが，現実を見ることもだいじである。一攫千金を夢見ることも必要かもしれないが，宝くじの特等に当たるよりももっと確率の悪い非現実的な夢によって格差社会を認めることができるだろうか。日々の生活をだいじにし，家庭で職場で地域で安定した豊かな生活を送れる環境づくりに勤しむこともだいじである。相手を蹴落とす競争ではなく，ともに伸びる競争がだいじである。

（菊本義治）

# 第10章　日本経済の選択

　本書の第3部では第2次世界大戦後の日本経済の推移を，第4部では直面する諸問題について述べてきた。そこで述べたように，日本は敗戦の荒廃のなかで軍事大国の道を捨てて経済大国の道を選択した。それが保守本流の経済であった。そしていま，日本は大きな転換点にあり，経済のあり方についての新たな選択を余儀なくされている。この章では，本書のこれまでの展開をふまえながら今後の日本の進路についての選択肢を述べることにする。

## 1　日本経済の現局面

### 1.1　日本経済のしたたかさ

　第3部において戦後日本経済の推移を述べたが，高度経済成長期以後の歩みをまとめると，つぎのようになる。

　税引き後の国内利潤を決める要因は，労働者貯蓄と利潤からの消費を捨象すれば，①投資，②財政赤字，③輸出超過である（第2部第1章，第3部第5章を参照）。表4.10-1に示したように[1]，高度経済成長期は旺盛な投資によって高貯蓄と高利潤が実現していた。高度経済成長が可能であったのは，アメリカの技術に依存しつつ，「アメリカに追いつけ」を合言葉に企業の投資意欲が旺

表4.10-1　貯蓄・投資バランス　　　　　　　　　　　　　　　　　　　　（単位：％）

|  | 貯蓄／GDP | 投資／貯蓄 | 財政赤字／貯蓄 | 貿易黒字／貯蓄 | 純要素受取／貯蓄 |
|---|---|---|---|---|---|
| 1955～60 | 23.5 | 103.2 | −5.6 | 2.4 | 1.4 |
| 1961～74 | 29.8 | 102.5 | −4.7 | 2.3 | −1.5 |
| 1975～82 | 29.1 | 85.5 | 12.4 | 2.0 | −0.6 |
| 1983～88 | 26.7 | 84.7 | 1.7 | 13.6 | 2.2 |
| 1989～91 | 24.9 | 103.8 | −13.1 | 9.3 | 5.2 |
| 1992～98 | 27.6 | 79.6 | 9.8 | 10.6 | 7.0 |

出所：『国民経済計算68 SNA』（暦年で計算）。

---

[1]　第2部第6章で述べたように表4.10-1の貯蓄は国内貯蓄である。

盛であったからである。電化製品などの耐久消費財が1960年代に集中的に登場し、それが企業の期待成長率を高めたのである。

石油ショックをきっかけにして高度経済成長は破綻する。破綻の根本的な理由は、「アメリカに追いつけ」という課題が実現したからであった。そして、日本がアメリカに代わって技術革新をリードするだけの力をもっていなかったからである。この高度経済成長の破綻は、経済のあり方についての大きな選択を迫った。それは、従来どおりの高貯蓄・高利潤の経済を選択するか、すでに世界のトップ水準に達した経済力を国民生活重視の消費主導型経済に変えるかであった。敗戦直後につづく第2回目の選択であった。

前者の道が選ばれた。高水準の投資によって高貯蓄・高利潤を維持することは困難になったから、財政赤字と輸出超過という一時しのぎによって高貯蓄・高利潤を維持しようとした。その過程で再び高成長を実現しようとしたのである(1975〜91年)。

日本経済はしたたかであった。高度経済成長のなかで繊維などの軽工業を中心とする産業構造から、鉄鋼・造船・石油化学などの重化学工業に転換した。そしてエネルギー源として石炭を石油に切り替えた。このような産業構造においては、石油ショックの影響をもろに受け、日本は沈没するだろうと予想された。しかし、日本経済は重化学工業から機械産業に転換した。第1次石油ショックによって大きな打撃を受けたが、第2次石油ショックは軽微であった。

そして、前述したように財政赤字をクッションに使いながら、国際競争力を高め輸出超過に活路を見出したのである。とくに対米輸出は集中豪雨的に急増した。高度経済成長の破綻から約20年、日本経済は世界資本主義の優等生としてもてはやされたのである。1980年代の後半にはバブル経済、ME革命を中心とした設備投資の回復によって高成長を遂げるが、最盛期の10％成長には遠く及ばなかった。

### 1.2 長期不況下の諸問題

1991年、バブル経済の破綻を契機にして、日本経済は長期不況に突入した。好況・不況の波はあるとはいえ、10年間の年平均成長率は1〜2％ほどに落ちてしまった(第4部第1章参照)。「完全雇用」を誇っていたが、最高5.5％までに完全失業率は増えた。これまでの日本型雇用慣行は見直され、リストラに

よる解雇が中高年層を襲った。若者は非正規の低賃金にあえいでいる（第4部第2章）。メインバンク制は崩壊した。大企業は資金余剰部門に変化した（第4部第3章）。業者や中小・零細企業は不況と銀行からの融資打ち切りによって経営難、倒産に追い込まれた。政府の厚い保護と「護送船団方式」によって守られていた銀行の再編が強行された。自由化と国際化の名のもとに金融は再編された。あっという間に銀行合併が進みメガバンクの時代になった（第4部第6章）。

新自由主義による競争・規制緩和が大手を振ってまかりとおり、福祉・社会政策は大きく後退した。財政赤字や少子高齢化を理由にした社会保障切下げはすさまじい（第4部第4章、第5章）。

国民生活は疲弊しているが、大企業は空前の利益を得ている。経常利益は2001年から増加しつづけ、2003年に最高値を記録し、それから4年間、毎年記録を更新しつづけている（第4部第9章）。

## 2 マネーゲームか、ものづくりか

第4部第7章で述べたように、日本は、現在、1500兆円（純資産額1200兆円）の金融資産をもっている。この資産はどのように使われているのか、使われようとしているのか。

アメリカは莫大な経常収支赤字を毎年記録し、8000億ドルに達している。ドルは国際通貨であり、さしあたり経常収支赤字をドルで決済できるが、それを持続することはできない。累積的な赤字はドルに対する信頼を失わせ、ドル価値が暴落し、国際金融システムが崩壊する危険性があるからである。

アメリカは経常収支に相当する資金を世界から集めて、それで赤字の補填と世界規模での資金運用を行っているのである。日本の資金はアメリカに投資され、アメリカ系多国籍企業・金融の手にゆだねられているのである。日本のアメリカへの資金提供がなければ現在のアメリカ中心の国際金融システムは維持されないであろう。

日本の低金利が外国資本の日本での資金調達と世界運用の道を開いている。外国資本の日本市場への参入が顕著になっている。株式保有比率も増えている。

国内外の多国籍企業・金融資本は日本国民が戦後，消費を切り詰め貯蓄してきた資金を低廉な金利で調達し，それを金利や収益率の高い国や地域で運用しているのである。1990年代の長期不況以来，元来支払うべき，しかし支払わなかった銀行の利子は331兆円になると日銀は試算している。国民が消費を節約し貯蓄した資金に対して正当な利子を支払うべきである。

いま問われているのは，これまでに蓄積した日本の資金をアメリカなどの国際金融資本にゆだねるのか，それとも日本国民のために使うべきなのかの選択である。前者の道は，日本の資金がアメリカを経由して，アメリカ企業によって日本の企業買収などに使われる。また，ハイリスクかつハイリターンのマネーゲームに手を出し元も子もなくしてしまう危険性がある。

日本は製造業を中心とした"ものづくり"を得意としている。勤勉で優秀な労働力が豊富である。これまでの日本企業は労働者を現場教育し，熟練労働をつくりだしてきた。後輩労働者は先輩労働者から技術を学び，技術を継承してきた。これが日本経済の強みであった。一攫千金を夢見て，日本の資産をマネーゲームに投じるような行動は国民のためになるとはいえない。

## 3  高貯蓄型経済か，国民生活重視型経済か

**高貯蓄型経済の問題点**　1970年代初頭に高度経済成長が破綻したとき，高貯蓄・高利潤の経済から国民生活の安定と向上の経済に切り替えることがひとつの選択肢であった。しかし，その道は選ばれなかった。高貯蓄を維持しようとした。そこから無理が生じたのである。すなわち，財政赤字が慢性化し累積しつづけている。財政赤字の累積によって利子率上昇，インフレーション，将来の増税予想などの弊害が生じるので，財政赤字の累積をつづけるわけにはいかない。ついで出てきたのが輸出超過である。利潤維持のために輸出ドライブをかけた。これにも弊害がでてくる。そのひとつが貿易摩擦である。さらに問題がある。財やサービスを売るためには買い手が必要である。買い手にはお金（国際通貨）が必要である。アメリカの場合，とりあえずはドルで決済できるが，アメリカの貿易赤字はドル価値を低下させ，ドルの信頼が下がってくる。その結果，ドルを中心とした金融システムが不安定になる。これを避けるため

には，日本がアメリカに投資（資本輸出）しなければならない。すなわち，日本は財・サービスを輸出して，その稼いだお金でアメリカの証券を買う。それによって，アメリカはお金を手に入れ輸入することができるのである。結局，日本はアメリカに資金を提供し，日本が生産したものを日本国民が享受するのではなくアメリカに使ってもらっているのである。しかも，ドルの価値低下という為替リスクを負っている。

　財政赤字や輸出超過でしのげる間はよいかもしれないが，それもうまくいかなくなった。そこで，日本企業は利潤獲得の場を外国に求め多国籍化していった。対外投資収益や海外直接投資によって利益を得ようとしている。それは，経済の空洞化と国際競争力の低下をもたらす恐れがある（第4部第8章）。また，低成長下での競争によってさまざまな格差が拡大している（第4部第9章）。

　**非合理な高貯蓄型経済**　高貯蓄型経済は合理的であろうか。高貯蓄は低消費である。その意味で国民生活の水準を低める。もっとも，貯蓄が投資に回って経済規模を拡大し，国民生活が向上すれば，高貯蓄・高利潤に合理性があるといえるかもしれない。

　しかし，高度経済成長は実現するだろうか。今後，10％台の成長はないだろう。3〜4％の成長すら困難である。よくて1〜2％ほどであろう。高成長の夢を振りまくわけにはいかない。

　1998年以来，日本企業の内部留保が大幅増加し，投資を超えている。企業は資金余剰部門になっているのである。これは，企業の投資意欲が少ないのに大儲けしているからである。このとき，依然として高貯蓄と高利潤を追求することは合理的であろうか。

　高利潤は設備投資に回っていない。企業は金の使い道に困っている。銀行も企業がお金を借りてくれないので困っている。結局，外国に出て行くか金融資産の保有ということになり，しかも実体経済に結びつく金融資産ではなく，金融部門の自己運動となる。

　金融とは，余っている金を必要なところに回すことである。必要という意味は実体経済に貢献するということである。しかし，その金融が一人歩きするようになった。起業し上場し株価を吊り上げ売り抜いて金を儲ける。マネーゲー

ムによって儲けた利益を，また金融資産に回すという自己運動が生じているのである。

外国への投資はどうか。外国への資金供与はその国を発展させるかもしれない。世界経済の発展に貢献できる。また，わが国も投資収益を得ることができるかもしれない。しかし，国内の雇用問題を深刻化させないだろうか。一部の人たちの利益になっていないだろうか。日本はものづくりを基礎にして発展してきた。国際的な資金運用によって利益を得るということは得意ではない。一時的にはよくても中長期的には経済を破綻させないだろうか。

**国民生活重視の経済への転換**　経済活動は国民の経済厚生を高めることを目的にしている。日本経済は，まだまだ優れている。GDPは500兆円を超え，1人当たり400万円である。金融資産の純残高は1人当たり1000万円である。この経済力を無駄に使うのではなく国民生活の安定と向上のために用いるべきである。

国民生活重視の経済に変えることは，現在の諸問題を解決することである。すなわち，①ものづくりを基盤にして安定的な国内経済を維持すること，②雇用を確保し，非正規雇用を正規雇用に変えること，非正規雇用の労働条件を正規雇用と同等にすること，③賃金を経済力に見合った水準にすること，④労働時間を短縮し，家族や地域との絆を強めること，余暇時間を活用して国民それぞれの能力と意欲を高めること，⑤福祉[2]を充実し，現在および将来の国民生活を保障すること，⑥実体経済と金融経済のバランスを保つこと，⑦平和で友好的な国際関係を築き，人類の存続と繁栄，幸福に貢献することである。

（菊本義治）

---

[2]　福祉とは，単に公的扶助でも社会保障でもない。それはwelfare（幸福）の追求である。わが国憲法第13条は国民の幸福追求権を保障している。

# 参考文献

　本書を理解し，さらに深めるための参考文献を紹介する。参考されるべき文献は沢山あるが，紙幅の関係で最小限にとどめる。選択基準としては，比較的容易に入手できる邦文の単行本に限定した。

### 第1部の参考文献
奥野正寛・鈴村興太郎『ミクロ経済学Ⅰ，Ⅱ』岩波書店，1985年
清野一治『ミクロ経済学入門』岩波書店，2001年
成生達彦『ミクロ経済学入門――需要，供給，市場』有斐閣，2004年
林　貴志『ミクロ経済学』ミネルヴァ書房，2007年
丸山雅祥・成尾達彦『現代のミクロ経済学　情報とゲームの応用ミクロ』創文社，1997年

### 第2部の参考文献
足立英之『マクロ動学の理論』有斐閣，1994年
井堀利宏『入門　マクロ経済学（第2版）』新世社，2003年
置塩信雄・鶴田満彦・米田康彦『経済学』大月書店，1988年
菊本義治・佐藤真人・佐藤良一・中谷武『マクロ経済学』勁草書房，1999年
吉川　洋『マクロ経済学（第2版）』岩波書店，2001年
N. G. Mankiw, *Macroeconomics*, 6th ed., 2006年（足立英之・中谷武・地主敏樹・柳川隆訳『マクロ経済学Ⅰ，Ⅱ』東洋経済新報社，2003年）

### 第3部の参考文献
井村喜代子『現代日本経済論（新版）』有斐閣，2000年
佐藤真人・中谷武・菊本義治・北野正一『日本経済の構造改革』桜井書店，2002年
橘木俊詔編『戦後日本経済を検証する』東京大学出版会，2003年
中村隆英『日本経済　その成長と構造（第2版）』東京大学出版会，1981年
森岡孝二『日本経済の選択』桜井書店，2000年
吉川　洋『日本経済とマクロ経済学』東洋経済新報社，1992年
吉冨　勝『日本経済の真実』東洋経済新報社，1998年

## 第4部の参考文献

相沢幸悦『平成金融恐慌史』ミネルヴァ書房，2006年
今宮謙二『動乱時代の経済と金融』新日本出版，2005年
岩井克人『会社はこれからどうなるのか』平凡社，2003年
内橋克人『悪夢のサイクル』文藝春秋社，2006年
奥村　宏『最新版 法人資本主義の構造』岩波書店，2005年
小塩隆士・田近栄治・府川哲夫編『日本の所得分配』東京大学出版会，2006年
鹿嶋　敬『雇用破壊 非正社員という生き方』岩波書店，2005年
鹿野嘉昭『日本の金融制度（第2版）』東洋経済新報社，2006年
斉藤　誠『消費重視のマクロ経済学』勁草書房，2006年
神野直彦・金子　勝『「福祉政府」への提言』岩波書店，1999年
下谷政弘『持株会社の時代 日本の企業結合』有斐閣，2006年
高橋伸夫『虚妄の成果主義』日経BP社，2004年
橘木俊詔『格差社会』岩波書店，2006年
長島誠一『現代の景気循環論』桜井書店，2006年
中野麻美『労働ダンピング』岩波書店，2006年
西沢和彦『年金大改革』日本経済新聞社，2003年
萩原伸次郎・中本　悟編『現代アメリカ経済』日本評論社，2005年
藤江昌嗣『ビジネス・エコノミックス』梓出版社，2006年
本田　豊『高齢化社会と財政再建の政策シミュレーション』有斐閣，2004年
山田博文『これならわかる金融経済（第2版）』大月書店，2005年
山本英二・西村閑也編『国際通貨と国際資金循環』日本経済評論社，2002年
山家悠紀夫『「構造改革」という幻想』岩波書店，2001年

# 索　引

BIS規制　→自己資本比率規制
EU　256
GATT　114,141　→ブレトンウッズ体制
GDE　→国内総支出
GDI　→国内総所得
GDP　→国内総生産
GNP　→国民総生産
IMF　114　→ブレトンウッズ体制
ISバランス　→貯蓄・投資バランス
IS-LM分析　103,107
Jカーブ効果　89
M&A　21,24,196-197,249
ME革命　148
NI　→国民所得
NNP　→国民純生産
NNW　→国民純福祉
SNA　→国民経済計算

## あ行

アニマルスピリッツ　87
いざなぎ景気　167,171
一般政府　40,161
医療制度　217
　　――改革　219
医療保険制度　217
インフレーション　142,143
　　――問題　142
失われた10年　125,171　→長期不況
売りオペレーション　102
営業利益　21
エクイティーファイナンス　196
エンゲル係数　29
円高　115,147,148,170
　　――と企業の多国籍化　251

円安　115
大きな政府　39

## か行

買いオペレーション　102
海外生産比率　253
外貨準備　109,248
外国為替管理　227
外需　71
外部不経済　59
介護保険制度　221-222
価格メカニズム　57
格差　260,267
　　――拡大　260
　　――肯定論　267
　　――社会　266
　　――の原因　265
　　――率　260
　経済――　257
　決定権――　267
　資産――　267
　所得――　267
　地域――　267
　賃金――　178
家計　27
　　――貯蓄(率)　30,157,194
　　――の資産(負債)　240
貸し渋り・貸しはがし　233,243
可処分所得　29
過疎化　142
稼働率　87,121
株価最大化　24
株式　16,190
　　――の保有状況　196,244

──の持ち合い 140,190-194
株式会社 16
株主 16
　──総会 16
株主重視主義 23
貨幣 46,92　→現金通貨・預金通貨
　──の供給 94
　──の需要 97
貨幣経済 92
貨幣乗数 96
過労死 183
為替取引 50
為替レート 113,115,251
　固定──制度 114
　変動──制度 115
　予想── 116
監査役会 16
間接金融 47,140,193,227
間接交換 92
間接税 44
完全競争 56
完全雇用 79
完全失業者(率) 77,171,177,180　→失業
完全情報 56,64
基幹産業 146
機関投資家 24
企業 15
　──の社会的責任論 23
　──の内部留保 195
　非営利── 15
企業系列 194
企業再編 230
企業集団(企業グループ) 130,140
企業所得 194
企業内組合・企業別組合 131,193
企業理論, 新古典派の 64
技術進歩 124,144
帰属計算 70
基礎的財政収支(プライマリーバランス)
　202
期待成長率 121,125,136,144

逆輸入 253
キャピタル・ゲイン 75,98
キャピタル・ロス 75,98
供給 56
　超過── 57,79,83
供給関数(曲線) 56,60
業務分野規制 226,236
寄与度 119,126,145
銀行 48,242
　──の株式所有 191
　──の機能 54
　──の資産(負債) 52
　──の損益 53
銀行利潤 54
緊縮的財政政策 106,152
金本位制度 113
金融 46,99
　──の自由化・国際化 227,236
金融機関の再編 233
金融コングロマリット 234
金融政策 101
金融仲介機関 47,242
金融派生商品(デリバティブ) 55,245
金融持株会社 231,234,237
クラウディング・アウト 88
グローバル化経済 250,254
グローバル経済 250
グローバル・スタンダード 255
景気循環 123
経済空洞化 253
経済政策 100
　──の限界 104
　──の効果 103
　──の手段 100
経済成長 119,124
　──の制約要因 124
経済民主化政策 130
傾斜生産方式 129
経常収支 109
経常利益 21
ケインズ政策 100

限界収入(曲線) 59,65
限界消費性向 90,135
限界代替率 32,36
限界費用(曲線) 59,65
減価償却費 72
現金通貨 93,94
権力 41
交易条件 111
公開市場操作(オープンマーケット・オペレーション) 102
公害 142
公共財 42,60
　　──の供給 42
公共投資 100,140
合計特殊出生率 212
公債金 44
構造改革 152
公定歩合 101
公的金融 227
公的金融機関 49,235
　　──の貸出 243
公的債務 198,199
公的資金注入 233
公的需要 133
公的総固定資本形成　→政府投資
高度経済成長 133
効用 32
効用最大化行動 79
高齢社会 211
高齢化率 211
コーポレート・ガバナンス(企業統治) 23
国債 44
　　──の日銀引受 199
　　赤字── 44,100
　　建設── 44,100
　　特例── 44,100
国債費 104,202
国際金融の仲介国 248
国際収支(表) 109
　　アメリカの── 110
　　日本の── 110

国際収支の天井 141
国際資金循環 246
国税 202
国内総支出(GDE) 71
国内総所得(GDI) 71
国内総生産(GDP) 69,72,134
国民医療費 216
国民経済計算(SNA) 69
国民純生産(NNP) 72
国民純福祉(NNW) 76
国民所得(NI) 72
　　──倍増計画 141
国民総生産(GNP) 71
護送船団方式 227
国庫支出金 44
固定費 169,179
雇用 77,177
　　──の流動化 178
　　終身── 131,183,193,265
　　正規── 178,181
　　非正規── 177,181
雇用者報酬 28,194
雇用理論 77
　　新古典派の── 77
　　ケインズの── 80
混合所得 28

さ行

サービス残業 183
債券 47
債券価格 98
財産所得 28
歳出・歳入 202,203
財政赤字率 74
財政危機 198
財政黒字 73
財政再建 105,152,199
財政乗数 90
財政投融資 140
財政の硬直化 105

索　引　279

裁定　99,112
財閥　19,130
裁量労働制　182
三位一体の改革　45
三面等価の原則　71
時価総額　24
時間選好率　32
資金過不足　238,241
自己資本比率規制(BIS規制)　229
資産・負債差額　238
資産効果　86,148
資産売却益(損)　→キャピタル・ゲイン(ロス)
資産倍増計画　148
社会保険制度　212
市場　56
　　——の安定性　57
　　——の失敗　42,61
市場メカニズム　57
市場型間接金融　48
市場均衡　56
市場経済化　255
市場原理　57,62,63,257
　　——主義　63
失業　79,106,265　→完全失業者(率)
　　自発的——　78
　　非自発的——　78
　　摩擦的——　78,79
実質賃金率　78
私的限界費用曲線　59
ジニ係数　260
支払準備率　102
資本収支　109,112
資本集積　20
資本蓄積(率)　21,74,123
資本調達勘定　73
資本の輸出と輸入　112
社会的限界費用曲線　60
社会的厚生　238
社会的余剰　58
社会保障基金　41
社会保障制度　102,212

　　——の切下げ　265
収穫逓減　78
需要　56
　　超過——　57,79,82
需要関数(曲線)　56,65
　　——の価格弾力性　65
循環型社会　176
春闘方式　131
準備預金制度　95
証券　47
証券会社　51
証券市場　47,244
証券投資　112
少子化(社会)　211,223
　　——対策　224
乗数　89
　　——効果　90,100,135
消費　84
　　最適な——　33,36
　　将来——　31,37
消費関数　86
消費税　44,151,204
　　一般——　262
将来期待　87
食料自給率　176
所得　28
　　——と決定　18
　　——の再分配　43
所得効果　36,86
所得代替率　213
所得分布　262
新会社法　15
人口移動　139
信用創造　95,140
信用リスク　54
スタグフレーション　143,146
ストック　69,238
スライド調整率　214
成果主義　182
生活の質　75
生活保護世帯(数)　261

生産　69
生産関係　25
生産関数　64,78
生産年齢人口　211
セイの法則　80
政府最終消費支出　41,84
政府支出　88
政府投資（公的総固定資本形成）　84,105
政府の財源　43,88
世界大恐慌　79
石油ショック　101,125,126,143,147
セーフティネット　152,215
ゼロ金利政策　106
損益分岐点　169

### た行

対外債権　246
　　──残高　246
対外債務　246
耐久消費財　136
代替効果　34,86
多国籍化，企業の（多国籍企業）　117,250,251,253
　垂直型の──　250
　水平型の──　251
短期金融市場　48,102
地域医療の空洞化　220
小さな政府　39,88
地方交付税交付金　44,200
地方自治体　38
地方分権　45
中央銀行　39,101　→日本銀行
中期財政試算　201
長期不況　150,169　→失われた10年
超金融緩和政策　148
直接金融　47
直接税　44
直接投資　113,171,251
貯蓄・投資（IS）バランス　73
低金利政策　167

低成長経済　170
デリバティブ　→金融派生商品
デフレーション　106
投機的動機　97
投資　86
　　──の二重性（二重効果）　87,120
投資関数　88
投資乗数　90
特殊法人　38
独占　59
独立需要（自立的需要）　89,90
都市問題　142
取締役会　16
取引動機　97
ドル高　115
ドル本位制　255
ドル安　115,147

### な行

内外市場分断規制　227,236
内需　71
　　──拡大　167
　　──主導型経済成長　132,148
内部留保　22
ナショナリズム　259
ニクソン・ショック　115,255
日米円ドル委員会　228,236
日米貿易摩擦　147
日本銀行（日銀）　94,238　→中央銀行
日本銀行券　94
日本的雇用システム　193
日本版ビッグバン　231,237
ニューエコノミー　256
年金　212
　　──基金　51,242
　基礎──　212,214
　厚生──　212-213
　厚生──保険料率　214
　公的──改革　213
　国民──　212

標準——給付額　214
年功序列型賃金　131,182,193,265
農地改革　131
ノンバンク　51,242

## は行

配当　22,194
派遣労働の解禁　183
バブル経済　148,151,167
パレート最適　42
比較生産費　118
比較優(劣)位　118,253
費用関数　65
費用最小化問題　64-65
貧困率　75,263
ファンド　51,242
フィリップス曲線　106
付加価値　70
双子の赤字　167,256
物価上昇率(インフレ率)　106
物価スライド制　213
プライス・テーカー　56,59,64
プライマリーバランス　→基礎的財政収支
プラザ合意　147,167,256
フリーター　184,185
不良債権　149,230,232
　　——処理　233
ブレトンウッズ体制　114,143,255
フロー　69,238
平均可変費用曲線　66
平均費用曲線　66
平成不況　77,105
ヘッジファンド　245
変動費　169,179
貿易黒字(率)　73,74
法人格　18
法人税の実効税率　174
保険会社　51,242
保険料(率)　213,214,215
　　——水準固定方式　213

補助金政策　101
ポリシーミックス　103

## ま行

マネーゲーム　249,257
マネーサプライ(貨幣供給量)　92,96
マネタリーベース　94,96
３つの過剰　168
民間最終消費支出　84
民間投資　86
無差別曲線　32,34
名目賃金率　78
メインバンク　140,192,193,227
メガバンク　234
持株会社(純粋持株会社)　19,190
ものづくり　272

## や行

有効需要　80
輸出主導型経済成長　142,147
輸出ドライブ　147
預金準備率　96
預金通貨　93,95
予算制約線　32,36
予備的動機　97

## ら行

利ざや　54
利子率(金利)　99
　　——の決定　99
利潤最大化　65,78
利潤率　74,87,121,154-155,162-164
リストラ政策　150
流動性選好　97
流動性の罠　98,104
量的緩和政策　106
累進課税制度　43,102
レーガノミックス　167

老人保険制度　217
労働供給（曲線）　36,37,79
労働三権　131
労働市場の規制緩和　183
労働者管理企業　19
労働需要（曲線）　78

労働ビッグバン　184

わ行

ワーキングプア　152,184
ワーク・シェアリング　187

著者（ ）内は専攻

きくもとよしはる
菊本義治　1941年生まれ，兵庫県立大学名誉教授（理論経済学）

みやもとじゅんすけ
宮本順介　1950年生まれ，松山大学経済学部教授（理論経済学）

ほんだ　ゆたか
本田　豊　1951年生まれ，立命館大学政策科学部教授（日本経済論・計量経済学）

まみやけんいち
間宮賢一　1954年生まれ，松山大学経済学部教授（理論経済学）

やすだしゅんいち
安田俊一　1961年生まれ，松山大学経済学部教授（理論経済学）

いとうくにひこ
伊藤国彦　1961年生まれ，兵庫県立大学経済学部教授（国際金融論）

あべたろう
阿部太郎　1974年生まれ，名古屋学院大学経済学部准教授（マクロ経済学）

---

日本経済がわかる 経済学

2007年10月10日　初　版
2011年 4 月15日　第 5 刷

著　者　菊本義治ほか
装幀者　加藤昌子
発行者　桜井　香
発行所　株式会社 桜井書店
　　　　東京都文京区本郷 1 丁目 5-17　三洋ビル16
　　　　〒113-0033
　　　　電話　(03)5803-7353
　　　　Fax　(03)5803-7356
　　　　http://www.sakurai-shoten.com/

印刷所　株式会社 ミツワ
製本所　誠製本 株式会社

Ⓒ 2007 Yoshiharu Kikumoto, *et.al.*

定価はカバー等に表示してあります。
本書の無断複写（コピー）は著作権法上
での例外を除き，禁じられています。
落丁本・乱丁本はお取り替えします。

ISBN978-4-921190-44-6　Printed in Japan

森岡孝二著
## 強欲資本主義の時代とその終焉

労働と生活に視点をすえて現代資本主義の現代性と多面性を分析
四六判・定価2800円+税

森岡孝二編
## 格差社会の構造
### グローバル資本主義の断層

〈格差社会〉と〈グローバル化〉をキーワードに現代経済を読み解く
四六判・定価2700円+税

鶴田満彦著
## グローバル資本主義と日本経済

「100年に一度の危機」をどうみるか? 理論的・実証的に分析する
四六判・定価2400円+税

福田泰雄著
## コーポレート・グローバリゼーションと地域主権

多国籍巨大企業による「市場と制度」支配の実態に迫る現代帝国主義論
Ａ5判・定価3400円+税

伊原亮司著
## トヨタの労働現場
### ダイナミズムとコンテクスト

気鋭の社会学研究者が体当たりで参与観察・分析
四六判・定価2800円+税

安藤　実編著
## 富裕者課税論

日本税制のいまを検証し，富裕者課税を提唱する
四六判・定価2600円+税

---

桜井書店
http://www.sakurai-shoten.com/

大谷禎之介著
## 図解 社会経済学
### 資本主義とはどのような社会システムか
現代社会の偽りの外観を次々と剝ぎ取っていく経済学入門
Ａ５判・定価3000円＋税

長島誠一著
## 経済と社会
### 経済学入門講義
ひろく・やさしく・共に学び考える全25講
Ａ５判・定価2000円＋税

長島誠一著
## 現代の景気循環論

理論的考察と数値解析にもとづいて景気循環の実態に迫る
Ａ５判・定価3500円＋税

長島誠一著
## エコロジカル・マルクス経済学

エコロジーの危機と21世紀型恐慌を経済学はどう解決するのか
Ａ５判・定価3200円＋税

長島誠一著
## 現代マルクス経済学

『資本論』の経済学の現代化に取り組んだ挑戦的試み
Ａ５判・定価3700円＋税

一井　昭著
## ポリティカル・エコノミー
### 『資本論』から現代へ
基礎理論から現代資本主義論までを体系的に叙述
Ａ５判・定価2400円＋税

---

桜井書店
http://www.sakurai-shoten.com/

北村洋基著
# 現代社会経済学

マルクス『資本論』を大胆に現代化した経済学教科書
A5判・定価2200円＋税

三宅忠和著
# 産業組織論の形成

反独占理論を中心に産業組織論の形成と現在を詳述
A5判・定価3500円＋税

メトロポリタン史学会編
# いま社会主義を考える
## 歴史からの眼差し

20世紀社会主義，その歴史的意味を問う！
〈メトロポリタン史学叢書2〉四六判・定価2700円＋税

エスピン-アンデルセン著／渡辺雅男・渡辺景子訳
# ポスト工業経済の社会的基礎
## 市場・福祉国家・家族の政治経済学

福祉国家の可能性とゆくえを世界視野で考察
A5判・定価4000円＋税

エスピン-アンデルセン著／渡辺雅男・渡辺景子訳
# 福祉国家の可能性
## 改革の戦略と理論的基礎

新たな，そして深刻な社会的亀裂・不平等をどう回避するか
A5判・定価2500円＋税

ドゥロネ＆ギャドレ著／渡辺雅男訳
# サービス経済学説史
## 300年にわたる論争

経済の「サービス化」，「サービス社会」をどう見るか
四六判・定価2800円＋税

桜井書店
http://www.sakurai-shoten.com/